公司治理的法律阶梯

规则梳理与诉讼指引

周 学——著

法律出版社 LAW PRESS · CHINA
北京

图书在版编目(CIP)数据

公司治理的法律阶梯：规则梳理与诉讼指引 / 周学著. -- 北京：法律出版社，2022
ISBN 978-7-5197-6842-3

Ⅰ. ①公… Ⅱ. ①周… Ⅲ. ①公司法-研究-中国
Ⅳ. ①D922.291.914

中国版本图书馆CIP数据核字(2022)第110611号

公司治理的法律阶梯
——规则梳理与诉讼指引
GONGSI ZHILI DE FALÜ JIETI
— GUIZE SHULI YU SUSONG ZHIYIN

周 学 著

责任编辑 陆帅文
装帧设计 贾丹丹

出版发行 法律出版社
编辑统筹 法律教育出版分社
责任校对 晁明慧
责任印制 刘晓伟
经　　销 新华书店

开本 710毫米×1000毫米 1/16
印张 19　　字数 290千
版本 2022年8月第1版
印次 2022年8月第1次印刷
印刷 北京建宏印刷有限公司

地址：北京市丰台区莲花池西里7号(100073)
网址：www.lawpress.com.cn
投稿邮箱：info@lawpress.com.cn
举报盗版邮箱：jbwq@lawpress.com.cn
销售电话：010-83938349
客服电话：010-83938350
咨询电话：010-63939796

书号：ISBN 978-7-5197-6842-3
定价：52.00元
凡购买本社图书，如有印装错误，我社负责退换。电话：010-83938349

缩略语表

全 称	简 称
《中华人民共和国公司法》	《公司法》
《中华人民共和国民法典》	《民法典》
《中华人民共和国破产法》	《破产法》
《中华人民共和国证券法》	《证券法》
《中华人民共和国物权法》	《物权法》
《中华人民共和国合同法》	《合同法》
《中华人民共和国民事诉讼法》	《民事诉讼法》
《全国法院民商事审判工作会议纪要》	《九民纪要》
最高人民法院《关于适用〈中华人民共和国公司法〉若干问题的规定(一)》	《公司法司法解释(一)》
最高人民法院《关于适用〈中华人民共和国公司法〉若干问题的规定(二)》	《公司法司法解释(二)》
最高人民法院《关于适用〈中华人民共和国公司法〉若干问题的规定(三)》	《公司法司法解释(三)》
最高人民法院《关于适用〈中华人民共和国公司法〉若干问题的规定(四)》	《公司法司法解释(四)》
最高人民法院《关于适用〈中华人民共和国公司法〉若干问题的规定(五)》	《公司法司法解释(五)》
最高人民法院《关于适用〈中华人民共和国民法典〉有关担保制度的解释》	《民法典担保司法解释》

目　　录

第一章　公司治理的兴起

严格地说，从公司产生那一天起，公司治理就存在着问题，只不过那时候出现的问题危害不大。当经济形势发生深刻变化，特别发生经济危机时，无论是在一国之内，还是在世界范围内，伴随公司治理丑闻，公司治理中存在的问题不断地暴露出来，引起人们的高度重视，公司治理问题开始成为人们关注、讨论和研究的重点。

一、公司治理

"公司"一词最早出自孔子的《大同·列词传》："公者，数人之财；司者，运转之意。"庄子说："积弊而为高，合小而为大，合并而为公之道，是谓'公司'。"其为聚多人之财共同运作之意。英语中公司 company，corporation（英国用 company，美国用 corporation），有陪伴、同伴、共谋之意。在中外，"公司"一词意思都是集多数人之财共同运转，与现在公司的含义基本相同。在公司治理概念中，"公司"更多地指向大公司、上市公司。

"治理"原意是"掌舵"的意思，《美国传统词典》将治理解释为统治、管理及统治管理的动作、过程或者权力。20 世纪 90 年代之后，"治理"被西方政治学家、经济学家赋予许多新的含义，被广泛地应用于社会经济各个领域。在公司治理领域，对"治理"含义的解释比较复杂，不同的语境下对"治理"的理解存在差异：在英语中是指围绕大企业中的意思决定体制建立关联方法，或者以人为中心，围绕企业的关联人怎么与企业发生关联和各种关联人的关联方法；在美国重视对经营行为或者经营者的监督，主要从"监视"的意思上使用治理；在欧洲主要从经营者或者经营的"说明责任"使用治理，强调经营者对公司各种关联人履行"说明责任"。

公司治理源于经济学，为使其能够包含更多的内容，经济学家喜欢使用"公司治理"；为更能反映法学研究的宗旨，法学家喜欢使用"公司治理结构"。现在"公司治理"和"公司治理结构"这两个词是最常用的。

在 1975 年威廉姆森提出"治理结构"概念之后，西方学者对公司治理概念存在不同的理解。从总体上来看，主要围绕控制和监督经理人员行为，从保护股东利益和保护包括股东在内的公司利益相关者的利益两个主题展开。

围绕控制和监督经理人员的行为，以保护股东利益，西方学者对公司治理有三种理解：第一，股东、董事和经理人关系理论。公司治理是指公司股东、董事会和高层管理人员之间的关系。第二，控制经营管理者理论。公司治理是公司资金提供者确保获得回报的手段，如何控制和管理公司管理者，保证他们勤勉、尽责，不侵吞所有者的利益。第三，经理者激励理论。公司治理，是指公司赖以代表和服务于它的投资者利益的一种组织安排，包括从公司董事会到执行人员激励计划。

围绕保护公司利益相关者利益，西方学者对公司治理有四种理解：第一，控制所有者、董事和经理人理论。公司治理是一个机构中控制公司所有者、董事和管理者行为的规则、标准和组织。第二，利益相关者控制经营管理者理论。公司治理是公司利益相关者为保护自身利益而对内部人和管理部门进行的控制。公司治理结构应当看作公司与公司组成人员之间的一种"社会契约"，一种有效的治理制度应提供能够规制董事义务的机制，以防止董事滥用手中的权利，确保董事为广义上的公司最佳利益而行动。第三，管理人员对利益相关者责任理论。公司治理是法律、文化和制度性安排的有机结合，任何一个公司治理制度的关键问题都是力图使管理人员能够对企业资源贡献者。第四，利益相关者相互制衡理论。狭义理论认为，公司治理结构是一套制度安排，用以支配若干在企业中有重大利害关系的团体投资者、经理人员、职工之间的关系，并从这种联盟中实现经济利益。广义理论认为，公司治理包括在高级管理层、股东、董事会和公司其他的利益相关者的相互作用中产生的具体问题。

二、公司治理问题的产生

所谓公司治理问题，是指由于公司内部激励、约束与制衡机制失灵，外部治理市场无效，或是由于缺乏完善的公司治理法律法规而产生的一系列问题，如内部人侵害股东利益、大股东侵害小股东的利益、公司经营目标偏离股东价值最大化目标等现象。

企业制度的发展分为两个时期，即古典企业制度时期和现代企业制度时期。在古典企业制度时期，企业形态以业主制企业和合伙制企业为代表。业主制企业，也称商个人，包括个人经营和个人独资企业两种形式，其特点是一人出资、一人拥有和控制，一人享有收益，一人承担无限责任。在这种组织下，出资人、经营权人、控制权人高度统一，统一于出资人，不存在所有权与控制权分离的问题。合伙制企业，亦称商事合伙，是指二人以上按照合伙协议，各自出资、共同经营、共享利润、共担风险的营利性组织。在合伙制企业中，合伙人共同出资、共同经营，不存在所有权与控制权分离的问题。所以，在古典企业制度时期几乎不存在公司治理问题。“这种制度之所以是有效率的，是因为它同时解决了企业面临的激励问题和经营者选择问题：企业经营者同时是企业所有者，这样就能保证经营者积极性努力工作，因为所有决策带来的剩余都是自己的；企业家同时也是资本家，这样就可以通过他所有的财富令人信任他是一个合格的企业家。”[1]

伯利和米恩斯认为，现代公司是指以所有权与控制权分离为特征的公司。所有权与控制权分离产生的委托代理关系，是现代公司治理问题产生的直接原因。随着公司规模的不断扩大，公司对资金的需求量越来越大，投资主体越来越分散造成股权分散，加速了公司所有权与控制权的分离，主要表现为下面两种情形：

第一种情形是“经理人革命”，股东几乎完全失去了对公司的控制权。经理人代理股东运营管理公司，享有公司控制权。公司股东不参与公司运营管理，这项工作交由职业经理人来负责，职业经理人是股东的代理人，股东是职业经理人的委托人，股东的所有权与控制权发生分离出现“经理人革命”。公司所有权依赖于对公司的投资，公司的经营权依赖于经营能力，当有资本的人没有经营能力或者尽管有经营能力但不愿意从事经营时，资本所有者就会雇佣有经营能力的人代替其从事经营公司，于是就出现了公司所有权与控制权的分离。所有权与控制权的分离，为经理人提供了掌握公司经营权的机会。公司的重大决策是股东的权利，当公司股权分散时，股东不参与公司运营管理，不能全面掌握公司信息，决策缺少足够的信息支持，股东无法决策、不愿意决策，或者不容易达成一致意见，公司决策可能会听命于职业经理人，这就为经理人利用其掌握的公司经营权实现对公司控制的创造了条件。这两个条件的合并使用，发生了经理人革命，公司治理问题产生。

第二种情形是大股东代理小股东运营管理公司，大股东享有公司控制

---

〔1〕　张维迎：《理解公司：产权、激励与治理》，上海人民出版社 2014 年版，第 177 页。

权,小股东失去对公司的控制权。在一个公司中,一部分股东从事公司的治理和运营,另一部分股东不参与公司治理运营,股东与股东之间存在代理和被代理的关系。大股东即为自己经营公司,也是小股东的代理人。大股东利用手中掌握的控制公司的权利,谋取控制权私人收益,损害小股东利益,这已经成为公司治理的核心问题之一。

公司治理结构问题的核心是,谁从公司决策者或者高级管理者的决策中受益,谁应当该从公司决策者或者高级管理者的行动中受益,当"是谁"和"应该是谁"之间存在不一致时,一个公司治理问题就出现了。

三、公司治理的兴起

公司治理理论的思想渊源(委托代理问题)可以追溯到200多年前亚当·斯密。亚当·斯密在《国富论》(1776年)中提出股份公司中的代理问题,他说:"不过,在钱财的处理上,股份公司的董事是为他人尽力,而私人合伙公司的伙员,则纯为自己打算。所以,要想股份公司的董事们监视钱财用途,像私人合伙公司伙员那样用意周到,那是很难做到的。有如富家管事一样,他们往往拘泥于小节,而殊非主人的荣誉,因此他们非常容易使他们自己在保有荣誉这一点上置之不顾了。于是,疏忽和浪费,常为股份公司业务经营上多少难免的弊端。"他认为在股份公司中所有权和经营权的分离带来诸多问题,应当建立一套行之有效的制度来解决所有者和经营者之间的利益冲突。

不断发生的世界性灾难(经济危机)和公司丑闻,既改变了国家对公司治理的态度,同时也激起了学者对公司治理的研究兴趣。1929年10月24日,纽约股票市场价格在一天之内下跌12.8%,美国爆发经济危机。银行倒闭、生产下降、工厂破产、工人失业,美国经济出现大萧条。在这一时期,伯利(Berle)和米恩斯(Means)对公司治理存在的问题作了深入思考和开创性研究,1932年出版了在公司治理领域具有划时代意义的开山之作《现代公司与私有财产》。他们在对大量的实证材料进行分析的基础上,发现现代公司所有权和控制权发生了分离,控制权从所有者手中转移到管理者手中,而公司的管理者常常追求个人利益的最大化,而非股东利益的最大化,并直言管理者权利的增大有损害资本所有者利益的危险,应该强调股东的利益,实现股东对经营者的监督制衡。此后,公司治理问题受到理论界越来越多的关注和重视。

在20世纪30年代全球经济危机之后，人们开始关注公司治理问题，到20世纪90年代公司治理在发达国家成为一个引起人们持续关注的政策问题。2001年12月2日，名列《财富》杂志“美国500强”第七名的安然公司突然向纽约破产法院申请破产保护。人们质疑安然公司的管理层，包括董事会、监事会和高级管理人员疏于职守、虚报账目、误导投资人以及牟取私利等行为。安然破产事件引起美国对企业治理制度的反思和立法上的调整。

随着经济全球化进程的加速发展，投资者要求各国改善公司治理结构，在世界范围内形成了一个公司治理运动的浪潮。各国对公司治理问题的深入研究和广泛讨论，主要基于以下三个背景。第一背景是各国大公司发生了丑闻。为防止丑闻再发，既需要找到发生丑闻的原因，更需要明确“我们到底需要什么样的公司治理”。第二背景是随着世界经济一体化，公司之间跨越国界的竞争越来越多，越来越激烈。如何提高公司国际竞争力，对世界各国公司治理提出了严峻的挑战。第三个背景是欧盟特有的，在欧盟中各国的公司法如何调整，如何构建适应欧洲制度的公司治理。[2]

四、公司治理和诉讼解决的问题

公司治理解决的本质问题就是权利滥用，其难点是权利带来的正向价值与负面效应之间的平衡。正向价值是指公司治理要充分发挥公司的功能，促进和保持公司的繁荣，强化公司的性能和竞争力。负面效应主要指公司丑闻、恶性事件和利益损害行为。在相同的目的下，各国对公司治理的理解存在差异，对自己“到底需要什么样的公司治理”有着不同的理想和愿望。对国外公司来说，他们公司治理重点解决的问题有三个：第一，如何监管和控制经理人的行为，防止经理人利用控制权谋取私人收益，从而损害公司利益，最终损害全体股东利益。就运营管理公司来说，经理人是全体股东的代理人，所以这个问题解决的是股东与经理人之间的委托与代理关系。第二，如何监管和控制公司大股东、实际控制人的行为，防止大股东、实际控制人利用控制权谋取私人收益，损害小股东利益。就运营管理公司而言，大股东既是为自己运营管理公司，又是小股东的代理人，所以这个问题解决的是大股东、实际控制人与小股东之间的关系。第三，如何平衡好利益相关者的利益。在公司利益一定的情况下，存在股东、员工、客户、合作伙伴、社区、政府等个人和组

〔2〕［日］神田秀树：《公司法的理念》，法律出版社2013年版，第204页。

织之间的利益冲突,这些人共同分配一个确定数额的利润,彼多即我少,我多即彼少,如何平衡好这些公司利益相关者之间的利益关系,是公司治理需要解决的重大问题之一。我们说的共同分配利润,通常不是在公司年度利润确定的前提下展开讨论的,更多的是强调公司治理理念,这种理念强调的是公司为谁的利益而努力,是在战略、策略,对国家税收、法律的态度,甚至在做每笔生意之前考虑的一种利益平衡。

对于中国公司来说,公司治理解决的问题在国有公司和私营公司之间存在区别。国有公司治理也有三个问题需要解决:第一,国有企业的公司制改造问题;第二,国有企业改革过程中管理者腐败问题;第三,国有企业公司化改造之后落实法人治理结构问题。国有企业公司制改革,目的是使国家仍然保留出资人身份,企业具有独立的法人地位,以盈利为目标参与市场竞争,国家只以投入资本额承担有限责任,解决原来所有权和经营权不分、政企不分的问题,从而实现国有制与市场经济相兼容。国有企业改革过程中管理者腐败问题,实质上是经理人利用控制权谋取私人利益的问题。在国有公司中,既存在国有企业经理人腐败问题,也存在国家作为大股东与小股东之间的利益平衡问题。民营公司治理与国有公司治理需要解决的问题不同,它与国外公司治理需要解决的三个问题几乎不存在区别。在未来,中国公司治理需要解决的问题将会同一化。

公司治理需要解决的问题,既是立法问题,也是公司治理实践中的问题。立法存在脱离实践,跟不上实践步伐的可能性。而公司治理实践既可能规避法律,也可能超前于立法,成为法律未规定的情形。当公司治理出现问题在公司内部无法解决之后,矛盾将提交法院裁决。法院在公司治理诉讼中解决的问题主要有三个方面:第一,落实公司法律制度,评价和校正公司内部治理机制,这主要是通过用法律标准衡量公司治理行为,法院对治理治理行为进行法律评价和定性来实现的;第二,平衡利益关系,主要是股东、公司、债权人之间的利益平衡,当然也包括董事、监事和高级管理人员与股东、公司和债权人之间的利益关系,法院指出错误的或者不正当的公司治理行为,按照正当和正常的治理行为调整或者恢复相关利益关系;第三,为公司治理提供行为导向,法院裁判既可以对现行法律的含义作出明确阐释,也可以在现行法律未及之处依法理、公平和正义原则作出裁决,引导公司治理行为。

第二章　公 司 设 立

依法设立是公司取得法人资格的条件之一。公司取得独立法人人格才能成为法律主体，依法享有财产权，独立承担承担民事责任，股东有限责任才能落到实处。法律需要对公司设立的条件、设立中公司的法律属性、不完全符合法律设立条件的公司、设立根本违反法律规定条件的公司，作出具体的规范，以平衡与公司设立相关的各种利益关系。

一、公司发起、设立与公司成立

公司设立包括发起行为和设立行为。股东之间，或者发起人和股东之间就公司未来的权利义务、控制、监督、管理、股东出资和利益分配等进行谈判，在协商一致之后制定公司章程，这些行为属于发起行为。股东或者股东委托的代表或者发起人向公司登记机关申请登记，公司取得法律上的主体资格，这些行为属于设立行为。

公司设立，是指公司设立人依照法律规定的条件和程序，为组建公司并取得法人资格而实施的法律行为。公司成立，是指已经具备了法律规定的实质要件，完成设立程序，由主管机关发给营业执照而取得公司法人主体资格的一种法律事实，表现为一种法律上的状态。

公司设立与公司成立的区别，简单地说前者是法律行为，后者是法律事实。公司设立是成立的必经程序，而公司的成立则是设立的法律后果和直接目的。公司的设立和成立是取得公司主体资格过程中一系列连续行为的两个不同阶段：设立行为发生于营业执照颁发之前；成立则发生于被依法核准登记、签发营业执照之时。实质上，公司的成立是设立行为被法律认可后依法存在的一种法律后果。二者的不同之处具体表现为：

1. 行为性质不同。设立行为以发起人的意思表示为要素，主要是法律行为，受平等、自愿、诚实信用等民商法基本原则的指导。而公司的成立以主管机关发给营业执照为要素，发生在发起人与主管登记机关之间，属于行政行为。

2. 法律效力不同。公司在核准登记之前，被称为设立中的公司，此时的公司尚不具备独立的主体资格，一般被视为合伙。如果公司最终未被核准登记，设立行为的后果类推适用有关合伙的规定，由设立人对设立行为负连带责任；如果公司被核准登记，发起人为设立公司所实施的法律行为，其后果原则上归属于公司。公司的成立则使公司成为独立的主体，公司成立后所实施行为的后果原则上由公司承担。

3. 法律特征不同。公司设立的主体是发起人，发起人包括先行出资、筹建并对公司设立承担责任的自然人、法人和国家等。在公司设立过程中，发起人对内执行设立业务，对外代表正在设立中的公司。设立行为只能发生在公司成立之前，并应当严格履行法定的条件和程序。设立行为的目的在于最终成立公司，取得法律主体资格。公司的种类不同，设立行为的内容也就不尽一致。

二、公司设立的原则

公司设立的原则，是指公司设立的基本依据和基本方式。本质上是政府对公司设立的态度。从罗马社会到近代工业社会，公司设立的原则先后经历了自由主义、特许主义、核准主义、单纯准则设立、严格准则设立等原则。

1. 自由设立主义。也称放任设立主义，即公司是否设立、设立何种公司、如何设立等有关公司设立的事宜完全由当事人自由确定，法律不加任何干涉和限制。欧洲中世纪末期自由贸易盛行，成立商业社团既无法定条件限制，也没有注册登记程序，商业社团的属性不清，是否具备基本条件不明，公司多为自主设立。

2. 特许设立主义，是指公司的设立必须经过国家元首特别许可或者经过国家立法机关颁发特别法令予以许可。在特许设立主义原则下设立的公司，通常被视为早期资本同绝对主义和积极主义王权相结合的产物，是国家权力的延伸。比如，1600 年 12 月 31 日，英格兰女王伊丽莎白一世授予东印度公司皇家特许状，给予东印度公司在东印度 21 年的贸易垄断特许权，东印度公司成立。

3. 核准设立主义。也称许可主义，是指公司设立除必须具备法律规定的条件外，还须经政府行政主管机关核准，否则公司不得成立。特许设立主义在设立公司方面赋予权力机关一种特权，核准设立主义则是赋予行政机关一种特权。核准设立主义意在克服特许设立主义手续烦琐、审批时间长、审批时间长、市场地域分割、行业分割、权力垄断阻碍自由竞争市场形成问题。

4. 单纯准则设立主义，是指公司的设立，只要符合国家法律规定的要件即可，无须经过权力机关或者行政机关核准。单纯准则主义有利于解决核准设立主义下行政机关审批时间过长的问题。

5. 严格准则设立主义，是指法律进一步严格规定公司设立要件，加重发起人的责任，同时规定公司设立必须经过国家主管机关登记才能成立，才能取得独立主体资格。严格准则设立主义既无特许设立主义和核准设立主义的烦琐，又避免了自由设立主义与单纯准则设立主义程序过于简单和不利于管理的弊端，所以被当今大多数国家和地区的公司法所采用，也代表当今公司设立原则的趋势。

我国实行严格准则主义和核准设立主义的结合的公司设立原则。《公司法》第 6 条规定，设立公司，应当依法向公司登记机关申请设立登记。符合本法规定的设立条件的，由公司登记机关分别登记为有限责任公司或者股份有限公司；不符合本法规定的设立条件的，不得登记为有限责任公司或者股份有限公司。法律、行政法规规定设立公司必须报经批准的，应当在公司登记前依法办理批准手续。设立一般的公司，符合法律规定的条件的，原则上适用严格准则设立主义，直接办理登记注册手续，由公司登记机关分别登记为有限责任公司或者股份有限公司。对于涉及国家安全、公共利益和关系国计民生等特定行业和项目的，法律、行政法规规定设立公司须报经审批的，应当履行审批手续，适用核准设立主义。

三、公司设立的方式

从大陆法系国家和地区立法来看，公司设立有发起设立和募集设立两种方式。在英美法系国家和地区，公司立法中没有发起设立和募集设立概念。我国《公司法》规定了发起设立和募集设立两种方式。

1. 发起设立。又称共同设立、单纯设立，是指在设立公司的时候，由发起人认购应发行的全部股份设立公司，在公司成立之后发起人成为公司最初的股东。原则上发起设立可适用于任何公司的设立。

2. 募集设立。也称渐次设立、复杂设立，是指由发起人仅认购公司设立发行股份的一部分，其余股份向发起人以外的人进行募集而设立公司。发起人以外的人认购股份，与发起人一起在公司成立后一同成为公司最初的股东。

无限公司、两合公司、有限责任公司的人合性的封闭性公司，设立方式为发起设立。股份有限公司属于开放性公司，可以向社会发行股份，因而即可以采取发起设立方式，也可以采取募集设立方式。

四、设立中公司的法律性质

设立中公司是《公司法司法解释（三）》提出来的概念，是指自发起人签订发起协议或者订阅公司章程起，至设立登记完成前，尚未取得法人资格的组织体。

公司设立是公司法人成立不可逾越的阶段，设立中公司是公司法人的前形态。设立中公司尽管没有取得法人资格，但却具有法人的一些主体特征，主要表现为：有自己的名称，设立中的公司可能采用预先核准登记的名称，也可能使用“某某公司筹备处”名义；有自己的机关和组织规则，有自己的组织成员，有自己的财产。

关于设立中公司的性质，有以下几种学说：

1. 无权利能力社团说。该学说认为，设立中公司尚未取得法人资格，不具有权利能力，在性质上属于无权利能力的社团。该学说承认设立中公司的社团性，承认设立中公司独立于其成员的个性，而非发起人个体的简单相加。

2. 同一体说。该学说认为，设立中公司与成立后的公司是同一主体，只不过二者处于不同的阶段而已。这种学说对设立中公司与成立后公司不作严格区分，认为二者在组织形态上并无区别。在二者权利义务的继承关系上，主张成立后的公司对设立中公司的行为后果不加区分地概括继承。

3. 修正的同一体说。即对同一体说的修正。该学说承认设立中公司与成立后的公司是一个连续的过程，但同时认为二者之间有严格的界限，即成立后的公司由于获准登记而取得主体资格，而设立中公司没有主体资格。在二者权利义务的继承关系上，主张设立中公司的行为只有为设立公司所必需时，成立后的公司才予以继承。

同一体说主张成立后公司对设立中公司的权利义务不加区分地继承，容易引起发起人权利滥用，修正同一体说对此予以修正。但是，同一体说和修正同一体说只说明设立中公司与成立后公司的关系，其缺陷是都没有说明设立中公司的法律性质。无权利能力社团说承认设立中公司的社团性，明确设立中公司是一个没有法人资格的社团，强调了其独特的法律价值，已经成为设立中公司法律性质的通说。

对于设立中公司，我国在立法上和司法上主张无权利能力社团说，认为设立中公司是发起人合伙体，合伙体的代表机关是发起人，发起人的行为就是合伙体的行为，也是设立中公司的行为。

五、公司设立瑕疵

公司设立瑕疵，主要是指设立公司的手续不齐备，未完成公司设立，或者虽然完成了公司设立，但设立文件存在虚假，或者发起人、股东瑕疵出资。一个国家对公司设立程序要求的繁简不同，公司设立瑕疵出现的可能性就不同。美国公司设立极为简单，设立出现瑕疵的可能性极小。只要设立公司有公司章程，公司章程已经在州国务卿处登记，则公司即视为已经存在。在美国，公司瑕疵设立主要是设立公司的手续不全，未完成公司设立所要求的全部程序，实践中主要表现为公司章程未进行登记。对于这种情况，美国法院认为不存在"法律上的公司"，但传统美国法院承认存在"事实上的公司"。对于"事实上的公司"认定需要满足三个条件，一是至少在形式上遵守了公司法；二是当事人作出了诚实信用的努力，比如向州务卿提交了公司注册证书，交纳了登记费；三是确实行使了公司特权，比如以公司名义从事经营活动。除纽约州外，债权人在与公司进行交易时认定交易对方是一个公司，债权人不能翻悔。这也是法院认定"事实上的公司"的一个理由。如果法院认定存在"事实上的公司"，法院将比照"法律上的公司"由公司对公司债务承担责任，股东不承担责任。[1]

我国公司法规定了"虽然完成了公司设立，但设立文件存在虚假，或者发起人、股东瑕疵出资"的瑕疵设立情形，没有规定"设立公司的手续不齐备，未完成公司设立"的瑕疵设立情形。《公司法》第198条和第199条具体规定了公司设立瑕疵的两种情形：一是虚报注册资本、提交虚假材料或者采取其他欺诈手段隐瞒重要事实取得公司登记的；二是公司的发起人、股东虚假出资，未交付或者未按期交付作为出资的货币或者非货币财产的。这两种情形都是公司已经设立完成，但设立文件存在瑕疵，或者发起人、股东瑕疵出资。对于第二种情形公司法规定"由公司登记机关责令改正"，对于第一种情形中情节不严重的，"由公司登记机关责令改正"，如果情节严重的，撤销公司登记或者吊销营业执照。我国《公司法》规定，公司营业执照签发日期为公

---

〔1〕 朱伟一：《美国公司法判例解析》，中国法制出版社2000年版，第34－38页。

司成立日期，公司取得营业执照标志着公司设立完成，未完成公司设立的，均视为设立中的公司，其责任由发起人、股东承担，或者在公司成立后转由公司承担。未取得营业执照即营业的，视为违法经营。

对于一个非“法律上的公司”，根据禁止反言公司说而被视为一个公司。禁止反言公司说认为，如果一个人将一个企业按照一个公司对待，他以后将被禁止否认该企业是一个公司，不得否认公司存在。禁止反言公司说说的目的主要是防止交易双方恶意逃避合同义务。该规则即适用于对“公司”负有债务的外部人，也适用于对外部人负有债务的“公司”。现在，有些州已经明确废止了禁止反言公司说。[2]

六、公司设立失败的法律后果

公司设立成功后，与设立中公司在法律上属于承继关系。《公司法司法解释(三)》第 3 条规定，发起人以设立中公司名义对外签订合同，公司成立后合同相对人请求公司承担合同责任的，人民法院应予支持。《公司法司法解释(三)》第 2 条规定，发起人为设立公司以自己名义对外签订合同，合同相对人请求该发起人承担合同责任的，人民法院应予支持。公司成立后合同相对人请求公司承担合同责任的，人民法院应予支持。

公司设立失败，是指因一些事由，致使发起人在申请公司注册登记之前决定停止公司设立的行为。公司设立失败的明显表现是公司未成立。导致公司设立失败的原因很多，《公司法》第 91 条规定，发起人、认股人缴纳股款或者交付抵作股款的出资后，除未按期募足股份、发起人未按期召开创立大会或者创立大会决议不设立公司的情形外，不得抽回其股本。本条给出了公司设立失败的三种原因：第一种原因是未能按期募足股份。以发起方式设立公司(有限责任公司和以发起方式设立的股份有限公司)的发起人没有认足公司应发行的全部股份；以募集方式设立的股份有限公司，发起人没有认足应由发起人认购的那部分股份(《公司法》第 84 条规定，以募集设立方式设立股份有限公司的，发起人认购的股份不得少于公司股份总数的 35%)，没有按期足额缴纳股本；或者虽然发起人足额认购了应由发起人认购的那部分股份，已经足额缴纳股本，但向社会公开募集或者向特定对象募集的股份没有按期足额募集到确定的股份，导致公司不能设立公司，公司设立失败。第

---

〔2〕 苗壮：《美国公司法制度与判例》，法律出版社 2007 年版，第 39 页。

二种原因是创立大会未按期召开。创立大会是股份公司募集设立特有的必经程序。《公司法》第89条规定，发起人应当自股款缴足之日起30日内主持召开公司创立大会。发起人在30日内未召开创立大会的，认股人可以按照股款并加算银行同期存款利息要求发起人返还，公司设立失败。第三种原因是创立大会决议不设立公司的。《公司法》第90条规定，发起人应当在创立大会召开15日前将会议日期通知各认股人或者予以公告。创立大会应有代表股份总数过半数的发起人、认股人出席，方可举行。创立大会行使下列职权：……（七）发生不可抗力或者经营条件发生重大变化直接影响公司设立的，可以作出不设立公司的决议。创立大会决议不设立公司的，公司设立失败。

公司设立失败表明公司未成立，发起人合伙体解散，其法律后果分为发起人对外责任和发起人内部责任两个方面。对外发起人对债权人承担连带清偿责任。债权人既包括公司设立过程中因买卖、服务等交易关系形成的一般债权人，也包括以募集方式设立公司的认股人和因公司设立造成他人损害的受害人。《公司法》第89条第2款，《公司法司法解释（三）》第4条第1款、第5条规定，发起人在30日内未召开创立大会的，认股人可以按照所缴股款并加算银行同期存款利息，要求发起人返还。公司因故未成立，全体或者部分发起人对设立公司行为所产生的费用和债务向债权人承担连带清偿责任。发起人因履行公司设立职责造成他人损害，公司成立后，公司应当向受害人承担侵权赔偿责任；公司未成立的，全体发起人向受害人承担连带赔偿责任。

部分发起人对于设立中公司的所有对外债务和费用承担连带清偿责任后，发起人之间有权互相追偿。对公司设立失败有过错的发起人，应当对其他发起人承担赔偿责任。发起人因履行公司设立职责造成他人损害，公司未成立发起人承担连带赔偿责任的，无过错的发起人承担赔偿责任后，可以向有过错的发起人追偿。

七、公司设立无效

公司设立无效，是指公司虽然在形式上、程序上已经完成设立，并获得营业执照，但公司设立违反法律、行政法规的强制规定，不符合公司设立的条件，依法应当认定为无效的一种状态。

在实行公司设立无效制度的国家或地区，即使公司已经登记成立，但如果发现公司设立行为违反强制性规定或存在民法上所规定的其他无效或可撤销条件，在设立登记后的法定期间内，利害关系人可以向法院提起宣告设立无效或设立撤销之诉。公司被法院宣告设立无效的，或者法院撤销公司设立的，公司设立无效。实践中，公司设立无效主要表现为以下三种情形：

第一种情形是虚报注册资本，实际未出资或者实际出资未达到最低注册资本额的。此种情形应当认定为公司设立无效，没有取得法律上的主体资格，在股东之间形成合伙关系。为了维护交易安全，维护债权人利益，对下列两种情况不按照公司设立无效对待，公司与第三人签订的合同仍然有效：(1)公司设立时没有出资或者虽有出资但没有达到最低注册资本额，设立后出资才足额到位的，自出资足额到位之日起公司取得法人资格。在公司取得法人资格之前的交易行为仍然有效。(2)因设立瑕疵在法律上主体资格的否认不影响其实施的法律行为的效力。

第二种情形是提交虚假材料或者采取其他欺诈手段隐瞒重要事实取得公司登记的。

第三种情形是在公司设立时违法发行股份的。在最初发行股份是公司设立的条件时，如果公司发行股份违反法律的强制性规定，不能视为股份发行无效，而应认定公司设立无效，不应当仅仅否定股票履行部分的效力。[3]

我国《公司法》没有规定公司设立无效制度，对于公司存在前述设立无效情形只规定了行政处罚制度。《公司法》第198条规定，对虚报注册资本、提交虚假材料或者采取其他欺诈手段隐瞒重要事实取得公司登记的，由公司登记机关责令改正，对虚报注册资本的公司处以罚款；情节严重的，撤销公司登记或者吊销营业执照。撤销公司登记，是从根本上否认公司主体资格的合法性，公司民事主体资格归于消灭。吊销营业执照，是指公司登记机关强行收回营业执照，公司营业主体资格消灭。

对采取欺诈方法取得公司登记的违法行为，法律并没有赋予公司利害关系人主张公司设立无效的权利，实践中常常通过法人人格否认、股东承担补充赔偿责任、请求登记机关撤销公司登记或者吊销营业执照等途径予以救济。为保护债权人利益，对于公司与债权人签订的合同，可以参照《公司法司

---

〔3〕［日］神田秀树：《公司法的理念》，法律出版社2013年版，第136页。

法解释(四)》关于股东会或者股东大会、董事会决议无效的理念处理。《公司法司法解释(四)》第6条规定,股东会或者股东大会、董事会决议被人民法院判决确认无效或者撤销的,公司依据该决议与善意相对人形成的民事法律关系不受影响。在公司设立被认定无效之前,或者在被撤销之前,公司与善意相对人签订合同仍然有效。

第三章　公 司 章 程

公司章程是体现公司自治非常重要的法律文件,一份完美的公司章程既能体现公司法赋予公司的自治权,又能满足公司自身特征的治理要求。公司章程涉及的内容很多,我们只就实践中容易引起纠纷的几个问题作些讨论。

公司是一个基于股东意思自治而产生的组织。因为这一特性,公司要受其组织法,即公司法规范,同时还应接受合同法的调整。尽管我们主张公司章程是公司自治法,但其形成具有明显的契约性。《公司法》《合同法》规定了公司名称、住所、经营范围、注册资本、法定代表人、有限责任公司股东姓名或者名称和住所、出资额、出资方式、治理组织;股份有限公司股份总数和每股金额、发起人姓名或者名称和住所、董事会和监事会的组成与任期、公司公告方法。这些公司法规定的公司章程必须记载事项记载人公司章程,公司章程成告成立。至于是否有任意性记载事项以及任意性记载事项的多少,并不影响公司章程的成立。如果公司章程缺少必须记载事项中的任意一项,公司章程则不成立。公司章程不成立,则会导致公司设立无效。

一、公司章程的时间效力

公司章程的时间效力,是指公司章程的生效时间和失效时间。对于公司章程生效问题,有两种观点:一种观点认为,章程自发起设立公司的股东签字时生效;另一种观点认为,章程自公司成立时生效。

第一种观点侧重于章程对公司发起人的约束力,忽视了章程与公司的对应关系。该观点主张章程自发起设立公司的股东签字时生效,实质是认为章程在公司成立之前已经生效,这忽视了章程与公司的对应关系,即章程的本质功能在于公司自治。公司设立和公司成立是两个不同的问题,公司设立是公司成立的前置程序,但公司设立并不必然导致公司成立,在公司是否成立不确定的情况下,公司章程已经生效,那么政府登记机关就没有必要对章程进行审查。

第二种观点侧重于公司法强调的章程对公司、董事、监事和高级管理人员的约束力,而忽视了章程在公司成立之前对发起人的约束力。公司法没有将设立公司协议书作为公司设立的必备文件,因此公司章程肩负起了既调整公司成立后的关系,也承担着调整公司设立过程中发起人之间的关系的重任。如果公司章程在公司成立之后才能生效,那么公司设立过程中发起设立公司的股东之间的关系就不受章程的约束,公司设立秩序难以维护和规范。

从《公司法》规定公司设立的程序、方式以及赋予章程的功能上看,公司章程生效时间是一个复杂的问题。

1. 公司章程制定行为的性质和程序影响章程生效。《公司法》将有限责任公司章程的制定界定为"制定",将股份有限公司章程制定界定为"制订"。章程"制定",强调发起设立公司的投资者签字盖章后形成的文本为最后文本,可以作为申请公司登记的文件。章程"制订",强调文本虽经发起设立的投资者签字盖章,但尚需经设立过程中的其他程序、由其他主体予以确认或者通过,才能作为申请公司登记的最后文本。有限责任公司和发起方式设立股份有限公司都具有一定的封闭性,在公司登记之前没有其他机制对制订章程进行审查;募集方式设立的股份有限公司,公司章程的制定包括发起人制订和创立大会通过两个环节。

2. 公司章程肩负的功能使得章程生效问题变得复杂。《公司法》第 28 条规定:"股东应当按期足额缴纳公司章程中规定的各自所认缴的出资额。股东以货币出资的,应当将货币出资足额存入有限责任公司在银行开设的账户;以非货币财产出资的,应当依法办理其财产权的转移手续。股东不按照前款规定缴纳出资的,除应当向公司足额缴纳外,还应当向已按期足额缴纳出资的股东承担违约责任。"从该条规定可以看出,公司章程规范公司成立前和成立后两个不同阶段的民事关系。实践中大多数公司章程也确实规定了这两部分内容。章程的内容不同,章程生效时间变得复杂。

3. 公司章程对不同的约束主体发生效力的时间不同。公司自领取营业执照之日正式成立,公司章程对自公司成立时对公司具有法律约束力。股东的范围包括公司设立时的创始股东和公司成立后加入公司的股东,无论是哪种方式加入公司的股东,公司章程对他们均具有约束力。对有限责任公司和以发起方式设立的股份有限公司创始股东,章程自签订之日起生效。对于有限责任公司和以发起方式设立的股份有限公司,公司章程是公司创始人意思表示一致的结果。在创始人制定公司章程,并在章程上签字或者盖章的时候，公司还没有成立，这中间存在时间间隔。不管间隔多长时间，总是有时间间隔。当创始人在章程上签字盖章后，创始人之间成立合伙关系，公司章程相当于创始人之间的“合伙协议”，对创始人即发生法律效力，创始人应当按照章程约定履行自己的义务，否则需要对其他创始人承担违约责任。对以募集方式设立的股份有限公司创始股东（发起人），章程自签订之日起生效。在创立大会之前或者创立大会决议不设立公司的，发起人制定的章程对发起人均具有约束力。对以募集方式设立的股份有限公司的认股人，章程自创立大会通过之日起生效。创立大会由发起人、认股人组成。创立大会对公司章程表决须经出席会议的认股人所持表决权过半数通过。创立大会通过公司章程后，对于投赞成票的认股人和投反对票的认股人都具有约束力，只要他们没有退出公司。对公司投资人在其投资完成被载入公司股东名册之日起，公司章程对其生效。

在一个公司中，公司章程因下列原因而失效：一是新的章程代替旧的章程，旧章程失效；二是随法人主体资格消灭而失效。公司因兼并、分立、解散、破产在被注销登记后，公司法人主体资格消灭，公司章程失效。在公司被吊销营业执照、决议解散、清算过程中，公司章程仍然有效。

二、公司章程对人的效力

公司章程对人的效力，是指公司章程对哪些人具有约束力。对此问题存在公司章程对内效力和对世效力两种观点。公司章程的对内效力，是指公司章程只对公司内部人发生效力，对公司外部人不发生拘束力。该观点认为，公司章程是股东制定的，规定公司组织和活动的内部规则，只对公司、股东、董事、监事、高级管理人员具有约束力，对公司外部人没有约束力。公司章程对世效力，是指公司章程除对公司内部人具有拘束力外，对公司外部人同样具有拘束力。在公司章程对世效力之下又分出两种观点：一种观点认为，公司章程整体具有对世效力；另一种观点认为，公司章程部分具有对外效力，该观点认为应该区分不同的情况对公司章程的对外效力进行认定，公司章程在一般情况下没有对外效力，在一些特殊情形下才对外部人具有拘束力。公司章程整体对外效力和部分外部效力两种观点均承认公司章程具有对世交效力，二者之间在存在本质上相同的，只不过后者更为精准，也更符合实际，但也有画蛇添足之嫌。公司章程对世效力的观点认为，公司章程不仅仅是制定者之间的一种契约安排和私法秩序，而且是一种涉他文件，即公司章程效力的扩张性，主要表现为约束主体效力的涉他性和记载事项的涉他性。约束主体效力的涉他性，各国公司法基本都认可公司章程除对章程制定者受其约束外，其效力还可扩及到公司、公司成立后加入公司的股东、董事、监事、高级管理人员以及特定情形下的债权人。记载事项的涉他性，公司章程记载事项大体上可以分为有关公司内部组织、成员之间关系的事项和有关公司外部关系事务的事项。公司内部组织的职责划分、权利赋予等属于公司内部事项，公司合并、分立、解散等属于公司外部事项。公司章程主要是公司内部治理规则，因其涉他性对外部事项在一些特定情形下具有约束力。

我国公司法承认公司章程具有对外效力，在公司章程登记公示之后对第三人具有拘束力，具有对抗第三人的效力。《公司法》第 25 条、第 32 条第 3 款规定，有限责任公司章程应当载明股东的姓名或者名称，将股东的姓名或者名称向公司登记机关登记；登记事项发生变更的，应当办理变更登记。未经登记或者变更登记的，不得对抗第三人。《公司法》第 16 条规定的公司向其他企业投资或者为他人提供担保，以及投资或者担保数额的规定，法定代表人须执行公司章程的规定。该规定是限制法定代表人权利、保护股东和公司利益的一种设计。根据《公司法》第 16 条的规定，担保行为不是法定代表人所能单独决定的事项，而必须以公司股东（大）会、董事会等公司机关的决议作为授权的基础和来源。法定代表人未经授权擅自为他人提供担保的，构成越权代表。尽管该设计是公司的内部规定，但法律的明确要求和公司章程的登记公示合并构成了公司章程的涉外性，对债权人的利益构成影响。公司法定代表人应当在公司章程赋予的权利范围内行事，超出该权利范围即对公司构成越权。法定代表人越权与债权人签订的合同是否有效，取决于债权人对法定代表人越权行为的意识程度。如果在订立合同时债权人是善意的，则合同有效，反之合同无效。《民法典》第 504 条规定："法人或者其他组织的法定代表人、负责人超越权限订立的合同，除相对人知道或者应当知道其超越权限的以外，该代表行为有效。"《九民纪要》第 17 条也作了相同的规定。

债权人在与公司签订投资或者担保合同时，须对公司章程关于公司决议机关和投资或者担保数额的规定进行审查。如果没有进行审查，债权人不构成善意。如果债权人已尽审查义务，债权人为善意。债权人对交易对方公司章程的审查义务源于公司章程公示后的对世效力。公司章程已经登记公示，即推定为第三人已知，在与公司进行交易时第三人即负有审查义务（有人认为此为注意义务)。债权人对公司章程负有审查义务须具备三个条件,即公司章程内容记载明确、登记、公示。未经登记的公司章程因未公示仅为公司内部规则,没有对世效力。公司章程虽然登记公示,但对相关内容未记载或者未明确记载,对第三人也没有约束力。如果公司章程内容有明确记载,也已经登记,但第三人无法取得公司章程,也不能视为已经公示。没有公示的公司章程不具有对世效力,对债权人无法引入公司章程审查义务。《公司法》第23条和第6条规定,公司章程是设立公司的必备文件,属于公司登记事项,公众享有查询公司章程的权利,公司登记机关负有为公众查询公司章程提供服务的义务。该规定赋予了公众查询公司章程的权利,对登记机关规定了相应的义务。

债权人对公司机关决议内容的审查一般限于形式审查,只要求尽到必要的注意义务即可。公司以决议系法定代表人伪造或者变造、决议程序违法、签名不实等事由,主张债权人非善意的,法院一般不予支持。但是,公司有证据证明债权人明知决议系伪造或者变造的除外。

三、公司章程效力瑕疵

公司章程效力瑕疵,是指在制定公司章程时,由于缺少要件导致公司章程出现整体无效或者部分无效或者效力待定的法律后果。公司章程效力瑕疵主要表现为主体不适格、内容违反法律法规的强制性规定和公序良俗、制定与修改程序违反法律规定三种情形。

因主体不适格造成公司章程效力瑕疵具体分为两种情况:一是股东身份不适格,主要是指国家法律法规禁止投资经商的人成为公司股东参与制定的公司章程。二是限制民事行为能力和无民事行为能力的人作为公司发起人制定的公司章程。

公司章程内容违反法律法规强制性规定的情形大体上可以分为四类:第一类是公司章程缺少绝对记载事项(必要记载事项),第二类是公司章程内容超越了公司自治边界,第三类是公司章程记载的内容违反法律、行政法规规定的,第四类是公司章程记载的内容虚假。对于公司章程记载的内容,理论上分为三类,即"绝对记载事项"、"相对记载事项"和"任意记载事项"。对于绝对记载的事项,股东须在章程中作不可缺少地记载,不得作出自由选择。如果公司章程中缺少绝对记载事项或者记载不合法,将会导致公司章程整体无效。对于相对记载事项和任意记载事项,大多体现为公司自治事项。对于公司自治事项,如果公司章程中没有相对记载事项,不发生法律效力。如公司章程中记载的相对记载事项违法,仅该事项无效,并不导致章程整体无效。如果公司章程中没有记载相对记载事项,不影响整个章程的效力。对于任意记载事项,如果记载事项违法,仅该事项无效。如果公司章程中没有任意事项记载,也不影响整个章程的效力。如果公司章程中有相对记载事项和任意记载事项,该记载发生效力。但不得超越公司自治边界,否则无效。

公司章程制定与修改程序违反法律规定,将对公司章程的效力产生影响。从《公司法》的规定上看,制定公司章程须全体股东一致同意,修改章程,有限责任公司必须经代表三分之二以上表决权的股东通过,股份有限公司必须经出席会议的股东所持表决权的三分之二以上通过。公司在修改公司章程时违反此法定程序的,章程修改无效。另外,公司股东会或者股东大会召集程序、表决方式违反法律规定或者公司章程规定,股东会或者股东大会决议被认定为无效、被撤销、不成立的,如果决议涉及公司章程修改的,此修改无效。上海市浦东新区人民法院和上海市第一中级人民法院在“童某芳等13人诉上海康达化工有限公司股东权案”[一审(2006)浦民二(商)初字第2800号,二审(2007)沪一中民三(商)终字第172号]件中查明,上海康达化工有限公司修改后的章程剥夺了继承股东的权利;股东不按照出资比例优先认缴出资但未经全体股东的一致同意;股东会作出增加或者减少注册资本,分立、合并、解散或者变更公司形式及修改公司章程的决议必须经出席会议的股东所持表决权的三分之二以上通过;公司注册资本541万元,股东49个自然人,不属于股东人数较少或者规模较小的有限责任公司,公司章程规定公司不设监事会,设监事一名,由公司工会主席担任。一审、二审法院以上海康达化工有限公司上述修改后的公司章程内容违反法律的强制性规定,判决公司章程修改无效。

对于公司章程无效的救济方式,主要表现为恢复原状、更正(改正)和确认无效或者撤销制度。对于修改后的公司章程内容违反法律强制性规定而无效的,公司章程实行“恢复原状”,即恢复到修改前的状态。对于公司章程内容上的缺陷,可以通过修改的方式补足缺陷,章程已经实践的不得宣布无效。

公司章程与公司设立密切相关,尽管公司公司章程无效与公司设立无效并不完全相同,但具有高度的关联性,因此公司设立无效归根结底是因为公司章程无效。比如,《德国股份公司法》第 275 条规定:“公司股东、董事、监事均可针对公司章程没有包含有关基本资本的数额或企业经营范围的规定,或有关经营范围无效的法定情形,于公司登记注册后三年内提起公司无效之诉。”我国《公司法》没有规定公司设立无效制度,对于使用无效的公司章程设立公司的,要求采取改正并处以罚款,情形严重的应当撤销公司登记。

四、公司章程的内容

现代立法,多数国家放松了对公司的管制,通过章程赋予公司更多的自治权利。公司法关于公司章程的记载事项,依其效力不同可分为绝对必要记载事项、相对必要记载事项和任意记载事项。

绝对必要记载事项,是指公司法规定的公司章程必须记载的事项。绝对必要记载事项,一般都是与公司或者组织活动有重大关系的基础性事项。公司法有关公司章程绝对必要记载事项的规定属于强制性规范,公司章程必须记载,如果不记载或者记载违法,公司章程无效。章程无效的法律后果之一就是公司设立无效。绝对必要记载事项的多少体现了国家对公司的干预程度,体现了国家与公司之间的权利分配。

相对必要记载事项,是指公司法规定的公司章程可以记载的事项,也可以不记载的事项。从法理上看,公司法有关相对必要记载事项的规定属于授权性的法律规范,这些事项是否记载均不影响公司章程的效力。但是,一旦记载于公司章程即产生约束力。法律一般对相对必要记载事项予以明示。

任意记载事项,是指在公司法规定的绝对必要记载事项和相对必要记载事项之外,在不违反法律、行政法规强制性规定和社会公共利益的前提下,由股东自主决定、自愿记载于公司章程中的事项。需要说明的是,任意记载事项不得违反法律、行政法规强制性规定,不得损害社会公共利益,也不得与绝对必要记载事项存在冲突。法律一般不列明任意记载事项。

《公司法》第 25 条规定了有限责任公司章程应当记载事项,第 81 条规定了股份有限公司章程应当记载事项。从法律规范的性质分析,《公司法》第 25 条、第 81 条的规定属于强制性规范,公司章程应当记载。其中,《公司法》第 25 条列举的前七项,第 81 条列举的前十一项均属于公司章程绝对必要记载事项。《公司法》第 25 条第 8 项、第 81 条第 12 项,以及股东会或者股东大会认为公司章程需要记载的其他事项,属于任意记载事项。《公司法》没有公司章程相对必要记载事项的规定。

五、《公司法》的强制规定和任意性规定

现实中在公司出现纠纷时，很多问题涉及对公司法法律属性的认识，比如，(1)公司法关于组织机构法定职权的规定是强制性的还是任意性的。公司董事会会议依职权、依照法律和公司章程规定作出的董事会决议，股东通过召开临时股东会会议否决了董事会决议，那么股东会能否决董事会的决议吗，股东会作出的否决董事会决议在法律上有效吗？如果通过修改公司章程将股东会的法定职权下放给董事会，这种规定合法吗？反过来，股东会将公司法规定的董事会职权上划归自己行使，这合法吗？(2)股权转让的规范是强制性的还是任意性的。有限公司股东将股权转让给股东之外的第三人，通知了其他股东，其他股东没有表示不同意，最终该股东与第三人签订了协议。变更时，公司股东不同意，理由为公司章程规定"本公司股权不得对外转让"，该股东将股权转让给本公司股东之外的第三人，违反公司章程，协议无效。有人认为转让有效，符合《公司法》关于股权转让的规则；对外转让时，已经通知其他股东，其他股东没有表示反对，也没有行使优先购买权。公司章程关于"本公司股权不得对外转让"的规定违法。(3)股份公司关于股份可以自由转让是强制性的还是任意性的。《公司法》对股份有限公司(资合)股权转让没有限制。实践中，有一股份公司章程按照有限责任公司股权转让的规则规定，即股东转卖股权要征得其他股东同意，其他股东有优先购买权，该规定是否有效？转让方理由：转让有效，符合《公司法》的规定；通知了你们，你们没有行驶优先权；章程违法。

回答上述问题需要解决《公司法》的相关规定是强制性规定还是任意性规定。

学者们认为，公司法是强制性、任意性规定相结合的法律。最高人民法院多次表达的观点是合同是当事人之间的法，尊重当事人选择，不轻易否认当事人的约定。延伸到公司法领域，章程自由是合同法上的"契约自由"在公司法上的延伸，具体表现为股东通过章程实现公司自治。公司法的性质是私法，私法是调整平等主体之间的关系，体现的是私人的意志和要求，最终为实现私人的利益服务的。公司法调整投资者之间的关系、股东之间的关系，也包括对外与债权人之间的关系。因为将公司法的性质定义为私法，这成为公司法存在或者说更多的是任意性规范的根本原因。公司法可以看作立法机关为投资人做出的格式条款、标准文本，是政府为社会提供的公共产品。

但是,任何自由都是有边界的,这种对边界的控制在于法律强制性规范的存在。一个公司的合同不仅仅关系到公司内部,还关系到公司的外部,法律强行介入和干预,更有利于公司的安全运营以及保障其他交易者的利益。(见表1、表2)

表1　美国学者埃森博格关于公司法强制性和任意性划分

三类规范	规范调整对象	封闭式公司	公开式公司
结构性规范	权力分配的基本架构和治理体系	任意性	强制性
分配性规范	股东投资者利益分配	任意性	任意性
信义性规范	股东、管理人员法律义务和责任	任意性	任意性

表2　赵旭东教授关于公司法强制性和任意性划分

按公司类型	划分	原　　因
有限公司	任意性	人合性、封闭性,股东更方便直接参加管理。 股东之间的管理权利义务的内容可以认定为任意性规范。
股份公司	强制性	资合性,股东多难以直接参加管理。
按内外关系	划　分	列举说明
内部	任意性	股东股权认购、红利分配应为任意性。
外部	强制性	维护债权人利益的规定应为强制性。

六、公司章程的自治边界

公司自治本质上是国家权利与股东权利的一种划分,对国家整体经济秩序和股东根本性权利存在影响的权利,由国家掌握,国家通过法律规定的方式掌握在自己的手里,其他权利分配给公司。为维护交易安全,公司自治权利的法律效力并不仅仅是股东的私下约定,而且须写入公司章程,按照国家法律规定的方式由国家机关进行公示,之后才有对世的效力。公司作为营利组织,其自治是有边界的,主要体现在以下几个方面:

1.不得违反法律的强制性规定。这里的法律是广义的,不仅指公司法,还包括宪法、刑法、民法、行政法等法律和行政法规,对公司治理作出的强制性规定。

2.《公司法》规定公司章程必须记载的事项。公司名称、住所、经营范围、注册资本、法定代表人、有限责任公司股东姓名或者名称和住所、出资额、出资方式、治理组织;股份有限公司股份总数和每股金额、发起人姓名或者名称和住所、董事会和监事会的组成与任期、公司公告方法。这些《公司法》规定的公司章程必要记载事项记载入公司章程,公司章程宣告成立。

3. 不得破坏公司维持原则。法律赋予公司自治权的愿望是减少政府干预,增加和保持公司的活力。如果公司章程规定的内容对公司活力和竞争力有害,则是不合理的,是与公司自治的初衷相悖的。比如,公司章程规定股东会对所有事项的决议均须全体股东出席会议,且100%表决权通过。这似乎不违反《公司法》的规定,但破坏了公司维持原则,这样的规定可能造成公司寸步难行,僵局频发,没有效率,不适宜竞争,无法生存。[1]

4. 不得违反资本维持原则。公司是利益相关者利益集合的地方,股东和债权人是公司利益相关的两极。股东是公司成立、生存和发展的原始投资者,债权人是公司运营不可缺少的债权投资者。资本维持原则是为了保护债权人利益设定的,虽然不是一种明文法律条文,但已经成为一项法律制度。它是指"公司自设立中、设立后,以致解散前,皆应力求保有是相当于资本之财产",即确保公司收到全部出资,并且维持这些资本,将之用于公司正常的营业和应付正常的经营风险。《公司法》规定:(1)发起人和认股人认足股份或者出资,并依法按期缴纳出资,不得高估出资的资产价值;(2)股票发行价格可以等于票面金额、高于票面金额,但不得低于票面金额;(3)除法定情形外,公司不得回购本公司的股权,不得接受本公司股权作为质押的标的;(4)不得抽逃出资;(5)符合法定情形经法定程序才能分配利润;(6)必须严格按照法定程序减少注册资本。这些规定都是资本维持原则制度的体现。[2]

5. 不得违反股东平等原则。股东平等是指公司股东基于股东地位,平等地行使股东权利,平等地履行股东义务。股东平等分为绝对性平等和比例性平等。绝对性平等,是指不受股权比例或者持股数量的多少影响的权利,每个股东都享有同等的权利,包括出资股东会会议的权利,股东知情权,股东会或者股东大会决议、董事会决议无效撤销权等权利。比例性平等,是指按照

---

〔1〕 参见孙英:《公司章程效力研究》,法律出版社2013年版,第96-99页。

〔2〕 参见孙英:《公司章程效力研究》,法律出版社2013年版,第99-102页。

股东所持股份的比例赋予的权利。比如,表决权、分红权、选择管理者的权利、剩余财产分配权、新股认购权等权利。绝对性平等是股东人的平等,比例性平等是股份平等。这里还涉及一些问题,也与股东平等有关,比如股东持股比例与表决权比例不一致、股东持股比例与分红比例不一致,这些不平等权利的设定,须经全体股东一致同意,才能有效。[3]

6.不得违反公司章程修改的法定规则。《公司法》对股东会或者股东大会议事规则作了明确的规定。《公司法》第43条规定:"股东会的议事方式和表决程序,除本法有规定的外,由公司章程规定。股东会会议作出修改公司章程、增加或者减少注册资本的决议,以及公司合并、分立、解散或者变更公司形式的决议,必须经代表三分之二以上表决权的股东通过。"第103条规定:"股东出席股东大会会议,所持每一股份有一表决权。但是,公司持有的本公司股份没有表决权。股东大会作出决议,必须经出席会议的股东所持表决权过半数通过。但是,股东大会作出修改公司章程、增加或者减少注册资本的决议,以及公司合并、分立、解散或者变更公司形式的决议,必须经出席会议的股东所持表决权的三分之二以上通过。"如果公司章程规定的议事规则要求适当高于二分之一或者三分之二,法律是允许。如果低于规定的比例标准,视为违法。需要注意的是,对于有限责任公司股东会一般事项的表决,公司法并没有要求二分之一以上表决权通过。

七、公司章程的制定规则与修改规则

公司章程制定规则是针对公司的初始章程(也称原始章程)而言的。根据《公司法》的规定,公司章程制定的主体和程序因公司的种类不同而不同,有限责任公司与股份公司不同,在股份有限公司中发起设立的与募集设立的也不同。"须经公司全体创始股东或者发起人一致同意",这是公司章程制定规则。对于有限责任公司和以发起方式设立的股份有限公司,制定公司章程须经公司全体创始股东或者发起人一致同意。对于以募集方式设立的股份有限公司,公司章程文本的通过分为两个阶段,第一个阶段是章程制定,第二个阶段是章程通过。《公司法》第90条规定,创立大会应有代表股份总数过半数的发起人、认股人出席方可举行。创立大会通过公司章程的决议,必须经出席会议的认股人所持表决权过半数通过(注意:出席会议的发起人、认

[3] 参见孙英:《公司章程效力研究》,法律出版社2013年版,第110-114页。

股人,通过公司章程的是认股人),这同样表明以募集方式设立股份有限公司,制定公司章程仍为全部发起人一致同意,而章程最后文本的通过是以创立大会决议的方式完成的。

“经三分之二以上表决权通过”,这是公司章程修改规则。《公司法》第43条规定,有限责任公司股东会会议作出修改公司章程的决议,必须经代表三分之二以上表决权的股东通过;第103条规定,股份有限公司股东大会会议作出修改公司章程的决议,必须经出席会议的股东所持表决权的三分之二以上通过。第181条规定,公司有《公司法》第180条第1项情形的,可以通过修改公司章程而存续。依照前款规定修改公司章程,有限责任公司须经持有三分之二以上表决权的股东通过,股份有限公司须经出席股东大会会议的股东所持表决权的三分之二以上通过,同样是三分之二以上,但计算基数不一样。

公司章程制定规则是人的多数决,是人的民主;公司章程修改规则变成了资本多数决,是资本的民主和平等,而非人的民主,可以说由全体股东一致同意变成了部分股东同意即可,这部分股东可能是多数,也可能是少数,而且经常是少数,只要资本代表的多数即可。这一转换也是个人意志向团体意志的转变的一种必经方式。那么,公司章程制定规则与修改规则的分界点是什么呢?

1. 对于有限责任公司和以发起方式设立的股份有限公司,公司登记日是规则分界点。在此之前,公司还没有成立,公司章程仍然体现的是个人意志,还没有体现团体意志。如果在此之前需要对公司章程进行修改,仍然需要全体创始股东一致同意。

2. 对于以募集方式设立的股份有限公司,公司章程经创立大会通过日为规则分界点。在创立大会通过公司章程之日后到公司成立之前,如果需要修改章程,应当召开创立大会,对章程修改需经出席会议的认股人所持表决权过半数通过。在公司成立后当然适用章程修改规则,“经三分之二以上表决权通过”。

3. 有限责任公司章程特殊条款记入公司章程遵循制定规则,对特殊条款的修改遵行章程修改规则。在公司治理运营过程中,公司章程已经完成了从个人意志向团体意志的转变,对一些涉及特定股东特殊权利、义务的赋予或者减少,比如有限责任公司股东持股比例与表决权比例不一致、股东持股比例与分红权比例不一致等情形，这些条款记入公司章程，作为公司章程内容之一，须经全体股东一致同意。对这些特殊条款的修改须遵行公司章程修改规则，即“经三分之二以上表决权通过”。

公司章程制定规则与修改规则不能混同，也不能互相替代。最高人民法院(2011)民提字第6号关于深圳启迪公司与郑州国华公司、开封豫信公司、珠海科美教育投资公司公司股权确认纠纷一案中指出，有限责任公司股东出资比例与持股比例不一致，须经全体股东一致情况方为有效。这个判决告诉了我们“有限责任公司股东出资比例与持股比例不一致”公司章程条款的制定规则，并没有说明这一条款的修改规则。明白了公司章程制定规则和修改规则的分界点，对于类似于有限责任公司股东持股比例与表决权比例不一致、持股比例与分红比例不一致等公司章程条款如何修改问题，我们可能就有答案了。

需要注意的是，不是所有公司章程内容的改变都需要三分之二以上通过。此处我们使用的是“公司章程内容的改变”这样一个词汇，没有使用“修改公司章程”词汇。这样说主要是想突出一下二者的区别。通常，我们一说到公司章程内容的变化就当然地认为是修改公司章程，当然地认为需要三分之二以上通过，但并不如此。区分的方法，需将股东会或者股东大会的职权与公司章程内容统一起来考虑，总的原则是须经股东会或者股东大会三分之二以上表决权通过，且必须载入公司章程的事项，当然属于修改章程须经三分之二以上表决权通过的范围；须经股东会或者股东大会二分之一以上表决权通过，且载入公司章程的事项，则不属于修改章程须经三分之二以上表决权通过的范围。比如，根据《公司法》第71条、第72条、第73条的规定，股东向股东以外的人转让股权，应当经其他股东过半数同意，法院依法强制执行程序转让股东股权的，相应修改公司章程和股东名册中有关股东及其出资额的记载，对公司章程的该项修改不需再由股东会表决。这是对公司章程内容的修改无须股东会或者股东大会三分之二以上表决权通过的法律明文规定。

八、公司登记机关章程文本对公司、股东和债权人利益的影响

公司章程是公司设立登记时必须提交的文件，为方便创始人设立公司，登记机关为创始人提供公司章程文本。这本来是一种便民服务，后来变成了“强制性”要求，不使用登记机关的章程文本不给予公司注册，很多地方都是这么要求的。

在商个人、商事合伙和商法人当中，公司是法律规范较多、较为复杂的商事主体，公司创始人不一定都具有起草章程的能力，不愿意为起草章程支付费用的人也很多，公司登记机关为公司创始人提供公司章程文本，无疑为他们提供了方便，提高了公司设立效率。但是，这样做也存在很多问题，对公司和股东存在重大影响。

1. 限制了公司自治权。公司章程记载事项分为必要记载事项、相对必要记载事项和任意记载事项。登记机关提供的章程文本一般是《公司法》规定的必要记载事项，一般不包括相对必要记载事项和任意记载事项。必要记载事项是任何公司章程都需要记载的事项，具有共性。而后两个方面的内容才真正体现了公司自治，特别是任意记载事项，完全体现了公司实际需求。登记机关不会也不可能根据每个公司的实际需要设计公司章程，股东之间就公司治理的协议内容无法成为公司章程内容，在实质上限制了公司自治权。《公司法》设定的通过"公司章程另有规定的除外""除本法有规定的外，由公司章程规定"等规定导致扩大股东自治权的法律构想部分落空。

2. 公司担保决策机制可能无法记入公司章程，对债权人利益存在影响。《公司法》第 16 条规定："公司向其他企业投资或者为他人提供担保，依照公司章程的规定，由董事会或者股东会、股东大会决议；公司章程对投资或者担保的总额及单项投资或者担保的数额有限额规定的，不得超过规定的限额。公司为公司股东或者实际控制人提供担保的，必须经股东会或者股东大会决议。"该规定既涉及公司内部股东之间的利益关系，也涉及公司与债权人的利益关系。当公司提供担保时，债权人无法通过公司章程审查公司担保机制，公司也无法通过担保机制保护自己的利益。

3. 公司内部治理规则没有上位"法律"根据。登记机关提供的公司章程文本，内容基本上就是《公司法》的摘录，并没有什么创意，更不会根据一个特定公司的实际需求而设计，缺少实用性。有的公司为了应对登记机关，不得不采用登记机关提供的章程文本，因这种文本不能满足公司需要，股东不得不另签订一份章程在公司内部执行，也有的公司把股东的意愿规定在股东会或者股东大会议事规则、董事会议事规则、监事会议事规则、经理工作规则当中，致使公司这些内部规则的规定没有"合法来源"，在公司融资、投资、上市、并购时，合规性受到质疑。

公司章程是公司自治文件，其自治意义和价值大于行政管理意义。如果公司登记机关要求股东必须使用其提供的章程文本,否则不予以登记,股东有两种应对方法。一是提起行政诉讼。如果公司登记机关要求股东必须使用其提供的章程文本,否则不予以登记,这构成滥用职权,可以提起行政诉讼。但考虑到公司成立后要在其治下生存,所以很多股东不敢提起诉讼。股东也可能考虑到使用什么样的章程文本,对公司设立没有影响,也没有必要提起行政诉讼。这种想法产生的原因是股东对公司章程的重要性认识不足。二是借鉴英美"内部宪章"办法暂时解决这一问题。英美法系国家对于公司章程的规定与大陆法系国家有所不同。英美法系国家的公司章程一般由章程大纲和章程细则两个文件组成。公司章程大纲为公司的"外部宪章",公司章程细则为公司的"内部宪章"。公司章程大纲规定的是公司最重要的事项,一般是公司章程根本性的必备条款。公司章程细则主要规定公司与股东的关系,内容具有任意性,被视为公司与股东之间以及股东之间的合同。把两个文件的内容加起来,总体上与大陆法系国家或者地区的公司章程内容基本一致。尽管公司"内部宪章"在英美国家已呈衰微之势(过渡性使命已经完成),但基于目前的形势,我们可以学习英美法系国家的这种做法。公司章程大纲可以使用公司登记机关提供的文本,把公司股东想写入公司章程的其他内容写入公司章程细则。但这只能解决公司内部治理规则细化问题,因为公司章程细则没有公示,无法实现对外效力。如果在公司章程大纲中标"大纲",另见"公司章程细则"这样的条款,引导债权人在与公司订立合同时审查公司章程细则,这种退而求其次的选择,或许能够起到保护公司利益的目的。

第四章 注册资本与股东出资

资本制度是公司法律制度的核心之一,特别是在中国现行公司法律制度下其重要性更为突出。公司注册资本是股东出资额之和,是单个股东有限责任限额加总后形成的全体股东对公司债权人的信用担保限额,为债权人与公司交易提供基本的合理预期。是否符合资本制度下的基本原则,一直是衡量股东出资和公司治理行为是不是具有诚意、正义、公平、合规的重要标准,同时也为司法裁判提供理论依据。

一、公司资本三原则

公司治理的基本原则与公司法的基本原则存在不同,但这种不同确实难以表达。公司治理的基本原则是为公司治理主体设定的规则,是应当遵守和运用的治理规则,其重要意义在于公司内部治理模式和制度的建立与运行,股东遵守这些规则对于提高公司能力更有价值。公司法的基本原则是立法者制定公司法应当遵循的原则,其重要意义在于对公司外部包括债权人的一种承诺,无论股东是否遵守,这些原则都会为债权人带来利益保护上的价值。

所谓资本三原则,是指资本确定、资本维持、资本不变。

1. 资本确定原则,即法定资本制,也称资本法定原则,是指公司设立时须在章程中载明公司资本总额,并由发起人认足或募足,对于特殊的公司必须满足最低注册资本额的要求,并完成实缴。资本确定原则,要求公司的注册资本必须经过法律的确认或者取得公示的效力。法律对资本确定原则的具体规范制度包括对出资的形式、对价的规制;资本最低限额的规制;资本实际缴纳,可以是分期缴纳,也可以是在公司章程中规定的期限内缴纳;资本公告制度,即注册资本必须公告以便确保相对人获得一个稳定的预期。

公司注册资本是公司章程记载的股东认缴的全部资本,而非股东实际缴纳的资本。股东认缴的注册资本称为声明资本、名义资本。严格意义上来说,资本确定原则要求注册资本全部缴足。2005 年之前的《公司法》要求在公司设立时股东应当缴足全部注册资本,2005 年之后的《公司法》改为分期缴纳。2013年公司法要求股东足额认缴即可,一般公司不要求实际缴纳。

2.资本维持原则。也称资本充实原则,是指公司存续期间,应当维持与其注册资本相当的资产,以达到保护债权人的利益和社会交易的安全。资本维持原则要求实缴资本和注册资本的一致,具体制度包括:有限公司初始股东对现金之外的出资负有价值保证责任,而其他股东对此承担连带责任;股东不得抽逃出资;股份公司不得以低于股票面额的价格发行股份;除非依照特别规定的目的和程序,不得收购本公司股票;公司不得接受本公司股票作为质押;公司在弥补亏损、提取公积金之前不得分配利润;公司资本公积金不得用于弥补亏损;公司的股票和债券之间的转换受到严格限制;公司对外担保的限制等。

在资本确定原则之下,公司法要求对股东作为出资的非货币财产应当评估作价,不得高估或者低估作价(《公司法》第27条和第30条)。有限责任公司成立后,发现作为设立公司出资的非货币财产的实际价额显著低于公司章程所定价额的,应当由交付该出资的股东补足其差额,公司设立时的其他股东承担连带责任。公司的发起人、股东在公司成立后,不得抽逃其出资,否则需按《公司法司法解释(三)》第14条、第16条、第17条规定,抽逃出资股东须向公司返还出资本息,对公司债务承担补充赔偿责任,合理限制其利润分配请求权、新股优先认购权、剩余财产分配请求权等股东权利,甚至解除该股东的股东资格。《公司法》第74条和第142条,对公司回购本公司股份设置严格的条件,不符合法定条件和情形的,公司不得回购本公司股份。《公司法》第127条规定公司法禁止折价发行股份,第166条规定了利润分配规则。

3.资本不变原则,是指公司资本一经确定并经登记之后,不得任意增加或减少资本,公司增加或者减少注册资本应当遵守法定程序,包括须经公司股东会或者股东大会审议通过,编制资产负债表及财产清单,在规定的时间内通知债权人并公告,依法办理变更登记。公司合并、分立须变更登记。

资本三原则被视为大陆法系公司法的核心原则,其本质目的是维持法定注册资本与实缴资本之间的一致,以保护债权人利益。“事实上,它没有多少实际意义,完全是法律基于将公司看作一个集合财产创造出来的产物。没有它,公司法会运作得更好,有了它,反而增加了很多不合理的规制。”“对社团行为和个人行为的划分,以及诚信义务的扩展,替代了僵硬的资本三原则,这是一个历史的逻辑和进程。”授权资本制可以满足董事会融资权限的灵活性,也可以满足不同种类股票机制设计的需要，代表了未来的发展方向。[1]

二、注册资本与投资总额

公司注册资本与投资总额是两个不同的概念，注册资本公司在公司登记机关登记的股东出资额之和，可能是实际已经缴纳的，也可能是未来的某个时间才能缴纳的。投资总额有些时候仅仅是一个概念，是对一定的的项目或者战略规划所需要的资金额的测算。注册资本是股东的投资，投资总额可能是股东的投资，也可能是公司通过借贷的方式取得的资金，或者由两者共同构成。注册资本具有对外性，其重要的价值之一是维护交易安全，保护债权人的利益，所以是政府管理公司的重要内容之一。投资总额经常不具有对外性，是公司内部一种资金运用行为。当公司通过借贷方式取得资金时，投资总额具有一定的外部性。如果公司为了实施一个项目需要股东增加投资，或者向资本市场进行融资时，注册资本涉及的资金构成投资总额的一部分，此时投资总额与注册资本的关系变得紧密，甚至为可分割。政府在争取和管理国外投资时，投资总额与注册资本同样受到政府的重视。《外商投资法》（2014 年）第 13 条规定，合营企业章程应当包括下列主要内容：……（四）合营企业的投资总额，注册资本，合营各方的出资额、出资比例、股权转让的规定，利润分配和亏损分担的比例；……；第 17 条规定，合营企业的投资总额（含企业借款），是指按照合营企业合同、章程规定的生产规模需要投入的基本建设资金和生产流动资金的总和。第 18 条规定，合营企业的注册资本，是指为设立合营企业在登记管理机构登记的资本总额，应为合营各方认缴的出资额之和。

对于股东来说，投资额与注册资本存在着金额相等，或者投资额高于注册资本的情形。出现这种情形可能是在公司设立时，也可能是在公司增加注册资本时，还有可能是在公司实际经营过程中。前两种情形在公司法上构成股份的溢价发行，后一种情形多见于股东借款给公司，对公司形成债权。在公司设立时，公司章程规定股东出资额高于公司注册资本，股东依章程规定出资，成立股份的溢价发行。股东以实际出资高于注册资本为由主张多出资部分属于债权的，通常法院不会支持。最高人民法院（2013）民提字第 226 号江门市江建建筑有限公司与江门市金华物业投资管理有限公司、江门市会华

[1] 邓峰：《普通公司法》，中国人民大学出版社 2009 年版，第 322 页、第 316 页。

投资有限公司执行异议之诉一字案中认定，股东以其实际出资大于应缴出资形成的资本溢价作为借款债权而与公司以物抵债的，构成变相抽逃出资。其理由是：第一，金华投资公司成立时，公司章程规定的投资总额高于公司注册资本；第二，公司章程规定各股东“应按工程进度及各方相应的出资额按期投入资金”，对股东在注册资本之外出资的法律属性并没有规定；第三，1993 年 1 月 7 日财政部发布的《房地产开发企业会计制度》第 311 号科目“资本公积金”第 2 款明确规定：“投资人交付的出资额大于注册资本而产生的差额，作为资本溢价”；第四，《公司法》第 167 条规定：“股份有限公司以超过股票票面金额的发行价格发行股份所得的溢价款以及国务院财政部门规定列入资本公积金的其他收入，应当列为公司资本公积金。”在公司融资增加注册资本时，经常出现公司估值高于注册资本的情形，投资人按照公司估值计算投资额，按照注册资本计算股权比例，固定的股权比例就出现了投资人投入的资金多，而计入注册资本的金额少的情形，投资额减去计入注册资本部分便构成公司的资本公积，这也是股份的溢价发行。当股东投入公司的投资总额与注册资本无关，或者公司章程没有明确规定股东投资应当高于注册资本时，投资人投入公司的资金成为对公司的借款，股东对公司享有债权。

需要说明的是，在公司融资时往往只是投资人的股份溢价发行，并不一定是全体股东的股份都是溢价发行。在公司成立时，可能出现全体股东股份溢价发行。

三、认缴出资制度的适用范围

注册资本认缴制是与实缴制相对应的概念，其基本含义是指在设立公司的时候，股东无须实际出资，须在公司章程规定的出资期限内完成出资。注册资本实缴制，是指在公司设立的时候，股东须将公司章程规定的注册资本全部出资到位。注册资本认缴制能够刺激公司设立，增加公司数量，适于竞争，但也有弊端，比如空壳公司更容易产生，股东认缴出资的期限利益不利于债权人的保护。中国公司注册资本经历了由公司设立时一次性全额缴纳到法定期限内分期缴纳，再到股东或者发起人自行决定缴纳期限的演变过程。2013 年《公司法》将公司注册资本由分期缴纳改为认缴制，这并不表明公司不需要注册资本，注册资本仍然需要，而且仍然很重要。那么认缴制如何适用呢？

1. 有限责任公司适用认缴出资，股东在公司章程规定期限内缴足出资即可,在公司设立的时候无须实际缴纳出资。《公司法》第23条规定,设立有限责任公司,应当具备下列条件:……(二)有符合公司章程规定的全体股东认缴的出资额;第25条规定,有限责任公司章程应当载明下列事项:……(五)股东的出资方式、出资额和出资时间。

2. 对于以发起方式设立的股份有限公司适用认缴制。对于发起设立的股份有限公司,股东出资与有限责任公司股东基本相同,允许发起人认缴出资。《公司法》第80条规定,股份有限公司采取发起设立方式设立的,注册资本为在公司登记机关登记的全体发起人认购的股本总额。

3. 对于以募集方式设立的股份有限公司不适用认缴制。股份有限公司采取募集方式设立的,注册资本为在公司登记机关登记的实收股本总额。《公司法》第84条、第89条和第76条规定,以募集设立方式设立股份有限公司,发起人认购的股份不得少于公司股份总数的35%,其余部分向社会募集,在创立大会召开之前全部注册资本已经实际到位,公司成立时的注册资本总额为实收股本总额。

法律、行政法规以及国务院决定对有限责任公司注册资本实缴、注册资本最低限额另有规定的,从其规定。

四、注册资本额的确定

2013年修改后的《公司法》取消了法定最低注册资本,公司注册资本由公司章程规定,股东根据公司章程的规定认缴出资,出资期限自行设定。《公司法》作这样的规定,并不意味着注册资本不重要,也不意味着公司可以没有注册资本,注册资本在法律上、在商务实践中仍有重要意义。政府对不同的行业实行不同的管理制度,对于一般公司实行认缴制,取消最低资本限额,但对于从事特殊行业的公司仍然规定了最低资本额和实缴制。比如,设立保险公司,经营证券经纪,证券投资咨询,与证券交易、证券投资活动有关的财务顾问业务的证券公司,经营证券承销与保荐,证券自营,证券资产管理,设立基金管理公司,设立全国性商业银行,城市商业银行,农村商业银行,信托公司,都规定了注册资本最低限额,注册资本须为实缴,不允许认缴。对于一般公司,政府对注册资本是放开的,那么在设立公司的时候如何确定公司注册资本呢?

1. 公司业务实际需要和战略安排。公司需要多少注册资本,不能仅仅考虑公司设立阶段,考虑的关键因素是公司业务实际需要和公司长远战略。公司实际业务需要是公司近期开展运营，与承接的目标项目相匹配的资金规模。战略安排是对未来的长远规划，公司需要的资金规模可能远远超过公司实际业务需要，也就是说远期资金需求超出近期资金安排。无论是近期资金需求，还是远期资金安排都要考虑股东的经济实力，能不能支付得起公司注册资本等额财产或者资金，甚至需要考虑公司转增注册资本的可能。基于这样的考虑，公司注册资本从设立到战略目标完成都需要整体设计。这即涉及引入投资方资金与融资增加注册资本的匹配关系。这样的要求可能很难做到，这正是股权设计的基本要求。

2. 同类公司注册资本规模。注册资本是一种市场信用，也会成为对标公司价值判断的根据，是市场衡量公司实力的标准之一。从债权人的角度看，一个一元注册资本的公司很难与一个一亿元注册资本的公司展开竞争，所以在公司设立的时候需要考虑在公司设定的市场竞争区域内同类公司的注册资本金额，唯如此才能在本区域内平等竞争。

3. 出资责任和风险控制。在实行公司注册资本认缴制之后，股东在设立公司时经常出现两个极端：一个极端是注册资本非常低，另一个极端是注册资本非常高。股东敢于设定非常高的公司注册资本，他们勇气来源于法律允许他们设定较长的出资期限。但是，当公司经营不善股东决议解散、破产或者被吊销营业执照进行清算时，股东出资期限加速到期，股东须在认缴的出资范围内对公司债务承担清偿责任。

4. 防止在资本严重不足被否认公司法人人格。这是注册资本认缴制度下股东出资成立公司必须注意的问题。资本严重不足是公司法人人格否认的理由之一，一旦该理由成立，股东与公司一起对公司债务承担责任，股东不再承担有限责任。资本严重不足不是公司注册资本与法律规定的最低注册资本比较，因为对于从事特殊行业的公司，如果注册资本低于法律规定的最低资本，公司不能成立，并不涉及公司法人人格否认问题。公司债务主要是公司与债权人交易形成的，交易规模的大小决定着公司与债权人交易的数额，而交易数额的大小与公司的业务规模紧密相关。公司法人人格否认制度的目的在于保护债权人的利益，"判断公司资本是否严重不足的主要因素是：相对于可预期的经营规模和可预见的潜在责任，资本的规模是否合理"。〔2〕

〔2〕　苗壮：《美国公司法制度与判例》，法律出版社2007年版，第41页。

如果公司注册资本严重低于公司开展业务需要的资金数额,则构成资本严重不足,公司存在即为不合理。公司在实际经营中按照业务规模与债权人进行交易,股东出资金额过小,公司不具有偿付能力,表明股东利用公司法人人格经营事业欠缺诚意,极可能损害债权人利益。需要说明的是,这种比较须在公司设立时的注册资本与公司业务规模之间进行,审查股东出资金额能不能满足公司开展业务的实际需要。在公司注册资本金额小,公司经营业务需要资金数额大,为公司开展业务通常股东借款给公司。当公司无力偿还债务时,股东的这种行为可能被视为滥用公司法人人格,公司业务规模需要的资金与注册资本差额部分均被视为股东对公司的出资,不构成股东对公司因借贷形成的债权。美国法院在阿诺得诉菲利普斯(Arnold v. Philips)一案中认为,充足的资本是承认公司独立人格,赋予股东有限责任的基本条件,公司在拥有充足的情况下,股东对公司的借款如同公司从银行借款一样。如果公司经营资金不足,股东对公司的借款,"这部分资本无论以何种方式投入公司,都将视为是公司的自有资本",在公司债权人利益未实现时,股东不得以借款名义向公司求偿。

五、股东出资的方式

股东出资是公司设立的必然要求,也是投资人取得股东身份的核心条件。《公司法》规定,在公司设立时,公司章程中须明确股东的出资额、出资方式和出资期限。根据《公司法》第 27 条的规定,股东可以用货币出资,也可以用实物、知识产权、土地使用权等非货币财产出资。对于非货币财产的范围,包括知识产权、土地使用权、土地承包权、采矿权、探矿权、企业承包经营权、企业租赁权、股权、债权等无形资产。[3] 从整体上公司关于股东出资方式的规定容易理解,但下列一些特殊情形,[4] 在实践中容易引起纠纷。

1. 股东以违法犯罪所得的货币出资的问题。货币具有支付和结算功能,股东可以以货币出资,但股东用以出资的货币来源需要重视,主要包括正当来源和非正当来源两个方面。如果股东以自己正当收入积蓄的资金出资是没有问题的,股东以借款用于出资也是没有问题。如果股东以违法犯罪所得的货币出资的,该如何对待?在以往该出资被认定为违法犯罪所得,作为赃

---

〔3〕 宋燕妮、赵旭东:《中华人民共和国公司法释义》,法律出版社 2019 年版,第 52 页。

〔4〕 参见杜万华主编:《公司案件审判指导》,法律出版社 2018 年版,第 184 - 197 页。

款予以追缴,要求公司直接将该部分股东出资退还给司法机关。这种做法落实了刑法,但破坏了《公司法》和合同相关规定,有损于公司债权人利益,不利于交易安全。《公司法司法解释(三)》第 7 条第 1 款规定,以贪污、受贿、侵占、挪用等违法犯罪所得的货币出资后取得股权的,对违法犯罪行为予以追究、处罚时,应当采取拍卖或者变卖的方式处置其股权。也就是说股东以犯罪所得出资是有效的,司法机关不能将公司收到的货币出资按照脏款追缴,不能要求司法公司直接退钱,只能将犯罪嫌疑人或者被告因该货币出资取得的股权予以变现,变现之后的钱款作为赃款由司法机关返还被害人。

2. 股东以自己不享有处分权的财产出资问题。《公司法司法解释(三)》第 7 条第 1 款规定,出资人以不享有处分权的财产出资,当事人之间对于出资行为效力产生争议的,人民法院可以参照物权法第一百零六条的规定予以认定。原《物权法》第 106 条,即现在《民法典》第 311 条,是关于不动产或者动产善意取得的规定。依此规定,如果公司在取得股东出资财产时是善意的,则股东出资行为有效,否则为无效。如果法院认定股东出资有效,所有权人不得将此项财产追回,只能要求股东赔偿因其无权处分行为给财产所有权人造成的经济损失。如果股东出资无效,也就是说公司取得股东出资财产不是善意的,所有权人可以将此项财产追回。这当中涉及两个问题:第一个问题是对善意取得的识别。在公司设立时,如果公司章程规定股东为实缴出资,此时公司尚未成立,无法考察公司是否善意还是恶意,只能通过考察其他股东的主观状态来认定公司的主张状态。如果其他股东知道该项财产股东无权处分,则证明其他股东是恶意的;否则即构成善意。如果公司增资时,投资方以无权处分的财产向公司投资,此时可以考察公司是善意的还是恶意的。第二个问题是股东因出资的责任。如果股东以无权处分财产出资被认定为无效,财产所有权人依法追回该项财产,表明该股东未完成出资,股东应当向公司和已经按照公司章程的规定完成出资的其他股东承担违约责任。还有一个细节问题需要注意,股东已经将其无权处分的财产以出资的名义交付公司的,公司使用该项财产应当向财产所有权人支付使用费。该使用费的产生属于股东因出资瑕疵给公司造成的损失。如果该项财产已经被公司转让,或者利用后失去原有形态,公司因此赔偿财产所有权人损失,当该损失超出股东出资金额时,超出部分属于股东给公司造成的经济损失。这两种损失股东都应当向公司承担赔偿责任。

3. 股东能不能以股权出资。原来的《物权法》和现在的《民法典》将股权定义为物权，也是一项财产权。股权可以用货币估价并可以依法转让，符合《公司法》第 27 条的规定，当然可以作价出资。2009 年国家工商行政管理总局令第 39 号公布的《股权出资登记管理办法》第 2 条规定，投资人以其持有的在中国境内设立的有限责任公司或者股份有限公司（以下统称股权公司）的股权作为出资，投资于境内其他有限责任公司或者股份有限公司（以下统称被投资公司）的登记管理，适用本办法。2014 年国家工商行政管理总局令第 64 号公布的《公司注册资本登记管理规定》第 6 条规定，股东或者发起人可以以其持有的在中国境内设立的公司（以下称股权所在公司）股权出资。《公司法司法解释（三）》第 11 条规定，出资的股权由出资人合法持有并依法可以转让，出资的股权无权利瑕疵或者权利负担，出资人已履行关于股权转让的法定手续，出资的股权已依法进行了价值评估，出资人以其他公司股权出资，只要符合上述四个条件的，法院应当认定出资人已履行出资义务。这说明工商登记部门和法院是允许股东或者发起人以其持有的在中国境内设立的公司的股权出资。

4. 股东能不能以债权出资。债权是可以估价，根据合同法的规定也可以依法转让，符合《公司法》第 27 条的规定，当然可以作价出资。《公司注册资本登记管理规定》第 7 条规定，债权人可以将其依法享有的对在中国境内设立的公司的债权，转为公司股权。转为公司股权的债权应当符合下列情形之一：（1）债权人已经履行债权所对应的合同义务，且不违反法律、行政法规、国务院决定或者公司章程的禁止性规定；（2）经人民法院生效裁判或者仲裁机构裁决确认；（3）公司破产重整或者和解期间，列入经人民法院批准的重整计划或者裁定认可的和解协议。用以转为公司股权的债权有两个以上债权人的，债权人对债权应当已经作出分割。债权转为公司股权的，公司应当增加注册资本。《公司债权转股权登记管理办法》（2011 年第 57 号令）第 2 条规定，债权转股权，是指债权人以其依法享有的对在中国境内设立的有限责任公司或者股份有限公司的债权，转为公司股权，增加公司注册资本的行为。国家工商总局对一般债权，即对第三人的债权用于出资不予以登记，只允许债权转股权，即原来公司的债权人可以将股权转换成债权人公司的股权，债权人身份从债务人公司的债权人转换成债务人公司的股东，并没有明确同意在公司设立的时候或者在公司增加注册资本时，股东可以对其他公司享有的债权作为出资或者投资于公司。

现实中,债权中存在的法律问题很多,真实性问题、诉讼时效问题、可实现性问题等,如果不慎重对于股东来说可能构成虚假出资,公司的利益可能受到损害。

5. 股东可以用土地使用权的部分年限对应的价值作价出资。2009 年《最高人民法院民二庭(2009)民二他字第 5 号函》,就(2006)辽民二终字第 314 号《关于鞍山市人民政府与大连大锻锻造有限公司、鞍山第一工程机械股份有限公司、鞍山市国有资产监督管理委员会加工承揽合同欠款纠纷一案的请示报告》,对辽宁省高级人民法院作了如下答复:根据我国《公司法》及相关法律法规的规定,股份有限公司设立时发起人可以用土地使用权出资。土地使用权不同于土地所有权,其具有一定的存续期间即年限,发起人将土地使用权出资实际是将土地使用权的某部分年限作价用于出资,发起人可以将土地使用权的全部年限作价用于出资,作为公司的资本。发起人将土地使用权的部分年限作价作为出资投入公司,在其他发起人同意且公司章程没有相反的规定时,并不违反法律法规的禁止性规定,此时发起人投入公司的资本数额应当是土地使用权该部分年限作价的价值。在该部分年限届至后,土地使用权在该部分年限内的价值已经为公司所享有和使用,且该部分价值也已经凝结为公司财产,发起人事实上无法抽回。由于土地使用权的剩余年限并未作价并用于出资,所以发起人收回土地使用权是取回自己财产的行为,这种行为与发起人出资后再将原先出资的资本抽回的行为具有明显的区别,不应认定为抽逃出资。发起人取回剩余年限的土地使用权后,公司的资本没有发生变动,所以无须履行公示程序。本案中,你院应当查明作为股东的鞍山市人民政府在公司即鞍山一工设立时投入的 570620 平方米土地使用权作价 1710 万元所对应的具体年限。如果该作价 1710 万元的土地使用权对应的出资年限就是 10 年,在 10 年期满后,鞍山市人民政府将剩余年限的土地使用权收回,不构成抽逃出资,也无须履行公示程序;反之,则鞍山市人民政府存在抽逃出资的行为,其应当承担对公司债务的赔偿责任,但以抽逃出资的价值为限。

6. 股东以设定担保的财产出资的问题。对于股东以设定担保的财产进行出资的,不能当然地认为不能出资,如果经担保权人同意,股东以担保财产出资是有效的。如果股东和公司在不知情的情况下接受了股东以担保财产出资,只要股东解除出资财产上的担保,该财产作为股东出资就没有问题。

7. 股东能不能以劳动力、人脉关系、经营诀窍等出资。《公司注册资本登记管理规定》第5条第2款规定,股东或者发起人不得以劳务、信用、自然人姓名、商誉、特许经营权或者设定担保的财产等作价出资。劳务、信用、自然人姓名、商誉、特许经营权、人脉关系、经营诀窍这些对公司经营来说是有价值的资源,因为不能同时满足"可以用货币估价"和"可以依法转让"两个条件,所以股东不能以此作为出资。有些大陆法系国家,允许股东以劳务和信用出资,但仅限于无限公司、两合公司和股份两合公司,而有限责任公司和股分有限公司则不允许股东以劳务和信用出资,如《德国股份法》规定,实物出资或实物接收只能是可以确定经济价值的财物;劳务不能算作实物出资或实物接收。一些英美法系国家对于股东出资方式规定的较为灵活,如《美国示范公司法》规定,董事会可以认可发行股票,为此而收受价金,该价金包括一切有形或无形财产,或是能使公司享有利益,这包含现金、付款证书、已提供的劳务、提供的劳务的合同或公司的其他证券。我国《合伙企业法》第16条规定,合伙人可以用货币、实物、土地使用权、知识产权或者其他财产权利出资,也可以用劳务出资。合伙人以劳务出资的,其评估办法由全体合伙人协商确定,并在合伙协议中载明。一些公司实施股权激励计划,实质上是以劳务换股权,等同于以劳务出资,只不过有一些不作变更登记,影响不到债权人利益。《公司法》将出资设定为"可以用货币估价"和"可以依法转让"两个条件,主要还是坚持资本信用原则,强调对债权人利益的保护。有人认为,作为出资的财产除"可以用货币估价""可以依法转让"两个条件外,还应当具有合法性。从司法解释对以违法犯罪所得的货币出资、以无权处分的财产作为出资的态度上看,合法性显得并不那么重要。当然,在公司设立时、融资时,审查股东和投资人出资财产的合法性还是非常必要的,可以减少注册资本风险。

六、股东出资到位与瑕疵出资的责任

股东应当按期足额缴纳公司章程中规定的各自所认缴的出资额。股东以货币出资的,应当将货币出资足额存入有限责任公司在银行开设的账户;以非货币财产出资的,应当依法办理其财产权的转移手续。股东出资到位包括两个标准:一是按照公司章程规定的时间出资,不得延迟出资;二是按照公司章程规定的认缴出资额足额出资。对于这两个标准,简单地说是将出资财产交付公司,以货币出资的将货币支付至公司在银行开设的账户,以财产和其他非货币资产出资的,对于动产向公司交付,对于不动产或需要登记的其他财产,将所有权变更登记在公司名下,同时也需要向公司交付。股东以股权出资的,应当履行完成关于股权转让的法定手续,并对出资的股权依法进行价值评估。股东以债权出资的,可以参照股权出资确认出资到位问题。另外,应债权人的请求,法院判决股东在出资范围内承担连带责任之后,表明股东已经履行出资义务。表面上股东替公司偿还了债务,股东对公司形成债权关系,但该债权公司可以记载为股东缴纳出资。

股东有下列行为之一的,属于未依法缴纳出资,包括没有按照公司章程规定如期、足额缴纳货币出资,没有如期向公司交付财产,没有将所有权变更登记在公司名下,应当承担相应的责任。

1. 民事责任。在公司法理论上,公司章程被视为股东与股东之间、股东与公司之间的多方契约,股东未按照公司章程履行出资义务,应当承担违约责任(有人认为股东对公司承担侵权责任)。股东承担的责任包括在指定的期限内向公司足额缴纳,向已按期足额缴纳出资的股东承担违约责任。在债权人请求股东在其出资范围内承担赔偿责任的,法院也会支持。在公司内部,通过公司章程或者股东会决议,可以限制未履行出资义务股东的权利,比如限制其利润分配请求权、新股优先认购权、剩余财产分配权等权利,还可以将股东除名。

当股东没有按照公司章程规定的期限履行出资义务,公司、其他股东或者公司债权人起诉要求认定该股东未履行出资义务,并承担违约责任或者补充赔偿责任时,该股东在人民法院确定的合理期限内完成出资义务的,构成依法履行出资义务。法院确定的合理期限,构成股东出资期限的司法宽限。出资人以划拨土地使用权出资,或者以设定权利负担的土地使用权出资,公司、其他股东或者公司债权人主张认定出资人未履行出资义务的,法院应当责令当事人在指定的合理期间内办理土地变更手续或者解除权利负担;逾期未办理或者未解除的,法院应当认定出资人未依法全面履行出资义务。出资人以房屋、土地使用权或者需要办理权属登记的知识产权等财产出资,已经交付公司使用但未办理权属变更手续,公司、其他股东或者公司债权人主张认定出资人未履行出资义务的,法院应当责令当事人在指定的合理期间内办理权属变更手续;在前述期间内办理了权属变更手续的,法院应当认定其已经履行了出资义务;出资人主张自其实际交付财产给公司使用时享有相应股东权利的,法院应予支持。出资人以财产出资,已经办理权属变更手续但未将财产实际交付给公司使用,公司或者其他股东主张其向公司交付,并在实际交付之前不享有相应股东权利的,法院应予支持。

2. 行政责任。注册资本是由股东认缴出资构成的,管理注册资是政府管理公司的方法之一,这样做有利于维护市场交易安全。出资义务是股东对公司的最基本的义务,股东未尽出资义务即损害了公司利益、其他股东利益,也损害了公司债权人利益,政府需要进行干预。《公司法》第 199 条规定,公司的发起人、股东虚假出资,未交付或者未按期交付作为出资的货币或者非货币财产的,由公司登记机关责令改正,处以虚假出资金额 5% 以上 15% 以下的罚款。

七、股东出资的期限利益

2013 年《公司法修正案》将注册资本实缴制改为认缴制,股东无须在公司设立时即行履行出资义务,股东可以在公司章程中自行确定出资期限,在股东出资期限届满前,股东是不是应该提前履行出资义务,股东出资期限加速到期成为一时讨论的热点。

股东期限利益,是指在注册资本认缴制下,法律不要求公司股东在公司设立的同时必须缴纳所有认缴的注册资本,股东可以在公司章程对出资方式、出资时间和出资额作出规定,并按照这种规定履行出资义务。在公司章程规定的出资期限届满前,股东有权拒绝履行出资义务。在认缴制下,公司债权人以公司不能清偿到期债务为由,请求未届出资期限的股东在未出资范围内对公司不能清偿的债务承担补充赔偿责任的。股东在公司章程规定的出资期限届满前履行出资义务,被称为股东出资加速到期。对此问题法院有两种截然不同的观点。一种观点认为,任何合同自由都有其边界,股东出资义务的履行期限并非“完全自治”的事项,出资期限的设计应不影响公司的正常经营,包括偿还债务。当公司存在“不清偿到期债务”之情形,无论公司是否已达“破产界限”,都应允许债权人主张加速股东出资义务之履行。这不是对“契约严守”的背离,而是对契约诚信的遵守。在合同法上,“非破产加速”存在可能空间:一则按照合同的相对性原理,“契约严守”不能约束债权人;二则合同权利不得滥用。另一种观点认为,在非破产与解散情形下,股东出资原则上不应加速到期,主要理由是:从公司资本与债权人保护的关系来看,《企业信息公示暂行条例》第 8 条、第 9 条、第 10 条规定股东的出资时间向社会进行公示。所以,债权人在与公司交易时可以在审查公司股东出资时间等信用信息的基础上综合考察是否与公司进行交易。债权人一旦决定进行交易,即应受制于股东出资时间的约束。这两种观点在北京、上海等地法院判决中都有体现。一些法院以“未加重股东负担”为由,坚持股东出资义务加速到期,支持债权人主张。另外一部分法院认为应当尊重股东的出资期限利益,股东出资期限未满有权不履行出资义务,因此驳回债权人的诉讼请求。“未加重股东负担”的判决理由注重的是客观结果,否定债权人诉讼请求的判决结论属于法律分析。但各有各的理,一时难分高下。

为统一法院判决,《九民纪要》统一了观点。《九民纪要》第 6 条确定,在注册资本认缴制下,股东依法享有期限利益。债权人以公司不能清偿到期债务为由,请求未届出资期限的股东在未出资范围内对公司不能清偿的债务承担补充赔偿责任的,人民法院不予支持。但同时也给出了加速到期的例外情形,除外:(1)公司作为被执行人的案件,人民法院穷尽执行措施无财产可供执行,已具备破产原因,但不申请破产的;(2)在公司债务产生后,公司股东会或者股东大会决议或以其他方式延长股东出资期限的。

最高人民法院认为,在认缴制下规定股东出资加速到期的,目前只有两个法律条文。一个是《破产法》第 35 条规定,人民法院受理破产申请后,债务人的出资人尚未完全履行出资义务的,管理人应当要求该出资人缴纳所认缴的出资,而不受出资期限的限制。另一个是《公司法司法解释(二)》第 22 条第 1 款规定,公司解散时,股东尚未缴纳的出资均应作为清算财产。股东尚未缴纳的出资,包括到期应缴纳的出资,以及依照公司法第 26 条和第 80 条的规定分期缴纳尚未届满缴纳期限的出资。这两条规定的法理是,公司破产或者强制清算后将终止存在(在破产重整、和解的场合,公司不终止,但清理债权债务同破产清算一样),不可能再根据原定期限请求股东履行出资义务,如果公司不能要求股东提前缴付出资,股东将逃脱对公司的出资义务,从而损害公司债权人和其他股东的正当利益。对于公司股东而言,虽然章程规定了明确的出资期限,但是由于出资义务的对象是公司,因此公司章程规定的出资期限不能超过公司的存续期限,一旦公司破产或者强制清算,则视为章程规定的出资期限届至,即加速到期。

根据上述规定和理念,《九民纪要》第 6 条原则上承认股东享有期限利益，但规定了股东出资加速到期的两种例外情形，并明确了法理基础和清偿规则。

第一种例外情形：公司作为被执行人的案件，因穷尽执行措施无财产可供执行，已具备破产原因，但公司不申请破产的。公司债权人依生效判决申请执行，如果穷尽执行措施公司还无财产可供执行，已具备破产原因，但公司不申请破产的，其结果与《破产法》第2条规定的公司资产不足以清偿全部债务或者明显缺乏清偿能力完全相同，故这种情形下比照《破产法》第35条的规定，股东未届期限的认缴出资加速到期。最高人民法院认为，这样规定对解决执行难有好处，且不会增加很多案件。需要注意的是，虽然"已具备破产原因，但公司不申请破产的"，股东出资应当加速到期，但在这种情形下加速到期的财产归公司的债权人，而不像破产那样归公司。实际上在这种情形下，就公司个别债权人利益和整体债权人利益的平衡方面，考虑到毕竟不是"破产程序"，所以倾向了个别债权人，但并不妨碍其他债权人申请公司破产，也不妨碍公司自身申请破产。一旦申请破产，那么未届出资期限的股东应当将其出资加速到期，归入债务人财产，实现所有债权人公平清偿。

第二种例外情形：在公司债务产生后，公司股东会决议延长股东出资期限，以逃避公司不能履行债务时，股东将被要求补足出资义务的。这种情形没有争议，理论基础是债权人的撤销权，即对于公司股东会延长股东出资的行为，实质就是公司放弃即将到期的对股东的债权，损害公司债权人利益，公司债权人有权请求撤销。

从上述两种例外情形来看，最高人民法院对法律规定之外的"加速到期"持非常慎重的态度，主要有以下考虑：(1)从民商事审判如何正确处理行政权与司法权关系的角度考虑。2013年《公司法》将股东出资修改为认缴制以后，公司登记机关对股东认缴出资数额及缴付时间进行公示，这是行政权对股东认缴出资人认可。司法裁判的应有态度是尊重行政权的效力，平衡好司法和行政的关系，使其产生合力。(2)从裁判依据的角度考虑。对法律规定之外的"加速到期"，民法学界和商法学界的不少学者都进行了理论分析，其中不乏真知灼见。但作为司法机关，在法律或者司法解释没有明确规定的情况下，对此持谨慎的态度，与司法的谦抑性、保守性是吻合的。在起草《九民纪要》时也秉持这样的态度。《九民纪要》增加的两种例外情形，第一种情形的实质原因与企业破产类似，只是没有进入破产程序罢了，按照类似情形类似处理的原理,规定此时股东出资应当加速到期,以便统一裁判尺度。第二种情形大家公认。(3)从最高人民法院的一贯态度、做法上看,对此问题持慎重态度。(4)从司法与立法的关系角度考虑。现行立法只在《破产法》第35条和《公司法司法解释(二)》第22条第1款规定了加速到期。除此之外,按照有的学者的论述,在公司不能清偿债务时,未届出资期限的股东的出资都应加速到期。对此,最高人民法院认为,兹事体大,应该通过修改《公司法》的方式解决,看立法机关是否同意该观点。因为这涉及司法与立法的关系问题。

在《九民纪要》第6条规定的例外情形之外,实践中还可能出现下列情形,具体包括:

1. 公司章程中规定的出资期限长于公司营业期限,股东享有的期限利益在时间上不能长于公司营业期限。股东在公司章程中规定的出资期限长于公司营业期限,应当将股东的出资期限视为与公司营业期限等长,超过公司营业期限部分无效。这既可以从《破产法》第35条和《公司法司法解释(二)》第22条第1款规定得出结论,也可以运用《九民纪要》第6条规定的两种例外情形予以解释。根据《公司法》第180条和《公司法司法解释(二)》第22条的规定,公司章程规定的营业期限届满是公司解散的原因之一,公司解散时股东尚未缴纳的出资均应作为清算财产,股东分期缴纳尚未届满缴纳期限的出资均视为已经到期。这是《九民纪要》第6条规定的两种例外情形中第一种情形的设定理念。如果不想解散公司,股东可以依照《公司法》第181条规定通过修改公司章程,延长公司营业期限使公司存续。公司章程延长公司营业期限相当于延长股东出资期限,应当视为符合《九民纪要》第6条规定的两种例外情形中第二种情形,股东在延长期限内享有的期限利益不得对抗公司营业期限届满前的债权人。

2. 公司章程中只规定认缴出资期限,没有规定实际出资期限,股东不享有期限利益。有一个实际案例。2015年5月18日,史某、郝某、刘某、吴某、于某、赵某、霍某七人作为创始股东设立了一家水泥公司,注册资本人民币30000万元,其中史某认缴3000万元,占注册资本10%;郝某认缴6000万元,占20%;刘某认缴3000万元,占10%;吴某认缴3000万元,占10%;于某认缴1500万元,占5%;赵某认缴1500万元,占5%;霍某认缴12000万元,占40%。公司章程规定认缴时间为2015年5月18日,但没有明确规定股东实际出资时间。对于此种情况,笔者认为股东认缴出资时间即为实际出资时间,股东在出资方面没有期限利益。

3. 公司章程对股东设定不同出资期限的,股东享有不同的期限利益。在公司章程对不同的股东规定不同的实缴出资期限,这种规定有没有法律效力?笔者认为,这属于公司自治范畴,只要股东是自愿的意思表示,没有其他违反法律强制性规定的,该规定有效,不同股东享有不同的期限利益。

我们讨论股东期限利益,重点放在了股东与公司债权人之间的利益关系上,那么在公司股东之间有没有对抗效力呢?讨论这个问题,我们先设定一下前提,即在出资期限上的变更,股东之间存在争议,特别是小股东与大股东之间的争议。如果股东之间无争议,不会使得本来是内部问题变得具有外部性,需要外力介入来解决了。公司章程规定的股东出资期限利益在股东之间产生对抗,也就是说在出资期限未届满时,其他股东要求股东履行出资义务的,股东可以拒绝履行,理由有二:第一,《九民纪要》第 6 条规定,在注册资本认缴制下,股东依法享有期限利益。尽管这主要调整的是股东与债权人之间的关系,但法律、司法解释和纪要并没有规定这种期限利益不得在股东之间产生对抗效力。第二,《公司法》第 28 条规定,股东应当按期足额缴纳公司章程中规定的各自所认缴的出资额。股东以货币出资的,应当将货币出资足额存入有限责任公司在银行开设的账户;以非货币财产出资的,应当依法办理其财产权的转移手续。股东不按照前款规定缴纳出资的,除应当向公司足额缴纳外,还应当向已按期足额缴纳出资的股东承担违约责任。公司法将公司章程定义为股东之间的合同,合同明确规定了各方履行出资义务的期限,这是股东附期限的履行行为。股东在出资期限未届满之前不履行出资义务,符合合同约定,其他股东要求其提前履行出资义务的,股东有权拒绝。

前面我们明确了股东期限利益能够对抗其他股东,现在我们看一看这种对抗可能发生的具体情形。

(1)股东会决议缩短股东出资期限。大股东非为公司利益加速股东出资到期,股东会决议无效。在"上海自贸区咖啡交易中心有限公司诉上海君客商务咨询有限公司公司决议纠纷案"[(2017)沪 01 民终 10122 号、(2018)沪民申 188 号]中,法院认为,被告公司成立时,明确约定了认缴出资的出资年限。现在无证据显示被告公司因经营或者其他需要,需要在短期内实缴出资。被告公司限定股东一个月内完成出资的决议不合理。从事后两原告补足出资款来看,两原告不存在故意不出资的恶意,故被告公司的两份决议系第三人利用大股东地位,损害两原告权益的行为,应当认定无效。

(2)大股东召开股东会决议延长股东出资期限。这个案例也是实际发生的。五个股东认缴出资成立一家有限公司,公司注册资本1000万元,股东均以货币出资,股东A出资占公司注册资本的10%,B出资51%,C出资9%,D出资18%,E出资12%。B为公司董事长、法定代表人,A为公司总经理。公司章程规定出资期限为5年,在出资期限届满前股东A足额缴纳了出资,股东B、C、D、E均未出资,股东A出资的100万元公司已经用罄,公司运营资金不足。A要求其他四个股东出资,其他四个股东不同意,A股东将其他四个股东起诉到法院,要求向公司履行出资义务。诉讼期间B召集和主持股东会会议,决议将出资期限在原来的基础上延长10年。其他四个名股东以此为依据,请求法院驳回股东A的诉讼请求。对于此案,法院有两种观点:第一种观点认为,A股东诉讼符合法律规定和章程规定,法院应当支持其诉讼请求,判决其他四名股东按照公司设立时章程规定期限履行出资义务。《公司法》第28条规定,股东应当按期足额缴纳公司章程中规定的各自所认缴的出资额。股东以货币出资的,应当将货币出资足额存入有限责任公司在银行开设的账户;以非货币财产出资的,应当依法办理其财产权的转移手续。股东不按照前款规定缴纳出资的,除应当向公司足额缴纳外,还应当向已按期足额缴纳出资的股东承担违约责任。《公司法司法解释(三)》第13条第1款规定,股东未履行或者未全面履行出资义务,公司或者其他股东请求其向公司依法全面履行出资义务的,人民法院应予支持。(注:《公司法》将公司章程定义为公司与股东之间的合同)其他股东在公司设立时章程规定的出资期限内没有履行出资义务构成对"合同义务"的违反,法律和司法解释规定足额履行出资义务股东享有诉权,明确规定支持其诉讼请求,法院判决支持其诉讼请求有法律依据。至于在诉讼期间公司召开股东会会议,决议将出资期限延长,但因股东B对公司享有控制权,与其他三名未出资股东合计持有公司90%的股权,尽管A股东明确表示反对,但仍然作出延长出资期限的决议。该决议是"违约人"在诉讼期间作出,从形式上似乎符合法律规定,内容上属于公司自治范畴,但在被延长的期限内免除了其他四名股东的出资义务,如果法院因此支持这四名股东的抗辩,实际上是对具有契约精神股东A的否定,支持了非诚信行为,纵容大股东滥用资本多数决原则,有违反法律的公平正义。第二种观点认为，股东会决议合法有效，因股东出资期限延长，所以其他四名股东出资义务期限未届满，A股东主张其他股东违约，并要求履行出资义务失去了依据，应当驳回A股东的诉讼请求。《九民纪要》第6条第2项规定，在公司债务产生后，公司股东会或者股东大会决议或以其他方式延长股东出资期限的，债权人以公司不能清偿到期债务为由，请求未届出资期限的股东在未出资范围内对公司不能清偿的债务承担补充赔偿责任的，人民法院予以支持。尽管《九民纪要》第6条第2项规定是站在股东与债权人之间利益关系的角度考虑的，但本质上承认了股东会或者股东大会决议对延长出资期限的法律效力。

法院在两二种观点之间难以抉择，后来A股东撤诉了。这个案件没有法院判决可以参考，但我们不能停止对本案的思考。对于上述两种观点，我倾向于第一种观点。理由如下：第一，《九民纪要》第6条第2项规定并没有当然承认延长出资期限股东会或者股东大会决议的法律效力。《九民纪要》第6条规定，在注册资本认缴制下，股东依法享有期限利益。……但是，下列情形除外：……(2)在公司债务产生后，公司股东(大)会决议或以其他方式延长股东出资期限的。《九民纪要》只是把"公司股东(大)会决议或以其他方式延长股东出资期限"作为例外情形之一，该例外情形的内涵应当包括两个方面，即"公司股东(大)会决议或以其他方式延长股东出资期限的，如果决议无效，当然不能对抗债权人；即使决议有效，也不能对抗债权人"。把该条理解为"即使决议有效，也不能对抗债权人"，更为合理，更符合禁止股东逃避履行出资义务，防止损害债权人利益的"立法"目的。《公司法》和司法解释对股东会或者股东大会决议设定了有效、无效、可撤销诸多情形，纪要不可能在法院未经实际审理时就不分情形地直接认定决议的法律效力。因此，我们不能依此规定简单地认为只要股东会或者股东大会决议对延长出资期限都是有法律效力的。第二，大股东利用控制权，滥用资本多数决原则，损害小股东利益，股东会决议无效。基于股东会决议是在诉讼中形成、持赞成意见的股东没有按照公司设立时章程规定的期限出资、信守公司章程全面履行了出资义务的股东表示反对等事实，同时基于对《九民纪要》第6条第2项规定的股东会或者股东大会决议对延长出资期限法律效力的认识，法院应当审查大股东B召开股东会的动机和目的，股东会的召集程序、表决方式等，在此基础上认定其法律效力。

“上海自贸区咖啡交易中心有限公司诉上海君客商务咨询有限公司公司决议纠纷案”[(2017)沪01民终10122号、(2018)沪民申188号],涉及股东出资期限变更问题。该案与我们的案例存在不同,该案大股东召开股东会决议缩短另外两个股东出资期限,我们的案例是大股东利用股东会决议延长自己的出资期限。但是,法院对出资期限变更的股东会决议的审判理念对我们还是有所启示:一是应当审查大股东召开股东会会议的动机和目的。很明显,本案大股东在公司章程规定的出资期限届满时不履行出资义务,构成对章程(合同)义务的违反,大股东召开股东会会议,决议延长股东出资期限,目的在于延长履行自己的出资义务,使得一个本为违约行为变成合规行为。在上海自贸区咖啡交易中心案件中,大股东的目的是将另外两个股东排除于公司之外,所以他才不合理的缩短另外两个股东的出资期限,随后召开股东会,决议将两个股东除名。这显然是恶意的。二是大股东延长履行出资义务的期限,对于公司来说没有特定事由。A股东出资的100万元,已经被公司消耗掉了,但公司还要存在下去。按照公司实际情况其他四名股东应当出资,而不是延期出资,其他股东延期出资解决不了公司对资金的实际需要。大股东的特定事由,只能是对抗股东A的诉讼,而不是为了公司利益。三是如何平衡股东之间的利益。在股东A按照公司章程规定全面履行出资义务之后,其他四名股东将出资期限延长10年,四名股东总体享有15年的期限利益,而股东A只有5年的期限利益,另外的10年如何对待股东A呢?如果股东A将出资抽回,将成立抽逃出资;如果公司盈利,公司章程规定按照实际出资比例分配利润,股东会能够决议分配利润,这对已经实际足额出资的股东A是公平的。如果公司因为缺少资金,无法正常开展经营活动,公司不盈利,或者公司章程规定股东按照认缴出资比例分配利润,或者股东会决议不分配利润,对于信守章程,已经全面履行出资义务的股东A的利益该如何保护呢?对于非诚信的,利用大股东地位和资本多数决原则戏弄诚信的行为,法律应当予以否定性评价。四是判决应当促进公司设立目的的实现。股东投资成立公司是为了赚钱,股东A已经实际投入资金,如果其他四名股东在10年后出资,公司可能错失市场机会,股东A可能会因为其他股东的“违约行为”致使投资目的落空。或许有人会说,如果公司清算其他四名股东一样会履行出资义务,但是这样的结果对于股东A来说可能更为不利。比如,公司没有债务,其他四名股东在法律上失去了出资的必要;股东A投资由本来存在的可能盈利和可能不盈利的两种可能，变成了不盈利的唯一结果，股东 A 的投资目的也会落空，对股东 A 是不公平的。

(3)一个或者一部分股东要求其他股东在期限届满前履行出资义务。在认缴出资制度下，股东在公司章程规定的股东出资期限届满前，均享有期限利益。改变股东出资期限，须依法、依公司章程规定执行，且有正当目的，不得损害小股东利益，也不得损害公司利益，大股东不得利用控制权谋取私人期限利益。如果公司经营确实需要股东提前出资，须经法定程序作出有效的修改公司章程决议或者股东会决议或者其他方式，只有这样才能要求股东提前履行出资义务。如果一个或者一部分股东提前履行了出资义务，以此要求其他股东提前履行出资义务，其他股东依据期限利益予以拒绝并不违法，也不违约。

公司是股东履行出资义务的对象，公司章程规定的股东出资期限利益可以对抗公司履行出资义务请求，在出资期限未届满时，公司要求股东履行出资义务的，股东可以拒绝履行。《公司法》第 20 条规定的股东不按照公司章程规定缴纳出资的，应当向公司足额缴纳出资，其依据的依然是公司章程。股东在出资期限未届满之前不履行出资义务，符合公司章程规定。在公司设立的时候，有的公司章程中没有规定认缴出资的期限，这种情况如何对待？这有两种观点，第一种观点认为，这种情况下股东认缴出资无期的，永远不用缴纳出资。第二种观点认为，股东没有约定期限，等于放弃了期限利益，公司设立时股东就应当缴纳出资。笔者认为第二种观点是合理的。第一种观点违背了法律对认缴出资期限的设定原理，结果可能造成股东永远不用出资，直接破坏了有限责任公司股东有限责任的法律根基，无疑是在鼓励股东将公司经营风险无限地转嫁给公司债权人。在公司章程中一般涉及两个期限：一是公司经营期限，即股东设定的公司存续期间；二是股东出资期限。通常我们见到的大多是股东出资期限在公司经营期限之前到来，如果股东出资期限长于公司经营期限，此时应当视为股东认缴出资期限与公司经营期限等长，超过公司经营期限部分无效。公司章程能不能为股东出资不设定期限而设定条件。比如，有些公司章程规定一部分股东认缴出资以公司将来分配的利润进行投资。对此该如何认识呢？如果公司章程对该部分股东规定了实际出资期限，同时又规定以公司在该期限内分配的利润出资，那么股东仍然享有期限利益。这不难理解。如果公司章程对该部分股东没有规定实际出资期限,只规定以公司将来分配的利润出资,那么这部分股东有没有期限利益呢?笔者认为这应该从对内和对外两个方面理解。对内即股东与股东之间、股东与公司之间,这种约定是有效的。大多数情况下都是公司的其他股东先于这部分股东实际出资,而专门为这部分股东设定了一个"入伙"的优惠条件,在公司内部他们的愿意是公司分配利润就出资,不分配利润就不出资,所以这些股东的出资期限在内部人看来,是在其他股东出资之后公司经营期限届满之前。对外应当是无效的,这部分股东的出资期限应当视为不定期的,这部分股东不能依此条件来对抗公司债权人,也就是说在债权人角度,这部分股东没有期限利益。

八、股东出资控制机制

股东期限利益既能对抗债权人,也能对抗公司和其他股东,在出资期限未届满前,股东有权不履行出资义务。但在公司成立后至股东出资期限届满前,公司确有资金需求时,公司章程中大多没有规定如何解决,公司法对此也没有设定具体的规则。《公司法》第 34 条意在鼓励股东实缴出资,但并没有给出在全体股东实缴出资期限未届满时公司经营确实需要资金的解决规则,这样的规定可能是考虑股东何时出资属于股东自治范畴,公司资金不足带来的风险由股东自行衡量。

公司设立时股东的出资方式及出资期限符合法律规定和公司运营对资金的实际需求,是股东在设立公司时应当同时考虑的两个基本问题,股东可以"零投资"开公司,但无法零资金运营公司,须对公司运营过程中的资金需求作出合理安排,否则股东设立公司的目的可能无法实现。如果不能通过银行贷款、民间借贷、股权融资等途径得到资金,只有通过股东出资解决。股东提前出资与股东的切身利益相关,这种利益既直接表现为股东对出资财产所有权的丧失,也包括股东丧失出资财产所有权后能不能通过公司经营得到回报,同时还涉及股东之间的利益平衡。改变股东实缴出资期限等于重新调整了股东的利益关系,这就涉及要求股东提前出资的目的是否正当,出资控制机制是否完善的问题。对于出资控制机制,可以从以下几个方面考虑:

1. 在公司章程中对股东实缴出资预先作出安排。在公司设立的时候,很多登记机关要求使用他们提供的章程文本,否则不予登记。抛开这种情况,股东可以在公司章程中采取下列方式设定股东出资机制:(1)公司章程规定股东分期实缴出资制度。客观地说,公司创始股东只规定一个实缴出资的未来期限，与公司持续经营对资金持续需求的商业逻辑和现实并不吻合。公司创始股东应当清楚公司的主营业务、主导产品、商业模式、战略目标，对公司未来的发展步骤有合理的预判，根据每一个战略阶段对资金的需求量和时间安排，结合公司资金渠道，预先设定股东分期实缴出资的数量和时间。这种分期缴纳，可以是全体股东同比例的分期缴纳，也可以是不同股东不同比例的分期缴纳，还可以是股东出资顺序的整体安排。(2)授权公司董事会决定并向股东催缴出资。如果公司创始股东对前面提到的商业模式、战略目标等公司发展因素没有清晰的认识和判断，或者说根本不想判断，也没有能力判断，可以在公司中设立董事会，公司章程授权在公司每次需要资金时由董事会作出决议，董事会负责催促股东在规定的时间缴纳董事会决议确定的出资额。董事会在作出出资决议时应当体现股东平等，不得出现歧视性出资安排。在股东出资期限届满后，股东未履行出资义务，董事会和全体董事负有催促股东出资的义务。

2. 股东会特别决议。如果在公司章程中对股东实缴出资没有预先安排，当公司实际运营需要资金时，可以召开临时股东会会议，由股东会议作出特别决议，股东按照股东会决议的时间、金额缴纳出资。

3. 修改公司章程，变更股东出资期限。股东认缴出资期限是公司章程中的重要内容之一，在公司成立之前是股东协商一致确定的，在公司成立之后涉及修改公司章程，应当经三分之二以上的表决权通过。如果公司章程对变更股东出资期限表决方式有特别规定的，应当按照公司章程执行。“修改公司章程，变更股东出资期限”通常是整体上变更股东出资期限，当然也可以将股东整体出资期限变成为分期实缴出资，也可以不同的股东、不同的出资期限。还可以在不改变股东出资期限的前提下，只规定股东将出资额的一部分提前出资。

鉴于上海自贸区咖啡交易中心案件法院的裁决思维，通过董事会、股东会决议的方式或者通过修改公司章程的方式变更股东出资期限时，应当对公司资金需求的理由、数量、时间等进行全面的可行性论证。同时，会议内容、程序、表决方式等均应当符合《公司法》、公司章程的规定，保证目的正当，不存在损害公司利益和其他股东利益的情形，也不存在大股东利用控制权谋取私人出资期限利益的情形。

九、股东虚假出资

所谓虚假出资，是指股东表面上出资而实际未出资，本质特征是股东未支付相应的对价而取得公司股权。按照《公司法》第199条的规定，公司发起人、股东未交付或者未按期交付作为出资的货币或者非货币财产都属于虚假出资。股东虚假出资违反了资本维持原则，导致公司注册资本不充实。

实践中，公司发起人、股东虚假出资的形式很多，归纳起来主要有以下几种形式：(1)以无实际现金或者高于实际现金的虚假的银行进账单、对账单骗取验资报告；(2)以虚假的实物投资手续骗取验资报告；(3)未向公司交付出资的货币的；(4)用实物、知识产权、土地使用权等可以用货币估价并可以依法转让的非货币财产作价出资，但未办理财产转移手续；(5)用实物、知识产权、土地使用权等可以用货币估价的非货币财产作价出资，高估值出资的；(6)未按照公司章程规定的出资期限履行出资义务的。

公司发起人、股东虚假出资的行政责任包括改正和罚款。《公司法》第199条规定，公司的发起人、股东虚假出资，未交付或者未按期交付作为出资的货币或者非货币财产的，由公司登记机关责令改正，处以虚假出资金额5%以上15%以下的罚款。

公司发起人、股东虚假出资包括公司设立时的虚假出资和公司增资时的虚假出资，其民事责任包括对公司的责任、对其他股东的责任和对公司债权人的责任。

1. 对公司的责任是向公司足额缴纳出资，公司要求虚假出资的股东支付利息的，虚假出资股东还应当向公司支付未按期出资的利息。

2. 对已经按期足额缴纳出资的股东承担违约责任。至于承担什么违约责任，需要看设立公司协议书的约定和虚假出资行为造成的损失。

3. 对债权人的补充赔偿责任。公司债权人请求未履行或者未全面履行出资义务的股东在未出资本息范围内对公司债务不能清偿的部分承担补充赔偿责任的。

十、股东抽逃出资

抽逃出资，是指公司发起人、股东在公司设立时已经出资到位，在公司成立后将出资抽回的行为。股东抽逃出资违反了资本维持原则。《公司法司法解释(三)》第12条规定了股东抽逃出资的四种情形：(1)制作虚假财务会计报表虚增利润进行分配；(2)通过虚构债权债务关系将其出资转出；(3)利用关联交易将出资转出;(4)其他未经法定程序将出资抽回的行为。公司法禁止股东抽逃出资,否则由公司登记机关进行行政处罚,包括责令改正、处以所抽逃出资金额5%以上15%以下的罚款。

股东可能因抽逃出资被公司除名。公司法中没有明确规定股东除名制度,《公司法司法解释(三)》第17条对此作了明确规定。上海市第二中级人民法院在"宋某祥诉上海万禹国际贸易有限公司等公司决议效力确认纠纷案件"[(2014)沪二中民四(商)终字第1261号]中很好地诠释了股东除名的条件和程序。原审法院认为:豪旭公司系经万禹公司股东会决议,以认缴增资形式进入万禹公司,万禹公司在公司章程中确认其股东身份,并完成了相应的工商登记,故豪旭公司为万禹公司的股东,有权依照法律和公司章程的规定行使股东权利。2014年3月25日,万禹公司召开股东会,审议解除豪旭公司股东资格,投赞成票的股东宋某祥、高某认缴出资比例共为1%,享有1%的表决权,投反对票的股东豪旭公司认缴出资比例为99%,享有99%的表决权,该审议事项应未通过。股东会决议关于解除豪旭公司股东资格的内容,未如实反映根据资本多数决原则,对其效力难以认定,对于宋某祥要求确认万禹公司2014年3月25日股东会决议有效的诉请不予支持,判决驳回宋某祥的诉讼请求。二审法院认为,豪旭公司于2012年9月14日将9900万元入股款项汇入万禹公司验资账户,并办理完相关验资手续后,完成了对万禹公司的出资义务。但在验资后的第三天,9900万元出资款即从万禹公司抽回。二审法院认定豪旭公司抽逃全部出资,且在万禹公司向其催告后仍未返还。万禹公司以股东会决议形式解除豪旭公司股东资格的核心要件均已具备。豪旭公司是持有万禹公司99%股权的大股东,万禹公司召开系争股东会会议前通知了豪旭公司参加会议,并由其委托的代理人在会议上进行了申辩和提出反对意见,已尽到了对拟被除名股东权利的保护。豪旭公司在系争决议表决时,其所持股权对应的表决权应被排除在外,股东会除名决议已获除豪旭公司以外的其他股东一致表决同意,即以100%表决权同意并通过,故万禹公司2014年3月25日作出的股东会决议应属有效。二审法院判决撤销上海市黄浦区人民法院民事判决,确认万禹公司于2014年3月25日作出的股东会决议有效。

本案涉及公司法理论和实践中的股东除名制度和表决权排除规则的适用。股东除名,对股东表决权的排除是关键前提。判决表明,对于因股东未履行出资义务或者抽逃全部出资而被公司股东会除名的决议,可以适用表决权排除,被除名股东对该股东会决议没有表决权,无论该股东是大股东,还是小股东。如果公司召开股东会欲对未出资股东作出除名决议,倘若允许未出资股东行使表决权,而该未出资股东又居于绝对控股地位,那么除名决议不可能通过,股东的不合规行为将得不到惩罚。

十一、公司减少注册资本的原因

减少注册资本,简称减资,也称降低资本,是指公司基于一些情况和需要,依照法定条件和程序,减少公司注册资本总额。根据资本不变原则,公司原则上不得减少注册资本,但不是绝对不能减少,在某些情形下公司减少注册资本是合法的,只要其满足了保护债权人的要求并且处理好了股东内部冲突,特别是不同类别的股东之间的冲突即可。在《公司法》要求的外观上主要表现为公司减少注册资本需要遵循法定程序。实践中,公司减少注册资本的原因主要包括以下几个方面:

1. 停止项目经营或者缩小公司经营规模。通常在认缴制度下公司的经营项目、经营规模远远小于公司注册资本规模,为平衡公司注册资本规模和实际经营规模,公司减少注册资本,股东未缴纳的出资部分不再缴纳。比如,河北石家庄一家创业投资有限公司股东注册资本 2.4 亿元,股东分两期缴付,第一期分别缴付各自认缴出资的 50%,用于向其他公司投资。因投资效益不好,股东决定不再进行第二期投资,股东也无须缴纳第二期出资,公司股东会决议将注册资本由 2.4 亿元减少到 1.2 亿元。这样的话股东实缴出资额与公司注册资本额、项目投资额保持一致。

2. 调整过多的资本,提高资金使用效率。公司成立初期需巨额资金,步入正轨后,资金则有可能过剩,通过减少注册资本解决资本过剩问题。公司初始设计规模过大,出现资本过剩,如果保持注册资本不变,公司就会存在闲置资金,造成公司资金浪费,减少注册资本利于解决资本过剩问题,提高资金使用效率。当公司停止一些项目的经营,或者缩小经营规模时,公司需要的资金规模变小,股东为公司做项目、扩大规模的出资就会出现过剩,为将过剩资本返还给股东,公司减少注册资本。

3. 减少注册资本可以弥补亏损。由于多年经营亏损累积,即使以后若干年,企业的利润也无法弥补,在这种情况下就需要减资,用以弥补累积的亏损,有人因此称为“一次性偿付累积债务”“增派股息”。公积金是公司在资本之外所保留的资金额,又称附加资本或准备金。公积金分为盈余公积金和资本公积金。资本公积金是在公司的生产经营之外,由资本、资产本身及其他原因形成的股东权益收入。公司资本公积金主要来源于的股份发行的溢价收入、接受的赠与、资产增值、因合并而接受其他公司资产净额等。其中,股份发行溢价是公司最常见、最主要的资本公积金来源。《公司法》第 167 条规定,股份有限公司以超过股票票面金额的发行价格发行股份所得的溢价款以及国务院财政部门规定列入资本公积金的其他收入,应当列为公司资本公积金。盈余公积金,是指企业按照规定从税后利润中提取的积累资金。盈余公积金分为法定盈余公积金和任意公积金。公司提取法定盈余公积金和任意公积金主要用途是弥补亏损、扩大经营规模、转增资本金。《公司法》第 168 条规定资本公积金不得用于弥补公司的亏损,但可以通过转增股本的方式,将资本公积变成股本,由股本来弥补亏损。《ST 族股改“捷径”减少注册资本弥补亏损:(中国证券报 2006 - 6 - 1)》其中举例说,某上市公司股本为 3 亿元,资本公积(股本溢价)5 亿元,盈余公积假设为 0,未分配利润 -4 亿元,净资产合计为 4 亿元。假定公司可用减少注册资本的办法来弥补亏损,按增资的程序用资本公积(股本溢价)4 亿元转增股本后,再按减资的程序减少股本 4 亿元,会计处理的直接结果是:股本为 3 亿元,资本公积(股本溢价)1 亿元,盈余公积假设为 0,未分配利润 0,净资产合计为 4 亿元。

4. 改变股本结构和所有者权益结构。以注册资本弥补亏损属于名义上的减少注册资本,在实施后影响的只是企业的股本数和所有者权益的结构,并不减少企业的净资产额,同样也不会导致投资者所拥有的企业股权占有净资产份额的减少。例如,假设甲股份公司股本为 30000 万元(股),资本公积 500 万元,盈余公积 500 万元,未分配利润为借方 12000 万元,权益合计 19000 万元。现公司股东大会特别决议通过以缩股的方式,由股东从所持股份中每 10 股拿出 4 股用于弥补亏损。则甲公司全体股东共须拿出 12000 万股用于弥补亏损。在将 12000 万股的股本转入未分配利润后甲公司的股本减少为 18000 万元(股),未分配利润为 0 元,权益合计仍然为 19000 万元,改变了的只是甲公司所有者权益的结构。

公司可以主动改变股本结构和所有者权益结构,投资人要求公司改变所有者权益结构,公司是被动的。在公司经营失败导致公司的净资产低于其法定资本时,投资人为尽快取得投资回报,不为公司历史亏损买单,同时不希望现有股东高比例地参与未来的利润分配，投资人要求在其投资之前减少公司注册资本，将公司亏损处理掉，以反映现有股东在公司中所持股份的实际价值。

5. 公司合并。通常在两个或者两个以上的公司合并时，因注册资本大、业务规模小，为整合公司业务，平衡资产时，可以将两个或者两个以上的公司合并，合并之后将合并后的公司注册资本减少，将与实际业务规模不匹配的注册资本部分注销，实现公司注册资本与业务规模平衡。

6. 公司分立。一个公司分立为两个或者两个以上的公司时，资产也随之分割，为维持资本与资产、经营规模的匹配，公司在分立之前、分立过程及之后可以减少注册资本。

7. 注册资本认缴期限届满股东不履行出资义务，或者股东抽逃出资，股东会决议将股东除名。有限责任公司的股东未履行出资义务分为未足额履行和全部未履行两种情形。如果股东未足额履行出资义务，在公司章程规定的出资期限届满后，公司可以召开股东会通过修改公司章程的方式对出资期限作出宽限，但股东在宽限期内仍不履行出资义务的，可以就未履行的出资额部分减少注册资本，免除股东出资义务。股东未履行出资义务，经公司催告缴纳出资，其在合理期间内仍未缴纳出资，公司以股东会决议解除该股东的股东资格，其他股东或者第三人不能缴纳相应出资，公司可以减少注册资本。有限责任公司的股东抽逃全部出资，经公司催告返还，其在合理期间内仍未返还的，公司以股东会决议解除该股东的股东资格，其他股东或者第三人不能缴纳相应出资，公司可以减少注册资本。

8. 公司虚报注册资本、虚假出资、抽逃出资经处罚后仍无法纠正的。虚报注册资本是公司名义注册资本高于实际注册资本；虚假出资，是指股东名义上已经完成出资，但对未出资部分假以辞色已经出资，对已经出资部分高估出资的价值；抽逃出资，是指股东已经按照公司章程规定完成出资，出资后通过虚假债务、关联交易等方式将出资转出。

9. 公司回购股权减少注册资本。主要包括以下情形：(1)《公司注册资本登记管理规定》(国家工商总局第 64 号令)第 12 条规定，有限责任公司依据《公司法》第 74 条的规定收购其股东的股权的，应当依法申请减少注册资本的变更登记。(2)《公司法》第 142 条规定，公司收购本公司股份减少公司注册资本的。(3)《公司法司法解释(二)》第 5 条规定，法院审理解散公司诉讼案件，当事人协商同意公司收购股东股份以减资方式使公司存续的。(4)《公司法司法解释(五)》第5条规定，法院审理涉及有限责任公司股东重大分歧案件时，当事人协商一致以公司减资方式解决分歧的。(5)公司履行对赌协议约定义务收购投资方股份减少注册资本的。

十二、公司减少注册资本的法定程序

公司减少注册资本的程序包括公司内部决策程序、对外程序和行政程序，我们可以将这些程序概括为“三通过一公示”。所谓“三通过一公示”，是指目标公司减少注册资本由董事会制定方案，方案须先后经目标公司股东会或者股东大会审议通过、债权人通过，减少注册资本程序须经公司登记机关审查通过，在公司登记机关审查通过之后进行变更登记，并公示。

1. 董事会制定减少注册资本方案。根据公司减少注册资本的目的，董事会制定减少注册资本方案，具体说明注册资本减少数额、减资后的股权结构、公司资产、公司债务人和债务金额、偿债能力、担保能力等内容。

2. 股东会或者股东大会特别决议。《公司法》第37条、第66条、第99条的规定，对公司减少注册资本应当由公司股东会或者股东大会作出决议，有限责任公司减少注册资本须经代表三分之二以上表决权的通过；股份有限公司减少注册资本须经由代表三分之二以上表决权的股东通过。国有独资公司减少注册资本须由国有资产监督管理机构来决定。其中，重要的国有独资公司的减资申请，必须由指定的国有资产监督管理机构审核后，再报本级人民政府批准。

3. 编制资产负债表和财产清单。《公司法》第177条规定，公司需要减少注册资本时，必须编制资产负债表及财产清单。

4. 通知和公告债权人。依照《公司法》第177条规定，公司应当自作出减少注册资本决议之日起10日内通知债权人，并于30日内在报纸上公告。至于如何通知和公告，公司法未作出具体规定。实际中可以借鉴《公司法司法解释(二)》第11条规定，公司清算时，清算组应当按照公司法第185条的规定，将公司解散清算事宜书面通知全体已知债权人，并根据公司规模和营业地域范围在全国或者公司注册登记地省级有影响的报纸上进行公告。这里需要重视的是，对已知债权人必须以书面的方式通知，不能以公告代替书面通知。

5. 清偿债务或者提供担保。公司减少注册资本涉及到债权人利益的保护，债权人自接到通知书之日起30日内，未接到通知书的自公告之日起45日内，有权要求公司清偿债务或者提供相应的担保。如果债权人不要求公司清偿债务或者提供相应的担保，也可以直接同意公司减少注册资本。

6. 修改公司章程。根据《公司法》第25条的规定，注册资本属于公司章程应当载明的事项，所以在减少注册资本的时候要相应修改公司的章程。一般来说，这一问题在讨论减少注册资本时一并讨论和决议即可，无须另行决议。

7. 注册资本变更登记。公司减少注册资本时，公司章程原定的注册资本发生变化，须向原公司登记机关办理变更登记，并提交下列文件、证件：(1)公司法定代表人签署的《公司变更登记申请书》；(2)登载公司减少注册资本至少3次公告的报纸；(3)章程修正案或新章程；(4)新一届股东会决议，如果公司减资后股东不变，则只要开一个股东会、作一个股东会决议即可；如果股东有变化，则新一届股东会决议和前一届股东会决议可合并作出一个股东会决议；(5)前一届股东会对减资股东、减资的股权额、减资方式、减资后的最新股本结构等作出决议；(6)经公司股东会确认的公司债务清偿或债务担保情况的说明；(7)由全体股东出具的《确认书》；(8)公司股东名录；(9)减少注册资本的验资证明(公司减少资本后的注册资本不得低于法定的最低限额)；(10)公司营业执照正副本原件及由工商局档案室提供加盖工商局档案专用章的该公司章程复印件；(11)变更登记要求提交的其他文件和证照。

十三、公司减少注册资本的审查机关和生效

公司减少注册资本分为形式减少注册资本和实质减少注册资本两种。形式减少注册资本，是指仅在账面上减少资本，而公司财产不减少。实质减少注册资本，既涉及账面上注册资本的减少，也引起公司财产的减少。大部分减少注册资本属于实质性减少注册资本，触动资本不变原则，对公司债权人利益产生影响。因此，公司减少注册资本的程序需由第三方进行审查。在中国的法制下确立了以债权人同意为基础的公司登记机关确认的减少注册资本机制。实践中，由于登记机关只对公司公告进行形式审查，对于债权是否已经全部获得担保或者偿还或者部分偿还部分担保无法一一审查，也不是所有债权人均确认债权已经获得清偿或者担保，而且大多是在公司申请变更登记环节进行审查，并不介入公司减少注册资本通知和公告、债权人同意和债务清偿或者提供担保环节,故而产生了大量的减少注册资本损害债权人利益的情形。英国实行以债权人同意为基础的法院确认减少注册资本机制,但公司减少注册资本须在通知和公告、债权人同意和债务清偿或者提供担保环节申请法院确认。在申请变更登记时,公司须提交法院命令副本。这种程序性安排对债权人的保护更为有利。

公司减少注册资本只有完成变更登记之后才生效。

十四、公司减少注册资本不符合法定程序的责任

公司和股东对减少注册资本的法律责任,既是针对行政管理,更是针对对债权人利益的保护。公司减少注册资本不符合法定程序,需要承担行政责任和民事责任。

1. 行政责任。《公司法》第 204 条第 1 款规定,公司在合并、分立、减少注册资本或者进行清算时,未通知或者公告债权人的,由公司登记机关责令改正,对公司处以 1 万元以上 10 万元以下的罚款。

2. 民事责任。公司减少注册资本容易在编制资产负债表和财产清单、通知和公告债权人、取得债权人同意、清偿债务、为债权人提供担保环节出现问题。在这些环节中出现问题最多的是通知和公告程序,通常股东的意图是既想让减少注册资本在程序上符合法律规定,又试图让债权人不知道公司减少注册资本,以期规避在公司减少注册资本时的清偿责任或者担保责任。

从公布的案例看,法院认定如果公司减少注册资本未通知已知债权人,与股东抽逃出资性质相同,减少注册资本对未通知的债权人不发生法律效力,公司股东应当在减少注册资本之前的出资范围内承担补充赔偿责任。重庆市第二中级人民法院在重庆云河发电设备有限公司、陈某、古某与巫溪县云雾溪水电开发有限公司、侯某莉买卖合同纠纷二审民事判决书(2019)渝02 民终 3515 号中认为,根据《公司法》第 177 条的规定,公司需减少注册资本时,应当履行完整的法律程序,确保债权人有机会在公司责任财产减少之前作出要求清偿或提供担保的决定。通知已知债权人并根据债权人的要求进行清偿或者提供担保,是相应减少注册资本程序对该债权人发生法律效力、股东在减少注册资本部分免责的必要条件。在本案中,根据查明的事实,云河公司作出减少注册资本行为时,云雾溪公司是其已知债权人,而云河公司并未通知云雾溪公司,故云河公司的减少注册资本行为对云雾溪公司不发生法律效力。在此情形下,股东减少注册资本行为与股东抽逃出资性质一

致，公司股东就其减少注册资本部分不能免除责任。陈某、古某应在减少注册资本范围内承担补充赔偿责任。］［江苏省高级人民法院在浙江中成建工集团有限公司与董某珍、江某中等建设工程施工合同纠纷《民事判决书》（2015）苏民终字第00293号中认为，本案中博海投资在减少注册资本过程中仅在《新华日报》上刊登减少注册资本公告，而未依法采用合理、有效的通知书方式告知中成公司这一已明知的债权人，致使中成公司未能及时行使相关权利，影响其债权的实现，博海投资的股东应当在减少注册资本范围内对公司债务承担补充赔偿责任。

重庆市第二中级人民法院和江苏省高级人民法院的判决明确了一项原则，即公司在减少注册资本时，对已知的债权人须以通知书的书面方式通知，不得以公告代替书面通知；未以书面形式通知已知债权人的，减少注册资本对该债权人不发生法律效力，公司对该减少注册资本范围内不能免除偿还责任，公司还应当偿还债权人债权。

第五章　股东资格与股东除名、股东退出

一般地，股东依据公司章程规定认缴出资，或者按期足额完成出资，或者在继受取得股权之后，股东取得股东资格。股东对公司的义务主要是出资义务，当股东违反公司章程的规定，拒不履行出资义务，或者在履行出资义务之后抽逃出资的，股东可能因此丧失股东资格。

一、股东

凡是基于对公司的投资或者基于其他合法原因持有公司注册资本一定份额，并因此享有股东权利的主体，均为公司股东。《公司法》在有限责任公司中使用股东概念，在股份有限公司中使用"发起人"概念。《公司法》第 24 条、第 23 条和第 25 条规定，"有限责任公司由五十个以下股东出资设立"，设立有限责任公司"股东共同制定公司章程"，"股东应当在公司章程上签名、盖章"。《公司法》第 76 条、第 77 条规定，设立股份有限公司，"有符合公司章程规定的全体发起人认购的股本总额或者募集的实收股本总额"，"发起人制订公司章程"，"发起设立，是指由发起人认购公司应发行的全部股份而设立公司"。"募集设立，是指由发起人认购公司应发行股份的一部分"。从上述法条规定看，股份有限公司的发起人和有限责任公司设立时的股东（原始股东）性质相同，均可归属于发起人范畴。在公司成立后，原始股东和发起人成为区分公司由谁设立以及成为公司股东先后顺序的区别方法。

各国和地区公司立法以及公司治理实践，认可自然人和法人可以成为公司股东。但对自然人、法人具体条件的限制不尽一致。自然人作为公司发起人应当具备完全民事行为能力。在英国，未成年人认购公司股份合同可能被撤销，有些公司的章程细则中限制或者禁止未成年人成为公司股东，或者限制未成年人表决权。我国《公司法》未对此作出规定，但由于公司设立行为属于法律行为，对发起人产生权利义务关系，应当适用《民法典》关于民事行为能力的规定。宋燕妮、赵旭东认为，作为自然人的发起人，必须是具有完全民事行为能力的人，无民事行为能力或者限制民事行为能力的人不能作为发

起人。对于非发起人股东可以是未成年人。邓峰认为,如果按照实质性标准来认定股权,就欠缺意思表示能力的当事人而言,其既不能行使股权中的投票权,也不能实际承担出资义务,就不能在严格意义上认定他们的股东身份。但是,如果仅仅作为证券持有人,应该允许其享有积极性的财产收益。[1] 法律禁止设立公司的自然人不得成为公司的股东。比如,我国《公务员法》《组织法》等法律规定,公务员、检察官、法官等不得成为公司股东。对于关系国计民生、国家安全和国家、社会重大利益的行业,同时为了方便政府管理和监督,一些国家和地区对发起人和股东的国籍、住所作出要求或者限制。比如,美国S型公司的股东须为美国公民,或者已经取得美国绿卡的人。我国《公司法》第78条规定,设立股份有限公司,须有半数以上的发起人在中国境内有住所。在我国法律上公司可以向其他公司投资成为其他公司的股东,公司原则上不得作为自己的股东,即使公司持有本公司股份符合《公司法》第74条、第142条的规定,也不能因此认定公司是自己的股东。法人作为发起人和股东应当是法律允许的法人,党政机关、司法行政部门以及党政机关主办的社会团体,不得成为公司的股东,但经国家授权的国有资产管理机构作为发起人参与特定公司设立的除外。一人有限责任公司不能投资设立新的一人有限责任公司,不能成为一人有限责任公司的股东。分公司不得对外投资成为公司股东。合伙企业、个人独资企业不能成为一人有限责任公司的股东。审计事务所、资产评估机构、律师事务所,不得作为投资主体向其他行业投资设立有限责任公司。

实践中基于有限责任公司的人合性、股份有限公司业务的专业性、竞争保密性等特殊要求,有些公司在章程中对股东资格作出严格限制,明确禁止的一些法人、自然人不得成为公司的股东,在不违反法律、行政法规强制性规定时,公司章程有效,应当得到遵守。

二、股东资格的认定标准和股东资格的丧失

认定股东资格的标准分为实质标准和形式标准。实质标准,是指只要持有公司股票或者具有类似行为,包括公司设立时出资,或者取得出资证明书,即为公司股东。形式标准,是指必须在公司进行登记,将其姓名或者名称、身份登记在股东名册上,才能被确认为公司股东。在英美法上,如果仅仅持有

---

[1] 邓峰:《普通公司法》,中国人民大学出版社2009年版,第352页。

股票，而未在公司进行登记，持有人只能享有股票作为证券上的财产权利，不能获得投票权等与股东身份相关的权利。实质标准本质上是将公司作为股东财产的衍生物，将公司作为客体，而不是主体，其最大的缺陷是忽略了公司本身。形式标准强调的是股东与公司之间有相互信任关系，尊重了公司主体地位。邓峰认为，我国有限责任公司和非上市股份有限公司强调了实质标准，而上市公司采用了形式标准。

另外，股东资格登记包括公司登记和登记机关登记两种。在英美法律上，因为尊重公司的主体地位，所以他们强调公司登记。我国更重视登记机关登记。

关于股东资格的认定标准，实践中有三种观点：一是以是否实际出资作为股东资格认定标准，二是以股东名册记载作为股东资格认定标准，三是以公司登记机关的记载作为股东资格认定标准。笔者认为，股东实际出资、公司股东名册、公司登记机关记载都是股东资格认定标准，适用于不同主体之间、不同的法律关系。

1. 公司与股东之间发生的股东资格纠纷，以股东名册作为认定股东资格的依据。《公司法》第 32 条第 2 款规定，记载于股东名册的股东，可以依股东名册主张行使股东权利。

2. 股东与股东之间发生股东资格纠纷，当事人均为股东，应当侧重审查投资的事实。

3. 名义股东与实际出资人因股东身份发生争议，向公司实际出资成为认定的主要标准。

4. 第三人对公司股东的认定，主要以公司登记机关登记档案记载为标准。[2] 在出现下列情形之一时，股东丧失其股东资格：股权全部依法转让的；未依公司章程规定履行股东义务，被股东会或者股东大会除名的；股东因抽逃全部出资，经催告在合理的期限内未返还出资，股东会或者股东大会解除其股东资格的；因违法受到处罚被剥夺股权的，比如没收财产；因偿还债务股权被依法强制执行的；法律规定的其他情形。

三、隐名股东与显名股东

隐名股东与显名股东是一个法律关系中的权利义务关系的双方，故为相

---

〔2〕 杜万华主编：《公司案件审判指导》，法律出版社 2018 年版，第 319 – 321 页。

对应的概念。隐名股东，也称实际投资人，是指依据书面或口头协议委托他人代其持有股份的实际投资人。显名股东，是指接受隐名股东的委托，代隐名股东持有股份，将隐名股东的出资以自己名义出资、登记自己为公司股东的一方。从这个角度说，在一些公司中除了经理人与股东之间的委托代理关系、大股东与小股东之间的委托代理关系之外，还多了隐名股东与显名股东之间的委托代理关系。

显名股东在法律上要符合法律关于作为公司股东的规定，在事实上比隐名股东更适合作公司的股东。隐名股东委托的显名股东既可以是自然人，也可以是法人；既可以是单独的自然人，也可以是多个自然人。

（一）隐名股东委托代持股份的原因

一般地，谁出资谁为显名股东。那么，实际出资人为什么要将自己隐藏起来，让他人代自己持有公司股份呢，原因有以下几个方面：(1)实际出资人不愿意公开自己的身份，或者个人身份不适合作股东。(2)公司投资人太多，如果都成为公司显名股东，会超过法律允许的范围，或者形成不合理的股权结构，影响决策效率。现在很多公司设立有限合伙作为持股平台，将一些自然人股东放在持股平台中，由持股平台代自然人持股。严格来说，这也是一种代持关系。(3)规避关联交易。当A既是甲公司控股股东、董事长，又是乙公司控制股东、董事长时，A通常是无法操作甲公司与乙公司之间进行交易。如果A委托他们代自己持有乙公司股份，甲公司与乙公司在表面上不存在关联关系，甲乙两公司可以进行交易。(4)代公司持有本公司股份。一些公司为了吸引能人，为了实施股权激励，经常设立股权池，留有一部分股份。在这些股份没有给予目标对象之前，通常由公司大股东或者股东集体指定的人代公司持有股份。(5)从公司长远发展考虑，如果某一个股东持股比例过高将被视为不合理的股权结构，为改变这种现象委托他人持股，从而形成相对合理、分散的股权结构。(6)其他情形，比如股东自有资金不足以支付全部股权转让款的，先委托他人代为受让，在股东充足时购回，或者分批购回；也有的是为了规避法律和行政法规中的强制性规定。

（二）隐名股东委托显名股东代持股份涉及的法律关系

1. 隐名股东与显名股东之间的法律关系。二者之间属于委托投资关系，隐名股东（以下也称实际出资人）是委托人，显名股东（以下也称名义股东）是受托人。隐名股东是实际投资人，但在公司章程、股东名册、出资证明书和工商登记中记载的是显名股东。隐名股东与显名股东依据书面的或者口头的协议，约定由显名股东为隐名股东代持股份，双方形成委托投资法律关系，当隐名股东成为显名股东时，实质是隐名股东与显名股东解除委托投资关系。名义股东对登记在其名下的股份进行处分的，属于法律上的无权处分，处分行为是否有效，要看受让方是否构成善意取得。如果受让方不为善意取得，则受让方不能实现取得受让股权的合同目的，但名义股东对受让方因标的物无法交付构成违约，承担违约责任。如果受让方为善意取得，受让方可以取得转让的股份。名义股东因无权处分给隐名股东造成损失的，应当承担赔偿责任。

2. 隐名股东与公司其他股东之间的法律关系。一般地，有限责任公司股东之间属于合伙关系，基于合伙关系形成对公司的共有权。隐名股东在成为显名股东之后，与其他股东成立合伙关系。在这之前可能存在实质性的合伙关系，也可能不存在合伙关系，甚至以后也无法成立合伙关系。存在实质性的合伙关系，是指其他股东知道或者认可隐名股东地位，在隐名股东主张成为显名股东时能够得到法律的支持，或者在隐名股东不要求登记为显名股东时，其他股东仍然认可其享有权益。对于后者是指其他股东不知道隐名股东的存在，当隐名股东主张时也不同意其成为显名股东。

3. 隐名股东与公司之间的法律关系。隐名股东、显名股东与公司之间存在投资关系，隐名股东对公司是实质性的投资关系，显名股东对公司是名义投资关系。在法律上，隐名股东与公司之间可能不存在投资关系，除非公司承认、公司其他股东承认隐名股东对公司的投资地位。如果公司不知道或者不承认隐名股东的投资地位，当股东出资期限届满时，公司只能向显名股东请求履行出资义务，不能请求隐名股东履行出资义务。

4. 隐名股东与第三人之间的法律关系。这是一种债务清偿关系，是指公司债权人依据工商登记的股东名册向显名股东主张权利，要求其为公司债务承担连带清偿责任。在处理显名股东对外商事纠纷时，主要涉及商事外观主义法理的适用及其适用限制的问题。所谓商事外观主义，是指在商事活动中，以商事主体的行为外观认定其行为所生之效果的立法原则。商事外观主义的宗旨在于维护交易安全。依照商事外观主义，相对人如果对商事主体对外公示的外观事实产生合理的信赖，并依此从事交易行为，即使外观事实与真实事实不一致，仍然按照外观事实认定行为的法律效力。“合理的信赖”

其同义语可以理解为善意，所谓善意是指不知道隐名股东与显名股东之间存在委托投资关系之善意。

行政管理部门登记记载的公司股东是显名股东，这具有公示效力。根据《公司法司法解释（三）》第 26 条的规定，如果在公司设立时股东是认缴出资，在出资期限届满而股东尚未出资，或者显名股东滥用股东有限责任和公司法人人格，或者公司决议解散而股东怠于履行清算义务时，公司债权人要求显名股东对公司债务承担补充赔偿责任或者连带清偿责任，而显名股东以其代隐名股东持股，主张应当由隐名股东承担责任的，而不是由显名股东自己承担责任，显名股东的此项主张不具有对抗善意的公司债权人的法律效力。在显名股东承担清偿责任之后，就隐名股东应当承担的份额，显名股东可以向隐名股东追偿。

5. 名义股东与公司之间的关系。从表象上看，名义股东是公司的投资人，与公司之间形成投资关系，除非公司知道、其他股东知道或者同意隐名股东是公司的实际股东。在隐名股东成为显名股东之前，名义股东具有公司股东身份，名义股东依据公司股东名册记载要求享有股东实际权利的，公司不得拒绝。对此，《公司法》第 32 条规定，有限责任公司应当置备股东名册……记载于股东名册的股东，可以依股东名册主张行使股东权利。如果公司认为记载于公司股东名册的显名股东不是公司的股东，提出此主张的权利人为显名股东，不是公司，公司以此对抗名义股东，没有对抗效力。

6. 名义股东与公司债权人之间的关系。主要表现为在债权人要求名义股东对公司债务承担连带清偿责任时，名义股东的抗辩是否成立。前文已经述及，此处不再赘述。

（三）隐名出资人股东资格的确认

隐名股东主张与显名股东解除委托投资关系，自己由隐名股东变成显名股东，将出资义务与股东身份归于一致，显名股东的身份因此而丧失。隐名股东能不能成为显名股东，需要解决的是隐名股东与显名股东之间的委托代理关系的存在和解除、能否得到公司其他股东多数同意的问题，这是隐名股东成为显名股东的两个重大障碍。

1. 隐名股东与显名股东之间的委托投资关系属于合同关系。股权归属关系与委托投资关系是两个法律关系，前者因合法的投资行为而形成，后者是因当事人之间的合同关系形成。隐名股东与显名股东之间存在委托代理关系，双方约定由隐名股东实际出资，由显名股东出面行使股权，投资利益由实际出资人享有。依照《公司法司法解释（三）》第24条第1款和第2款的规定，对于这种约定，如果没有违反法律、行政法规强制性规定的情形，该约定有效，实际出资人可依照合同约定向名义股东主张相关权益。

2. 隐名股东成为显名股东经公司其他股东半数以上同意。《公司法司法解释（三）》第24条第3款规定，实际出资人请求公司变更股东、签发出资证明书、记载于股东名册、记载于公司章程并办理公司登记机关登记的，须经公司其他股东半数以上同意。该规定的前提是承认股东之间属于合伙关系，一个人想入伙成为公司的成员，须经其他合伙人过半数以上同意。司法解释确定的这项规则，实际上是说在公司内部有权确认股东资格的机关是股东会，因为股东过半数同意就是股东会会议表决方式。公司在内部文件上将隐名股东记载为显名股东，申请将隐名股东在公司登记机关登记为显名股东，不能简单地主伙这是公司应当履行义务，公司需要审查股东会决议，或者其他股东意见，并以股东会决议或者其他股东意见为准，公司没有承认或者不承认隐名股东成为显名股东的权利。

对于"经公司其他股东半数以上同意"不能僵化地理解为股东会决议，应当从以下三个方面来掌握：一是有其他股东过半数书面文件同意，二是在公司经营过程中其他股东一直认可实际出资人的股东身份，三是在诉讼中其他股东过半数同意。《九民纪要》第28条规定，实际出资人能够提供证据证明有限责任公司过半数的其他股东知道其实际出资的事实，且对其实际行使股东权利未曾提出异议的，对实际出资人提出的登记为公司股东的请求，人民法院依法予以支持。公司以实际出资人的请求不符合《公司法司法解释（三）》第24条的规定为由抗辩的，人民法院不予支持。

四、股东除名

最高人民法院司法解释允许公司在符合条件，依法定程序将股东除名。从司法解释规定看，股东除名包括股东未按照公司章程规定履行出资义务、抽逃出资和公司章程规定的股东离职后强制转让股份退出公司三种情形。

1. 股东因未履行出资义务被除名。公司可以通过章程规定或者股东会决议将未出资股东除名。根据《公司法司法解释（三）》第17条第1款的规定，有限责任公司的股东未履行出资义务，公司以股东会决议的方式解除该股东的股东资格。但前提条件是"经公司催告缴纳，其在合理期间内仍未缴纳出资”,这表明公司须履行催告程序。有限责任公司的股东未履行出资义务,公司想将该股东除名有两种途径:一是通过股东会会议决议将该股东除名,二是预先在公司章程中规定将该种情况的股东除名。但在通常情况下,即使公司章程有明确的规定,也需要履行股东会决议程序。在股东会进行表决时,未履行出资义务的股东没有表决权。

2. 股东因抽逃全部出资被除名。根据《公司法司法解释(三)》第 17 条第 1 款的规定,有限责任公司的股东抽逃全部出资,经公司催告返还,股东在合理期间内仍未返还的,公司以股东会决议的方式解除该股东的股东资格。

五、公司章程规定离职股东转让股权退出公司的法律效力

公司已经越来越重视股权的价值和功能,出于留住人才的目的,或者出于平衡在职股东与非在职股东之间利益关系的目的,公司章程规定股东退休、因本人原因离职、股东因辞职、除名、辞退等解除劳动关系的,必须转让其全部股份,由公司回购。对于公司章程此种约定的法律效力有三种不同的观点。

第一种观点是公司章程整体无效。该观点认为,股权具有财产权与身份权的双重属性,股东享有自主处分权,非经权利人的意思表示或法定的强制执行程序不能被变动。在没有经过股东本人同意的情况下,通过章程规定强制转让股东股权的行为,是对股东合法权益的一种侵害。公司章程是公司自治性规范,该规范与强制性法律规范相抵触时,应当认定章程的规定无效。

第二种观点是公司章程整体有效。该观点认为,公司章程限制股权转让规则本身就是公司意思自治的产物,只要不违背法律和行政法规的强制性规定,没有理由否定其效力。另外,公司强制回购股权的规则通过公司章程形式确立下来,可以作为一个附生效条件的股权转让合同对待,对全体股东均有约束力,只要条件成就,离职股东应当按照章程约定转让股权。

第三种观点是公司章程部分有效、部分无效。如果此项内容是在公司初始章程中作了规定,对于发起人股东有效。如果公司章程强制转让股权条款是在公司治理运营过程中通过修改演变而确立的,对于未参与签署章程的股东、在表决中投了反对票的股东无效。

公司章程是股东自治的载体,初始公司章程的生效规则是全体发起人股东一致同意,而修改规则变成了资本多数决原则。公司章程一旦表决通过就上升为公司自治规范,成为公司和全体股东共同的行为准则,具有普遍约束

力，无论在表决时投赞成票、反对票、弃权票的股东，不能因少数离职股东投反对票就否定其效力。因此，笔者认为，公司章程规定离职股东转让股权条款合法有效。在“北京市高级人民法院在审理刘某某请求新路公司收购股份纠纷申诉案”[（2014）高民申02728号]中认为，新路公司章程第6章第9条规定：“股东之间可以相互转让其全部或者部分出资。凡因退休、调出、辞职、死亡或被公司辞退、除名、开除而离开公司的企业职工，其所持股份应在本企业内部进行转让。当出现职工争要或者不要的情形时，由董事会决定解决办法，可用任意盈余公积金或未分配利润回购，并按照股东比例分配给其他股东。”法院以公司章程未规定新路公司必须收购的义务为由未支持刘某某的再审请求，但承认了公司章程规定的效力。

股东除名后，公司应当及时办理法定减少注册资本程序或者由其他股东或者第三人缴纳相应的出资。在办理法定减少注册资本程序或者其他股东或者第三人缴纳相应的出资之前，公司债权人依法请求相关当事人承担相应责任的，法院应予支持。

六、用脚投票

如果股东（通常是小股东）对于公司治理和运营不满意，对公司经营业绩不满意，有两种表达方式，即“用手投票”和“用脚投票”。用手投票，是指小股东以其股权比例为依据，通过公司股东会或者股东大会，表达自己的意见。用脚投票，是指股东转让其持有的公司股份，离开公司。“用脚投票”一词通常用来比喻股东对公司某事件、某现象、某局面、某人不高兴了，不满意了或不答应了、失望了，于是选择离开。

对于有限责任公司和非上市股份公司小股东来说，将自己持有的公司股权全部转让给其他股东或者对外转让全部股权，才能够退出公司。因为退出渠道不通畅，特别是存在大股东损害小股东利益时，更没有人愿意购买小股东的股权。对于上市公司小股东来说，因退出渠道畅通，“用手投票”和“用脚投票”选择起来比较容易。小股东（股民）可以随时将股票转让，退出公司。只有在被“套牢”时，上市公司退市或者复活无望时，小股东通过转让股份退出公司有时也成为不可能，此种情形下小股东与大股东的利益冲突可能升级为“战争”。

对于上市公司来说，小股东可以便利地“用脚投票”退出公司，但是对于有限责任公司和非上市股份有限公司小股东而言，因为不具有资本市场，退出存在严重的障碍。在这些公司中，对小股东更为重要的权利有两个，即分红权和退出权。小股东在与大股东投资博弈过程中取得退出权，这对小股东的利益保护很重要。

七、公司回购股权

股东要求公司回购股权退出公司，应当符合法律规定、公司章程规定和股东与公司的约定。

1. 依照《公司法》第74条的规定要求公司回购股权。有限责任公司成立之后，股东退出公司有两种方式，一是转让股权，二是要求公司回购股权。股东转让股权又分为对外转让股权和对内股东之间转让股权两种情形。在大股东对小股东存在“压迫行为”时，小股东对内转让股权无人收购，对外转让无人拉手，小股东无法退出公司。正如朱伟一在《美国公司法判例解析》中说“封闭公司的股票通常无法随时出手，所以如果少数股东不同意管理层的政策，那他既无保护自身权益的发言权，也没有撤出其投资的合理途径”。这一左右为难的局面正是立法机关为少数股东设计退出机制的原因。法律“将压迫行为视为那些使得少数股东的‘合理期望’无法实现的行为，而少数股东以其资本投资于某一业务时本来就有此‘合理期望’的”，[3]法律赋予小股东要求公司回购其股权和请求解散公司两种权利，从而实现退出公司的目的。现实中，大股东对小股东的压迫行为，表现为大股东利用股东会决议的方式“绑架”“裹挟”其他股东、长期不向股东分配利润，使股东投资合理预期愿望落空，损害小股东股东利益。针对这些情况，《公司法》第74条规定特殊情况下，股东可以要求公司回购股权。《公司法》第74条规定股东有权要求公司回购其全部股份的三种情形：(1)公司连续5年不向股东分配利润，而公司该5年连续盈利，并且符合公司法规定的分配利润条件的；(2)公司合并、分立、转让主要财产的；(3)公司章程规定的营业期限届满或者章程规定的其他解散事由出现，股东会会议通过决议修改章程使公司存续的。对公司股东会就上述三项决议投反对票的股东，有权请求公司回购股权。

公司法对股东请求公司回购股权设定了明确的法律程序，即自股东会决议通过之后，股东与公司就要求公司回购股权进行协商，协商后达成股权收购协议的，双方履行协议。自股东会会议决议通过之日起60日内，股东与公

〔3〕 朱伟一：《美国公司法判例解析》，中国法制出版社2000年版，第338－340页。

司不能达成股权收购协议的，股东可以自股东会会议决议通过之日起 90 日内向人民法院提起诉讼。依照《公司法司法解释（一）》第 3 条的规定，股东超过这个期限起诉的，法院不予受理，而不是受理之后经审理驳回起诉或者诉讼请求。

2. 依照《公司法》第 142 条的规定要求公司回购股权。股东因对股东大会作出的公司合并、分立决议持异议，要求公司收购其股份。

3. 依据公司章程规定要求公司回购股份。公司章程可以规定因职工股东调离本公司，被辞退、除名、自由离职、退休、死亡或公司与其解除劳动关系的，其股份由公司回购。反过来，如果公司章程可以将公司侵犯职工股东权利作为职工股东要求公司回购其股权的条件，这样的规定同样有效。最高人民法院在"袁朝晖与长江置业（湖南）发展有限公司请求公司收购股权纠纷再审案"［（2014）民申 2154 号］中，援引长江置业公司章程规定，裁定驳回长江置业公司对湖南省高级人民法院作出（2013）湘高法民二终字第 91 号民事判决的再审申请，即是如此。

4. 依据对赌协议要求公司回购股份，从而退出公司。投资方投资时，为保证投资安全，降低投资风险，往往要求目标公司对赌，在目标公司对赌失败时回购投资方全部股份，投资方退出目标公司。

5. 依据股东与公司的约定要求公司回购股权。最高人民法院在"杨某泉、从某日等十三人与山东鸿源水产有限公司请求公司收购股份纠纷案"再审裁定［（2015）民申字第 2819 号］中认为："《公司法》第 74 条并未禁止有限责任公司与股东达成股权回购的约定，有限责任公司可以与股东约定《公司法》第 74 条规定之外的其他回购情形。申请人于 2004 年 1 月成为鸿源公司股东时签署了'公司改制征求意见书'，约定'入股职工因调离本公司，被辞退、除名、自由离职、退休、死亡或公司与其解除劳动关系的，其股份通过计算价格后由公司回购'。本案的'公司改制征求意见书'由申请人签字，属于真实的意思表示，内容上未违背公司法及相关法律的强行性规范，应属有效。故鸿源公司依据公司与申请人约定的'公司改制征求意见书'进行回购，并无不当。"该约定赋予了公司回购职工股东股份的权利，如果赋予公司须收购职工股份义务，也是有效的。

另外，对于股东依据其与公司的约定要求公司回购股权，在本质上与投资方依据对赌协议要求公司回购股份没有什么区别，法院在审理该类案件时,应当适用投资方依据对赌协议要求公司回购股份的裁判规则。

八、依据对赌协议要求控股股东、实际控制人、管理层回购股份

在投资时,投资方可以与目标公司对赌,也可以与目标公司控股股东、实际控制人、管理层对赌,这在法律上都是有效的。对赌方式可以选择股权回购,在触发对赌机制时投资方依据对赌协议要求控股股东、实际控制人、管理层回购股份,从而退出目标公司。

投资方与控股股东、实际控制人、管理层对赌,要求他们回购股份,属于合同法律关系,没有造成公司注册资本的减少,不会造成股东有限责任整体数额的减少,对公司债权人信赖利益不产生影响,不涉及按法定程序减资损害公司债权人利益的问题。

投资方要求控股股东回购股份,本质上属于股东之间转让股份,不涉及其他股东优先购买权问题。投资方要求实际控制人、管理层回购股份,在法律上属于股东对外转让股份(如果管理层不持有目标公司股份)。目标公司在融资时,其他股东不愿意与投资方对赌,本质是放弃优先权受让权,无须履行"应当经其他股东过半数同意"决议程序。

因不会引起目标公司注册资本的减少,也不造成目标公司资金的减少,既不是利润分配,也不构成抽逃出资。

九、股权出资

《公司注册资本登记管理规定》(国家工商行政管理总局第 64 号公布)第 6 条规定,股东或者出资人可以以其持有的在中国境内设立公司股权出资。以股权出资后,该股权应当权属清楚、权能完整、依法可以转让。

通常,股权的价值取决于公司净资产价值,即公司总资产减去总负债的余额。公司净资产的价值随着公司经营状况的变化而变化,股权的价值因此具有不稳定性。除股权具有自身的经济价值外,股权出资还具有投资理财、整合经营资源、资产重组、企业整合、消除竞争对手等功能,特别是在上市公司组建的过程中,许多投资者优先考虑以股权置换的方式完成对新公司的出资,以此扩大公司规模、优化产生结构。

《公司法司法解释(三)》第 11 条规定,出资人以其他公司股权出资,符合下列条件的,人民法院应当认定出资人已履行出资义务:(1)出资的股权由出资人合法持有并依法可以转让;(2)出资的股权无权利瑕疵或者权利负担;(3)出资人已履行关于股权转让的法定手续;(4)出资的股权已依法进行

了价值评估。股权出资不符合前款第(1)、(2)、(3)项的规定,公司、其他股东或者公司债权人请求认定出资人未履行出资义务的,人民法院应当责令该出资人在指定的合理期间内采取补正措施,以符合上述条件;逾期未补正的,人民法院应当认定其未依法全面履行出资义务。股权出资不符合本条第1款第(4)项的规定,公司、其他股东或者公司债权人请求认定出资人未履行出资义务的,人民法院应当按照本规定第9条的规定处理。

第六章　股权的取得、转让、继承与分割

基于对有限责任公司“人合性”的理论定位，相对于股份有限公司来说，公司法对有限责任公司股权规定了严格的交易规则，同时又赋予了股东转让股权的高度自主权，在这当中又存在公司股东会、公司章程对股权转让和继承的自治性权利，使得股权取得、转让、继承与分割制度变得纷繁复杂，有时又难以把握。

一、股权取得的方式

股权，是指股东基于股东资格而享有的从公司获得资产收益，参与公司重大决策和选择管理者等权利。股权是股东的重要资产，股东出资是用资产所有权置换对公司的股权。股东取得股权方式有很多种，主要包括：

1. 因出资或者认缴出资取得股权。在公司成立的时候，作为公司创始股东，按照公司章程规定认缴出资成为公司股东，取得公司股权。2013 年《公司法》修改之后，有限责任公司由出资分期缴纳制变为认缴制，在成立公司的时候股东不需要实际出资，只要认缴出资，承诺在公司章程规定的出资时期到来时履行出资义务即可。在公司成立时，创始股东认缴出资即取得公司股权。在公司融资时，投资人向公司投资取得股权，这在性质上与创始股东出资是一样的，都是把钱支付给公司，从公司取得股权。区别主要是成为公司股东的时间，取得股权支付的资金额不同，如果投资方与公司对赌，附带的权利也不同。

2. 因受让取得股权。在股东转让股份时，受让人受让股份取得公司股权。与出资取得股权不同的是，股东出资是从公司取得股权，股份受让是从转让人手里取得股权。实践中经常发生投资人将资金支付给原股东，却在公司取得股权；或者，从股东手里取得股权，把资金支付给公司等情形。未分清股权转让和增资的区别，混淆了法律关系，扰乱了公司财务。以股权抵债是债权人受让取得股权的一种特殊方式，债务人无力偿还债务，愿意以股份抵销债务，债权人取得股权。债务人无力支付债务被债权人诉至法院或者仲裁

机构,债权人胜诉申请强制执行,债权人因执行取得股权。在公司收购兼并中股权置换,等同于以物易物,实质上就是交换,属于受证取得股权。

3. 因受赠取得股权。因得到公司股东赠与的股份取得股权。这是一种无对价取得股权的方式,是股权受让取得的特殊方式。实践中,公司设立的时候也有未出资取得股权的情形,比如干股,或者公司为取得不能作为出资的资源的使用价值而代股东出资。从无偿的角度考虑,受赠取得股权与干股都是无偿取得股权,但赠与的标的是不同的,前者赠与的是股权,后者赠与的是出资的财产。

4. 因继承取得股权。自然人股东死亡或者宣告死亡,其继承人根据公司法、公司章程的规定取得股权。

5. 因离婚分割夫妻共同财产取得股权。夫妻离婚时,股权被视为夫妻共同财产,在分割夫妻共同财产时,非股东一方因分割得到股份取得股权。

6. 因公司分立、合并取得股权。股权是公司的财产,在公司分立时股权可能会被分割,分立新成立的公司取得股权;在公司合并时,新设立的公司取得被合并的公司持有的其他公司的股权。比如,甲公司持有乙公司的股权,甲公司分立为 A 公司和 B 公司,甲公司持有的乙公司股权归 A 公司和 B 公司所有,A 公司和 B 公司取得乙公司股权。甲公司持有乙公司的股权,甲公司被丙公司收购兼并,甲公司持有的乙公司股权归丙公司所有,丙公司取得乙公司股权。在换股兼并中,两家公司之间可以达成换股协议,由收购公司以自己的股票作为对价,换取被收购的公司的一类或数类发行在外的所有股票,相互取得对方的股份。

7. 因公司股权激励取得股权。公司的关键员工成为激励对象,在股权激励设定的条件满足后,关键员工取得股权。员工取得股权,可能是有偿的,也可能是无偿的。有偿的属于受让取得,无偿的属于受赠取得。

8. 因没收取得股权。当股东取得的股权涉及私分国有资产,或者侵吞国有资产等损害国家利益时,政府和司法机关对股东作出没收股权的处罚,政府因此取得股权。

二、有限责任公司股东转让股权的程序

有限责任公司之所以被称为封闭公司,一个重要原因是法律对股东股权转让设定很多条件,在坚持自由转让原则的基础上,规定了一些限制条件,比如股东之间自由转让股权,股东向股东以外的人转让股权,应当经其他股东

过半数同意，股权优先购买权等。

有限责任公司股东转让股权包括以下几种情形：自愿转让和人民法院强制转让、民营公司股权转让和国有公司股权转让、股东转让部分股权和转让全部股权，对内转让和对外转让，机构股东转让和受让，公司股权回购、继承（后两种是股权转让的特殊情形）。我们梳理一下民营有限责任公司股东转让部分股权和转让全部股权、对内转让和对外转让这两种情形的法律程序。

公司股东之间可以相互转让其全部或者部分股权，原则上是自由的，在法律上没有限制，除非公司章程有特别规定。股东之间转让股权，应当按照下列程序办理：(1)签订股权转让协议；(2)股权转让款交割；(3)受让方代扣代缴股权转让所得税；(4)股权转让方申报增值税；(5)向公司提交股权转让协议、股权转让款支付证明、转让方完税证明（对于后两项，一般公司不要求提供）；(6)转让方将出资证明书交回公司；(7)受让方将身份证明资料交公司；(8)公司注销转让方交回的出资证明书，修改股东名册，重新颁发出资证明书，对于部分转让股权的，对转让人和受让有都以出资证明书，对于全部转让股权，只发给受让人出资证明书；(9)修改公司章程；(10)申请变更登记。

基于有限责任公司的人合性，法律设定了股东自由转让股权与其他股东同意权、优先购买权衡平原则。依照《公司法》第 71 条第 2 款和《公司法司法解释（四）》第 18 条的规定，股东对外转让股权，应当遵循下列程序：(1)转让方与股东以外的人就股权转让的数量、价格、支付方式及期限等交易条件（确定是否同等条件需考虑的因素）转让达成意向，可以是书面的，也可以是口头的。(2)书面通知其他股东，列明股权转让的数量、价格、支付方式及期限等交易条件，征求其他股东的意见。(3)等待其他股东答复，可能出现以下两种情况：不同意转让和同意转让。不同意的股东应当按照书面通知中列明股权转让的数量、价格、支付方式及期限等交易条件购买该转让的股权。同意转让，包括其他股东明确同意转让和其他股东自收到书面通知之日起 30 日内不予答复的视为同意转让。经股东同意转让的股权，在同等条件下，其他股东有优先购买权，也可以不购买该转让的股权。(4)签订股权转让协议书。对外转让股权、内部股东优先购买股权的，都要签订股权转让协议书。后面的程序同与“股东之间转让股权”程序中“(2)-(9)”相同。

对上述程序我们只考虑了法定程序，未考虑公司章程规定的程序。《公司法》第 72 条第 3 款授权公司章程可以对股权转让程序作出特别规定，因公司章程规定的可能千差万别，无法一一说明，需要具体公司具体分析，故上述列举的程序没有考虑公司章程情况。只考虑了自然人之间的转让，没有考虑机构之间的转让和受让。如果是机构之间股权交易的话，还涉及交易双方内部各自就转让股权进行决策、尽职调查、价格评估、报批等程序。没有考虑股权上的权利负担，比如质押，如果有质押，还要解除质押。

三、股权的善意取得

善意取得，又称即时取得或即时时效，是指动产或者不动产占有人向第三人移转动产或者不动产所有权或为第三人设定其他物权，即使动产或者不动产占有人无处分权，善意受让人仍可取得动产或者不动产所有权或其他物权的制度。

善意取得是在区分内外部关系、信任行政权利的正当性、提高交易效率的基础上形成的交易安全制度，目的是保护第三人的利益。主张善意取得的是第三人，证明责任和法院审判考察的重点是第三人的主观状态，以及通过交易行为表征体现的第三人主观状态。信赖什么，如何形成信赖是考察的重点。《公司法》第 32 条第 3 款要求公司将股东的姓名或者名称向公司登记机关登记。第三人凭借对登记内容的信赖，一般可以合理地相信登记的股东就是真实的股权人，可以接受该名义股东对股权的处分，实际出资人不能主张处分行为无效。

根据《民法典》第 311 条第 1 款的规定，无权处分人将动产或不动产转让给受让人，受让人取得动产或者不动产所有权，受让人符合下列情形的成立善意取得：一是受让人受让该动产或者不动产须为善意，是指受让人不知道处分人系无权处分；二是以合理的价格转让，即受让人支付了合理价格的；三是转让的不动产或者动产依照法律规定应当登记的已经登记，不需要登记的已经交付给受让人。

在隐名股东与显名股东关系中，显名股东对其名下人股权本质上无处分权。显名股东是登记记载的股东，受让人凭借对登记内容的信赖受让显名股东转让股权，实际出资人以显名股东无权处分为由主张处分无效的，法院不予支持。如果受让人明知显名股东不是真实的股权人，其名下的股权应归属于实际出资人的，此种情形下仍然受让该股权的，说明受让人不是善意的，实际出资人主张股权转让协议无效的，法院应当予以支持。同样道理，股权转让人通过伪造股权转让协议取得股权，将该股权登记后再行转让的，受让人依据登记内容受让该股权的，适用善意取得制度。如果转让人未将该股权进行登记进行转让的，受让人就没有了信赖基础。如何形成信赖考察的严格性更高，如果征得登记的股东所有权人同意的，则该受让行为即可视为股权所有权对交易行为的追认。

原股东转让股权后，受让人股东名称未及时在公司登记机关进行变更，此时原股东又将该股权再次转让。第三人凭借对既有登记内容的信赖，一般可以合理地相信登记的股东（原股东）就是真实的股权人，可以接受该股东对股权的处分，未登记记名的受让股东不能主张处分行为无效。但是，当确有证据证明第三人在受让股权时明知原股东已不是真实的股权人，股权权属已归于受让股东，第三人受让股权行为不成立善意。[1]

四、股东优先购买权的行使方式

《公司法》第 71 条规定，有限责任公司的股东向股东以外的人转让股权，应当经其他股东过半数同意，不同意转让的股东须直接购买该股权，不涉及优先购买权问题；同意或者视为同意转让的股东，在同等条件下有优先购买权。

股东优先权包括两个方面：第一，股东优先购买权，是指有限责任公司股东对外转让股权时，原股东享有在同等条件下，优先于股东以外的人购买转让股权的权利。有限责任公司股东之间转让股权时，股东不存在优先权问题；股份有限公司股东转让股权时，股东也不存在优先购买权的问题。第二，优先认缴出资权。《公司法》第 34 条规定了在公司增加注册资本时，股东有优先认缴出资的权利。这种优先权是针对股东之外的新投资人而言的，不是针对原股东之间的权利。

优先权制度旨在解决同时存在两个或者两个以上合法权利，哪个优先，哪个居次的问题。但在以往的实践中，法院常以保护其他股东的优先购买权为由认定股权转让合同无效。股权转让合同侵犯股东优先购买权，是两种权利的冲突，并不当然构成违反法律、行政法规的强制性规定问题，一律以保护其他股东的优先购买权为由认定股权转让合同无效，虽然保护了股东优先购买权，但没有注意保护受让人的合法权益。对有限责任公司的股东与股东以外的股权受让人订立的股权转让合同的效力的认定，既要注意保护其他股东

---

〔1〕 杜万华主编：《公司案件审判指导》，法律出版社 2018 年版，第 416－417 页。

的优先购买权,也要注意保护股东以外的股权受让人的合法权益。一方面,其他股东依法享有优先购买权,在其主张按照股权转让合同约定的同等条件购买股权的情况下,应当支持其诉讼请求,除非出现《公司法司法解释(四)》第21条第1款规定的情形。另一方面,为保护股东以外的股权受让人的合法权益,股权转让合同如无其他影响合同效力的事由,应当认定有效。其他股东行使优先购买权的,虽然股东以外的股权受让人关于继续履行股权转让合同的请求不能得到支持,但不影响其依约请求转让股权的股东承担相应的违约责任。

《公司法司法解释(四)》第21条第1款规定优先权主张期限:其他股东自知道或者应当知道行使优先购买权的同等条件之日起30日内没有主张,或者自股权变更登记之日起超过1年的除外。另外,如果争议提交法院裁判须明确提出"按照同等条件购买该转让股权"的诉讼请求。如果只主张侵犯其股东优先权,而不要求按照同等条件购买该转让股权的愿望,法院也不会支持其请求。

对于优先购买转让股权的比例计算问题,可能会出现很多种情形:第一种情形,如果有限责任公司只有两个股东,一个股东对外转让股东,另一股东主张优先权的,另一股东应当购买该转让的股权,然后吸纳新的股东,或者变更为一人有限公司。第二种情形,如果公司有三个或者三个以上的股东,有两个以上股东主张行使优先购买权的,协商确定各自的购买比例;协商不成的,按照转让时各自的出资比例行使优先购买权。对于"按照转让时各自的出资比例行使优先购买权"这句话可能存在歧义。如果是转让时股东的持股比例,有可能不能全部受让该转让股权。比如,有限责任公司有甲乙丙三个股东,甲持股51%,乙持股30%,丙持股19%。如果乙对外转让股权,甲和丙都主张优先购买权,"按照转让时各自的出资比例行使优先购买权"的话,甲购买乙30%中的51%,即15.3%;丙购买乙30%中的19%,即5.7%,乙还有7%无人受让。正确的计算方法应当是:

甲 $51\% \div (51\% + 19\%) \times 30\%$,这是甲购买比例。

丙 $19\% \div (51\% + 19\%) \times 30\%$,这是丙购买比例。

股东优先权能不能部分行使。[2] 比如,有限责任公司有甲乙丙三个股

〔2〕 杜万华主编:《公司案件审判指导》,法律出版社2018年版,第522-523页。

东，甲持股41%，乙持股30%，丙持股29%。如果乙对外转让股权，甲和丙都主张优先购买权，“按照转让时各自的出资比例行使优先购买权”的话，甲的购买比例是41% ÷(41% +29%) ×30%，甲应当购买乙30%中的17.57%，丙购买乙30%中的12.43%。但是甲只购买其中的10%，以使自己的股权比例达到51%。法律是否允许甲行使优先购买权只涉及部分转让股份？对于这个问题，法律和司法解释没有规定。股东转让股权的权利与股东的优先购买权存在一定的冲突，但是法律设置优先购买权的目的不是不尊重股东转让股权的权利，也不是为股东转让股权设置障碍，只是为了尊重有限责任公司的人合属性，如果股东只行使部分优先购买权，其他股东不愿意购买剩余部分股权，股东以外的人也不愿意购买，实质上影响了股东转让股权，可能造成股东不能转让股权，如果出现这种情况，行使优先购买权的股东有义务购买全部转让股权，拟转让股权的股东请求主张优先购买权的股东受让全部拟转让股权的，应当得到支持。

债务人的股权被强制执行时，其他股东的优先购买权应当得到保护。《公司法》第72条规定，人民法院依照法律规定的强制执行程序转让股东的股权时，应当通知公司及全体股东，其他股东在同等条件下有优先购买权。其他股东自人民法院通知之日起满20日不行使优先购买权的，视为放弃优先购买权。仔细分析这一条规定的并不合理，也不严谨，尊重了其他股东的优先购买权，但破坏了“价高者得”的拍卖规则。我们都知道评估价、拍卖价、成交价是三个价格，当强制执行需要拍卖股权时，优先权到底指向哪一个价格，没有说清楚。应当规定其他股东参与拍卖，不参与拍卖即视为放弃优先购买权。其他股东参与拍卖过程的，在其他股东与竞拍人之间，其他股东在同等条件下享有优先购买权。其他股东有“跟价权”，即其他竞拍人每次报价，其他股东的报价可以与其他竞拍人的报价相同，价格相同时其他股东享有优先购买权。当流拍时，在其他股东与债权人之间，在同等条件下其他股东享有优先购买权。多个股东参加竞拍均享有优先购买权的，按照《公司法》第71条第3款的规定执行。这样能够同时尊重了拍卖程序和股权转让程序，既尊重了股东优先购买权，又尊重了拍卖规则。

五、公司章程能不能限制股东转让股权

公司具有以下五个方面的特征：第一，股东承担有限责任。股东以其出资额为限对公司债务承担有限责任，公司以其全部财产对自己的债务负责。

第二，集中管理。股东或者发起人设立完成公司之后，将公司移交董事会，公司由董事会集中管理。第三，所有权自由转让。一般财情况下，股东可以向任何人、在任何时间、以任何价格出售股份。第四，永久存续。一般地，公司一经成立即脱离股东永久存续，即使股东更迭，甚至死亡，公司作为法人实体仍然继续存在，除非公司章程另有规定。第五，双重征税。一般来说，公司作为独立于股东的法人实体，须依法缴纳所得税；当公司向股东分配利润时，股东须缴纳个人所得税。〔3〕股权自由转让是公司的基本特征之一，是股东的基本权利，也是公司法的基本原则。公司法对股东转让股权有所限制，均有特殊的目的。比如，《公司法》第 71 条第 3 款规定的有限责任公司股东对外转让股权设定优先权，目的是维护有限责任公司人合属性；《公司法》第 141 条规定发起人持有的本公司股份，自公司成立之日起 1 年内不得转让。公司公开发行股份前已发行的股份，自公司股票在证券交易所上市交易之日起 1 年内不得转让，以及对公司董事、监事、高级管理人员在职期间每年转让股份比例的限制，所持本公司股份自公司股票上市交易之日起 1 年内不得转让，离职后半年内不得转让其所持有的本公司股份的规定，目的的重点在于保护投资者的利益。这样的规定只是例外，总体上还须坚持股权自由转让原则。《公司法》第 71 条和第 141 条规定的股东转让股权的条件限制、在规定的时间内不得转让，这些规定是法律上的规定。那么，公司能不能通过公司章程限制股东转让股权呢？也就是说公司章程限制股东转让股权，这样的规定有没有法律效力，如果具有法律效力，对股东转让股权就有约束力。如果没有法律效力，股东转让股权时无须遵守。

"公司章程对股权转让另有规定的，从其规定"，《公司法》第 71 条第 4 款的此项规定成为公司章程限制股东转让股权的法律效力的根源。股东为了维护公司章程制定者的利益合意，在公司章程中限制股东转让股权的条件往往比公司法规定的条件更为严格，这种规定原则上有效的。但是，如果公司章程规定的股东转让股权的条件违反公司法规定，或者与公司法原理不符，不应认定其具有法律效力。具体而言：

公司章程对股权转让的限制性条款与法律和行政法规的强制性规定相抵触的，应当确认公司章程中该条款无效，对股东不具有法律约束力，股东违

---

〔3〕　苗壮：《美国公司法制度与判例》，法律出版社 2007 年版，第 2－4 页。

反该条款转让股权而签订的合同有效。公司章程规定的限制性条款“名为限制实为禁止”或者“名为同意实为禁止”的，这种规定因违反股权自由转让的基本原则，剥夺了股东的基本权利应属无效，股权转让不因违反这些限制性规定而构成对公司章程的违反。

实践中，公司章程对于股权转让的各种“另行规定”，有的公司章程规定“股东转让股权须经其他股东一致同意”，有的规定“须经董事会一致通过方可转让”，法院该如何认定公司章程中该类条款的法律效力。在山西必高汽车集团有限公司与山西新亨运汽车服务有限公司股权转让纠纷案[（2014）并民终字第427号]中，山西省太原市中级人民法院认为，除法律明文规定外，股东的股权转让行为不应被轻易否定。公司法肯定和鼓励股权资本的流动，公司章程在公司法规定之外设定的对股权转让的禁止性限制性条件不应和《公司法》第71条第2款的规定发生根本性冲突，否则为无效。法院认定公司章程规定的“未经全体股东同意不得对外转让出资”构成禁止股东转让股权而无效。在张某诉大川馨涂料贸易（上海）有限公司等股权转让纠纷案件[（2012）沪一中民四（商）终字第S1806号]中，上海市第一中级人民法院认为：股权转让“需经董事会一致通过”方可转让的程序，客观上限制了公司法赋予有限责任公司股东依法转让股权的法定权利，因此该规定不但与《公司法》相悖，而且完全不具有合理性，亦不属于当事人可以自由约定的内容范畴，该规定对本案各方当事人没有约束力。

在法院判决我们可以看出，有限责任公司可以通过公司章程对股东的股权转让作出合理限制，但其限制是有边界的。法院对于公司章程中对股权转让“过度限制”和“绝对禁止“的条款均持否定态度。

六、公司章程强制股东转让股权的效力

实践中，公司章程强制股东转让股权设定的条件多为劳动合同与股东身份存在牵连关系。对于此类案件，各地法院的判决结论并不一致，有的法院判决无效，有的法院判决有效。北京市第二中级人民法院（2010）二中民终字第1739号《民事判决书》认定公司章程“强制离职股东转让股权”条款无效。南京市中级人民法院（2016）苏01民终1070号《民事判决书》，对戴某艺与南京扬子信息技术有限公司强制股东转让股权案；威海市中级人民法院（2015）威商终字358号《民事判决书》，对威海新东方钟表有限公司与郭振波强制股东转让股权案，都以公司章程为股东自由约定为由，认定公司章程有效。四

川省简阳市人民法院判决认定公司章程中“强制离职股东转让股权”条款有效。对公司章程强制股东转让股权效力问题还有一种折中观点，该观点认为判断章程中“强制离职股东转让股权”条款的效力，需要从公司章程条款达成的方式和公司章程条款的落实两个方面来认定。

1. 公司章程是股东自治的结果，原则上应为有效。当公司章程的具体条款减损了部分股东权益的情形下，此类章程条款是基于侵犯部分股东权益而认定无效，还是视为公司自治而认可其效力，实践中存在两种不同的意见：第一种意见认为，公司章程中规定股东离开公司时必须以股权转让的方式退股的，原则上应认定有效，属公司意思自治的范畴，并不必然违法，应防止司法对公司内部治理的过分干预。第二种意见认为，股权是股东的合法财产权，非经权利人的意思表示或法律的强制执行程序不能变动，虽然《公司法》规定公司章程可以对股权转让另行约定，但该约定不能侵犯股东固有的权利。上述两种意见都有一定的合理性，在判断章程中“强制离职股东转让股权”的条款效力时应当从公平诚信的角度，结合案件的实际情况综合予以考虑。

基于股东制定公司章程的行为是一种民事行为，该行为是否有效，必须依照《民法典》的相关规定加以衡量。本案中章程制定和修改的主体均具有相应的民事行为能力，故重点需考察章程条款的意思表示真实性与章程条款内容的合法性。意思的形成自由和意思表达自由是意思表示真实的前提。股东意思表示是否真实，应区分公司初始章程和后续章程修改分类进行剖析。若公司初始章程已经对股东拥有及转让股权的自由进行限制，表明股东同意表明其接受受限制的股东权利。然而，后续章程修改与标准的、合意充分的契约行为并不相同，一般适用资本多数决原则进行表决，因此要考虑到大股东可能滥用资本多数决原则的情形。若大股东滥用资本多数决原则损害小股东的利益，此时公司章程相应条款无效。

另外，股权其内含的财产权，受特权法保护。股东享有对股权中的财产权益占有、使用、收益、处分等权利。在未得到股东同意的情况下，强制离职股东转让股权，则很可能意味着公司章程对离职股东财产权的侵害。为了鼓励市场主体的创造性和公司正常运转，避免司法过度介入，在认定公司章程强制转让股权条款是否侵害股东财产权时，主要考虑转让股权的对价是否合理，如是否经过第三方的评估、是否符合当时公司经营状况等。公司章程强制转让离职股东的“股权”，并非剥夺其股权，公平与否关键在于合理的价格，而以公平合理的价格给异议股东退出路径本身是既符合公司发展又有利于异议股东利益的较好的选择。但若修改后的公司章程不是股东真实的意思表示，且侵犯了股东合法权利，则该条款应认定为无效。总之，司法介入公司章程，应立足于公司和股东整体利益，既要保护小股东利益，又要防止对公司内部治理的过分干预。

2. 如何审查解除劳动关系的合法性是公司章程条款落实的关键。公司章程强制股东转让股权的条件大多设定为“公司股东辞职、辞退、退休、死亡”等解除劳动关系的情形。在法院判决中，有的股东是辞职离开公司，有的是被公司辞退，有的是退休，有的是死亡，还有其他很多情形。对于股东自动辞职、退休、死亡不涉及公司对解除劳动关系合法性问题。对于股东被公司辞退，如果公司违法解除劳动合同该如何对待，在已经检索到的判决中并没有获得此方面的信息。

对于公司通过股东会或者股东大会、董事会决议的方式强制股东转让股权，可以参照上述理念处理。

七、股东资格的继承

关于股东资格继承问题主要有三种观点：第一种观点，继承人可以不受限制地取得股东资格。该观点认为，继承发生后，按照继承法的规定，继承人可以继承股权，取得股东资格。第二种观点，继承人取得股东资格应当受到限制。在这种观点之下又存在两种认识，一是股权继承与否，能否取得股东资格，关键在于其他股东是否同意或者公司章程、股东协议的约定；二是自益权可以继承取得，但共益权能否继承，取决于其他股东的意思表示。第三种观点，继承人能否取得股东资格，关键在于股权是否具有人身专属性，人身专属性的股权，继承人不能取得股东资格，反之则可以取得。

第一种观点没有考虑有限责任公司的人合性，认为只要是继承人就可以继承股权，继承了股权就继承了股东资格。第三种观点从人身专属性考虑股权继承问题，过于片面。第二种观点提出有条件的继承，其中第一种意见将公司章程、股东之间的约定作为股权能否继承的条件，充分体现了私法自治的原则，值得肯定。

《公司法》第 75 条规定，自然人股东死亡后，其合法继承人可以继承股东资格；但是，公司章程另有规定的除外。《公司法》确定了“股东资格继承法律同意，但公司章程可以排除”的原则，在作为被继承人的公司股东死亡时，继承人仅依据个人意愿,在符合公司章程的条件下无须经过其他股东同意或股东会的同意,而自动取得股东资格。

股东资格当然继承是一种通常规则,至于能否继承股东资格,还要看公司章程有没有作出《公司法》第 75 条规定的"但书"条款。如果公司章程规定继承人不得继承被继承人股东资格的,公司章程应当得到尊重。但是,公司应当按照股东之间转让股份的规则对继承人转让股权的程序、时间、价格等进行明确规定。如果公司章程同意继承人继承股东资格,需要对以下事项作出考虑和安排。

1. 有限责任公司股东人数超过 50 人的问题。当多个继承人分别取得股东资格致使有限责任公司股东人数多于 50 人的,各继承人应当协商转让其继承份额,以使公司股东人数符合《公司法》第 24 条的要求。

2. 特定身份人员股东资格继承问题。公务员首先是自然人,享有股东资格继承权。但是,根据《公务员法》的规定,公务员被禁止从事或者参与营利性活动,不得成为公司的股东,所以公务员不得继承股东资格。作为被继承人的公司股东死亡后,其继承人如果是公务员,不得成为公司股东,其股权应当转让。

3. 股权继承中其他股东无优先购买权。股东资格继承人可能原来就是股东,也可能不是股东,尽管股东资格继承本质上发生与股权转让相同的法律后果,但继承是基于血缘关系,不同一般的股权转让,公司其他股东不享有优先购买权。

4. 无完全民事行为能力人继承股东资格的问题。如果公司章程没有限制或者禁止无民事行为能力的成为公司股东的规定,无完全民事行为能力人可以以继承人的身份获得股东资格,他们的股东权利和义务由法定代理人代为行使。2007 年《国家工商行政管理总局关于未成年人能否成为公司股东问题的答复》答复广东省工商行政管理局:你局《关于未成年人是否具备公司股东资格问题的请示》[粤工商企字(2006)247 号]收悉。经请示全国人大常委会法制工作委员会同意,现答复如下:公司法对未成年人能否成为公司股东没有作出限制性规定。因此,未成年人可以成为公司股东,其股东权利可以由法定代理人代为行使。北京银行于 2007 年上市,在股东名单中出现了上千名"娃娃"股东,这些股东在北京银行改制时均未成年,最小的只有 1 岁。

5. 继承人继承股东资格并不当然继承被继承人在公司的职位。为确保公司治理和运营管理活动的审慎性和有效性，增进公司和全体股东的利益，维护交易安全，继承人虽然可以通过继承取得股东资格，但并不能自然取得被继承人生前在公司但任的董事长、监事会主席、总经理、董事、监事、经理等高级管理人员职务。因为，公司高级职位要么由股东会或者股东大会任免，要么由董事会聘任或者解聘。

6. 隐名股东的继承人不能直接继承登记在显名股东名下的股权。根据《公司法司法解释（三）》第 24 条的规定，有限责任公司的实际出资人与名义出资人订立合同，约定由实际出资人出资并享有投资权益，以名义出资人为名义股东，实际出资人与名义股东对该合同效力发生争议的，如无法律规定的无效情形，人民法院应当认定该合同有效。实际出资人未经公司其他股东半数以上同意，无法登记为显名股东，在法律上公司的股东仍为显名股东，隐名股东还不是公司的股东，没有股东资格，所以隐名股东的继承人不能直接继承登记在显名股东名下的股权，不发生股东资格继承问题。[4]

7. 公司章程限制继承人继承股东资格的规定不具有溯及既往的效力。四川省成都市中级人民法院（2008）成民终字第 1936 号民事判决认为：虽然 2005 年 11 月 26 日《股东会决议》和《章程》明确了离开公司包括股东死亡，股东资格的继承要达到三分之二股东的同意，但该《股东会决议》和《章程》均形成或修改于李某死亡之后，其继承人不应受其限制，本案应适用李某生前参与和制定的《股东会决议》和《章程》。原《股东会决议》和《章程》未对此特殊情况作出规定，李老某继承李某的股份并不违背当时股东的集体意志，也不违反当时公司法禁止性规定，所以李老某要求继承李某该部分股份的请求应当支持。

八、股东离婚对公司股权结构的影响

股东离婚时的股权包括两种情形：第一种情形是公司是夫妻店，没有其他股东。第二种情形是夫妻一方或者双方为公司股东，公司中还有其他股东。在夫妻离婚时，法院对两种情形下的股权分割的处分规则是不同的。

在世界范围内，家族企业是一种典型的企业所有权模式，尤其是在大陆

---

〔4〕 前述 1－6 参见北京市京师律师事务所姚志斗律师的博客：《公司股权继承十大继承案例》，载 http://blog.sina.com.cn/u/2350701103，最后访问日期：2015 年 10 月 14 日。

法系国家,家族控制更为典型。家族企业一个非常显著的特点就是血缘关系和姻亲关系,因家族形成的天然信用已经成了家族企业的核心竞争力。据统计,在家族企业中排在前三位的关系如下:第一位,夫妻关系。中国的上市家族企业中最多的就是“夫妻店”,一些已经是规模化的公司也是“夫妻店”,夫妻掌握着公司的控制权,其他人的股份只享有收益权,对公司决策影响不大。第二位,兄弟关系。比如华谊兄弟公司,由王中军、王中磊兄弟在 1994 年创立,2005 年成立华谊兄弟传媒集团,2009 年 10 月 30 日正式登陆深圳创业板。第三位,父子关系。比较典型的是万达集团。大连合兴投资有限公司直接持有万达集团 99.76% 的已发行股份,王健林持有大连合兴投资有限公司 98% 的股权,剩余的 2% 由王健林之子王思聪持有。王健林直接持有万达集团 0.24% 的股权,通过大连合兴 98% 的直接权益将间接持有万达集团 97.7648% 的股权。王健林父子占万达集团 100% 股权。

在家族企业的三种主流亲情关系中,夫妻关系的风险最大,其次是兄弟关系风险,而父子关系的风险最小。夫妻店是事业与婚姻家庭一体化,夫妻财产与公司财产容易混同的组织形式,一方面出了问题,也会毁了另一方面。在公司融资时,投资人非常重视大股东夫妻关系,他们认为大股东夫妻关系稳定,公司股权结构和公司治理运营才能稳定。

股权是夫妻共同财产的一部分,在离婚时必定涉及股权分割,这可能改变公司的股东组成和股权结构。夫妻持有公司股份的形成主要有几种情况:一是以夫妻共有财产投资的有限公司,公司股东仅夫妻二人,夫妻股权比例的设置往往带有随意性。二是以家庭共同财产投资成立公司,公司股东包括全部家庭成员或家庭部分成员。三是以夫妻共同财产与他人共同投资的有限公司,一般夫妻与其他股东的股权比例比较明确。夫妻之间股权没有划分,而且往往是只有一人作为公司股东。四是夫妻接受赠与或继承的公司股份。夫妻双方或者一方持有的公司股份,在法律上属于夫妻共同财产,如果夫妻之间没有特别约定,离婚时依法按照夫妻共同财产进行分割。在分割的过程中,同时适用婚姻法和公司法,还要考虑利于公司运营管理实际情况。最高人民法院《关于适用〈中华人民共和国民法典〉婚姻家庭编的解释(一)》(法释〔2020〕22 号)第 16 条、第 72 条规定了夫妻离婚时的股权分割规则:

1. 夫妻约定优先适用。在离婚时对于股份的处理,夫妻有约定的从约定,没有约定的以夫妻离婚协商为准。

2. 如果夫妻对股权没有约定，在离婚时不能对股权分割进行协商，或者虽经协商但达不成一致意见的，法院通常按照下列原则处理：

（1）将公司股份全部分给实际掌管公司经营的一方，给予另一方相当于应得公司股份对价的补偿。这优先考虑了有限责任公司的人合性，防止将因婚姻造成的人的不合性沿续到公司当中。

（2）对于有限责任公司和未上市股份有限公司股份价格的确定协商不成或者按市价分配有困难的，可以根据数量按比例分配。夫妻离婚后各自作为公司股东，各自持有公司股份。

（3）夫妻一方是公司股东，另一方不是该公司股东的，按以下情形分别处理：一是夫妻双方协商一致将出资额部分或者全部转让给该股东的配偶，过半数股东同意、其他股东明确表示放弃优先购买权的，该股东的配偶可以成为该公司股东；二是夫妻双方就出资额转让份额和转让价格等事项协商一致后，过半数股东不同意转让，但愿意以同等价格购买该出资额的，夫妻双方可以对转让出资所得财产进行分割。过半数股东不同意转让，也不愿意以同等价格购买该出资额的，视为其同意转让，该股东的配偶可以成为该公司股东。

（4）对于只有夫妻二人为股东的“夫妻店”性质的公司，夫妻双方无力或者无意购买对方股份，或者不愿意向对方支付对价补偿的，可以公司进行清算或将公司拍卖，清算后的剩余资产或拍卖所得的价款作为夫妻共有财产分割。

（5）按照“德州枪战”条款（the Texas shoot - out）处理。原则上该条款适用于50%对50%股权结构形成的公司僵局情形，但在股东离婚时可以变通适用。夫妻一方要求对方按照自己的报价收购自己的股份，如果对方拒绝收购，则对方应当按照相同的价格向报价方出让全部股份。这种方法可以解决双方共同经营公司、都想继承拥有公司、各不让步、又不想同为公司股东的财产分割问题。

第七章 股权结构和表决权结构

公司从无到有的过程，是股东完成的。股东是公司法律关系中的核心主体，股东权利是公司中最核心的权利，决定着公司治理特征是所有权与控制权分离，还是二者高度统一。股东的出资比例与表决比例一致是公司法律制度中的一项默认规则，因为法律赋予全体股东对这一比例享有在一致约定基础上的处分权，股东的表决权结构会发生变化。

一、公司股权结构

公司股权结构，是指在一个公司中股权分布、不同表决权股权、不同种类股权的组合关系。股权结构是公司治理结构的基础，公司治理结构是股权结构的表现形式。不同的股权结构决定了不同的公司组织结构，从而决定了不同的公司治理结构。股权结构实质上是公司的权利配置结构和利益分配结构，在分析和评价控制权时具有重大意义。

1. 集中的股权结构和分散的股权结构。从股权的集中度角度看，股权结构有五种类型：一是股权绝对集中。主要表现为一人有限责任公司，公司100%的股权掌握在一人股东手中。二是股权高度集中。绝对控股股东一般拥有公司股份的67%以上，对公司拥有绝对控制权，股东人数少。三是股权相对集中。公司有持股50%以上的股东，对公司拥有相对控股权，股东人数相对较少。四是股权相对分散。公司股东所持股份比例在10% -50%，股东人数较多。五是股权高度分散。公司没有大股东，单个股东所持股份的比例在10%以下，甚至持股3% -5%都是公司大股东。从第一种类型到第五种类型，公司所有权与经营权由不分离，到部分分离，再到基本完全分离。实践中我们经常关注一个公司前五大股东持股比例，或者前十大股东持股比例，目的是考察公司的股权结构。

2. 不同法律属性股权组合。我们可以结合中国实际情况，从不同的角度说明这个问题。法人股、机构投资者与自然人股。法人股是指企业、事业单位和社会团体法人向公司投资，成为公司的股东。机构投资者，一般指向公司投资的基金、投资公司、投资银行、保险公司、银行信托机构等法人机构。在我国根据股东性质不同，还可以分为为国有股、法人股、公众股、外资股。国有股包括国家股和国有法人股。国家股，是指有权代表国家投资的政府部门或机构向股份有限公司出资形成或依法定程序取得的股份。国有法人股，是指全民所有制企业（不含经授权代表国家投资的企业性质的机构）出资或依法取得的股份。法人股是国有法人股和社会法人股的总称。外资股，是指股份公司向外国和我国香港特区、澳门特区、台湾地区投资者发行的股票，包括境内上市外资股和境外上市外资股。按股权的流通性分为流通股和非流通股。流通股，是指可以在二级市场自由流通、转让的股权。在我国，主要包括境内已上市人民币普通股（A 股）、境内上市外资股（B 股）和境外上市外资股（H 股、N 股等）。非流通股，是指不能在二级市场上自由流通、转让的股权。

二、双层股权结构

对于母子公司来说，股权结构包括金字塔持股结构、交叉持股结构和多重控制持股结构。但这些股权结构并不是用来反应一个公司的内部股东权利关系。对于一个公司来说，双层股权结构成为近几年来一直谈论的重点。

双层股权结构，又称 AB 股结构、不同投票权架构、双级股票、双层融资股份、表决权差异制度，这种制度有两种模式。第一种模式是，在一个公司中把普通股权分为 A 类股和 B 类股，A 类股的表决权是一股一票，将 B 类股有表决权设定为 A 类股表决权一定的倍数。B 类股属于多数表决权股份。多数表决权，又称复式投票权、超级投票权，是指公司通过双层股权结构，赋予一个或者几个股东的表决权多于其股权比例或者持股比例。第二种模式是，在一个公司中把普通股权分为 A 类股和 B 类股，B 类股的表决权是一股一票，A 类股无表决权。我们常见的是第一种模式，第二种模式早于第一种模式出现，在 1940 年的时候因为“被证明缺乏意义”在美国被禁止，随着敌意收购的兴起，在 20 世纪 60 年代开始又兴起。

“一股一票”是各国公司法默认规则，但允许公司自行设定例外规则。公司章程为股东配置多数表决权，打破了“一股一票”“同股同权”原则，但仍然坚持“资本多数决”原则。多数表决权股票赋予某一个或者某几个股东的表决权多于其持有的股份数或者股权比例。该制度的目的是维持某一个或者某几个股东在某些事项上的控制力。一些家族企业多会采用这种制度，西

方国家的国有企业在私有化过程中的“黄金股”，就是一种多数表决权股股票。（见表3）

表3 京东公司IPO之前刘强东股权及表决权对比

股东	股票类别	股票数量（股）	股权比例（%）	投股数量（票）	投票权占（%）
刘强东	B类	476415289	23.67	9528305780	86.12
其他股东	A类	1536267394	76.33	1536267394	13.88

刘强东要求其持有的B股1股投票权相当于其他人持有的A股20股的投票权，目的是掌握京东公司的控制权，只要其股权不被稀释至低于4.8%，刘强东能够控制投票权就会超过50%，确保公司控制权不旁落。

在英国几乎不存在双层股权结构，但在美国并不少见。[1] 美国上市公司创始人持有的股票，在A/B股双层结构设计时，B股投票权多于A股投票权，通常为1股B股投票权相当于10股A股投投票。各国法律对此作了不同的规定，比如波兰规定不能超过5倍，匈牙利限制在10倍以内。我国在法律制度上承认双层股权结构有一个漫长的过程。《公司法》第42条规定，股东会会议由股东按照出资比例行使表决权；但是，公司章程另有规定的除外。法律赋予公司章程可以对股东表决权与出资比例作出不一致的规定，但这种做法原来只在公司内部实行，并不被证券市场接受。中国大陆和香港证券市场不支持双层股权结构，当阿里巴巴谋求香港上市时未被批准，不得已转向在美国上市。纽约证券交易所和纳斯达克市场均允许上市公司采用这样的股权结构。现在政策已经发生了重大变化。2018年，港交所发布IPO新规，在港交所官网披露的《新兴及创新产业公司上市制度》咨询总结中表示，港交所允许双重股权结构公司上市，IPO新规允许尚未盈利的生物科技公司赴港上市。新上市规则将于2018年4月生效，正式接纳相关上市申请。2018年9月，国务院《关于推动创新创业高质量发展打造“双创”升级版的意见》（国发〔2018〕32号）规定，（二十六）拓宽创新创业直接融资渠道。支持发展潜力好但尚未盈利的创新型企业上市或在新三板、区域性股权市场挂牌。推动科技型中小企业和创业投资企业发债融资，稳步扩大创新创业债试点规

---

〔1〕 参见［加］兰德尔·K.莫克主编：《公司治理的历史：从家庭企业集团到职业经理人》，许俊哲译，格致出版社、上海人民出版社2011年版，第539页。

模,支持符合条件的企业发行"双创"专项债务融资工具。规范发展互联网股权融资,拓宽小微企业和创新创业者的融资渠道。推动完善公司法等法律法规和资本市场相关规则,允许科技企业实行"同股不同权"治理结构。2019年3月中国证监会发布了《科创板上市公司持续监管办法(试行)》,第7条规定了表决权差异制度,要求科创公司应当在公司章程明确规定特别表决权股份的持有人资格、特别表决权股份拥有的表决权数量与普通股份拥有的表决权数量的比例安排、持有人所持特别表决权股份能够参与表决的股东大会事项范围、特别表决权股份锁定安排及转让限制、特别表决权股份与普通股份的转换情形等事项。

2019年3月上海证券交易所发布的《科创板股票上市规则》第五节"表决权差异安排"中规定,发行人首次公开发行并上市前设置表决权差异安排的,应当经出席股东大会的股东所持三分之二以上的表决权通过。发行人在首次公开发行并上市前不具有表决权差异安排的,不得在首次公开发行并上市后以任何方式设置此类安排。上市公司章程应当规定每份特别表决权股份的表决权数量。每份特别表决权股份的表决权数量应当相同,且不得超过每份普通股份的表决权数量的10倍。

中国证监会在《科创板上市公司持续监管办法(试行)》规定的表决权差异制度,即"同股不同权"制度,就是人们常说的双层股权结构、不同投票权架构。上述规定表明在内部治理结构设计上实行"同股不同权"、双层股权治理结构已经被"法律"认可,这一制度将会广泛流行。

三、不同表决权股份

股权、股份、股票是一个三位一体的概念,密不可分。股权,即股东权,是对公司享有所有权份额的凭证。股权的内容包括收益权和投票权。收益权属于经济性权利,包括分红、资本利得和剩余财产分配权。投票权,也称表决权,属于公司"政治性"权利,是指股东参与公司决策权的权利。股东投票权通过是共同行使,股东会或者股东大会是股东共同行使决策权或者否决权的权力机构,当公司对重大事项需要决策时,股东通过股东会或者股东大会进行投票表决。一个公司依法律规定、公司章程规定或者协议约定,对股份的表决权作出特别安排,从而形成不同的表决权股份。

1. 一般表决权股份。即普通股,也称标准股票(份),是指在公司章程中没有作出任何特别规定的情形下,其内容被公司法自动规定的股票。

在公司章程中没有作出任何特别规定的股份均为普通股，其代表的权利适用《公司法》的规定。在公司发行其他各类的股票时，公司章程只对其他各类的股份作出说明即可，无须对普通股作出规定。

普通股适用一股一票的表决权原则，多数表决权股份、限制表决权股份、无表决权股份的划分，优先股、劣后股的划分都是以普通股为标准的，因此普通股又被称为标准股票(份)。比如，表决权一股多于一票的，为多数表决权股份。表决权一股少于一票表决权的股份，为限制表决权股份。一股表决权少至零表决权时，为无表决权股份。

2. 多数表决权股份。又称复式投票股份、超级投票权股份，是指可进行重复投标的股份。公司通过双层股权结构，为一个或者几个股东赋予多数表决权股份，这些股份通常只代表总资本中的很小一部分，却占据了在股东大会中能起到主导作用的所必需的投票权。这意味着以很少的资本、很少的股份能够带来很大的投票权。发行多数表决权股份的目的是为了在公司融资时能够得到资金，满足公司资金需求，在控股股东的股权比例被稀释，但表决权比例不被降低，继续保持对公司的控制权。在第一世界大战中及战后，这种工具被广泛运用。在德国，多数表决权股份经历了允许使用(1934 年)、禁止使用(1937 年)、允许使用(1965 年)和禁止发行多重投票权股份(1998 年)的发展过程。〔2〕 1934 年 40% 的德国公司中有重复投票股份，每股股份具有的投票权是正常情况下的 20 - 250 倍。这表明其他股东以及未来的潜在股东在事实上失去了所有的权利。美国上市公司创始股东持有的股票，在 A/B 股双层结构设计时，B 股投票权多于 A 股投票权，通常为 1 股 B 股投票权相当于 10 股 A 股投票权。波兰规定不能超过 5 倍，匈牙利限制在 10 倍以内。

有的学者将多数表决权股份称为"控制权杠杆"。公司章程为股东配置多数表决权打破了"一股一票""同股同权"原则，但仍坚持"资本多数决"原则。这是股东掌握公司控制权的一种有效方法。

3. 限制表决权股份。双层股权结构、多数表决权股份(多数表决权股份是双层股权结构中的核心因素之一)都是维护大股东对公司控制权的方法。一票否决权、限制性表决权股份都是赋予非大股东的权利，意在制约大股东

---

〔2〕 参见[加]兰德尔·K. 莫克主编:《公司治理的历史:从家庭企业集团到职业经理人》，许俊哲译，格致出版社、上海人民出版社 2011 年版，第 185 - 186 页。

的权利。我们不要为这种技术感到兴奋,因为使用这种权利的人和付出奇葩种权利的人的公司大都处在集权环境当中,资本市场和经理人市场不发达,法律对投资人的保护并不好,需要改进的地方还很多。

限制性表决权股份,又称表决权限制制度,包括最大投票权限制和表决权数量逐级减少。最大投票权限制是"对一位股东可能持有的投票权的最大数量进行限制。这种限制可以通过两种方法实现,一是直接限制一位重要的股东只能持有少于股份数量的投票权,二是间接禁止购买超过一定数量的股份"。〔3〕 通常,股东采取股份代持的方式来规避最大投票权限制。表决权数量逐级减少,是指在股东持股超过一定的比例时,对于超过比例部分股份的表决权弱于一般股份,即该部分不再是一股一票,而是一股以上才享有一个表决权。一些国家规定,对持股超过一定数额的股东可依据公司章程规定限制其表决权。比如 1849 年弗吉尼亚州对所有公司表决权规定,股东持有 1 - 20 股,1 股 1 票;21 - 200 股,2 股 1 票;201 - 500 股,5 股 1 票;500 股以上,10 股 1 票。比利时和卢森堡法律规定,股东持股超过公司股份 40% 的,在股东大会上其超过的股份丧失表决权。意大利 1982 年《意大利商法典》第 157 条规定,股东在 100 股内的,每 5 股一个表决权;超过该限度的部分,每 20 股一个表决权。我国台湾地区"公司法"规定,持有公司已经发行股份总数 30% 以上的股东,应以章程限制其表决权。公司章程可以笼统地规定限制大股东表决权,也可以选择一些可能发生大股东损害小股东利益的事项限制大股东表决权。

股东享有的表决权数量,本应以其所持有的股份数为准,多数表决权股票是股东投票权多于其持有的股份数量。与此相反,限制性表决权股票股东享有的表决权少于其所持有的股份数量。该制度的目的是防止大股东、控制股东滥用资本多数决原则,凭借股份比例优势,将个人意志通过股东会或者股东大会决议程序变成公司意志,损害小股东利益。因此,一些国家和地区对大股东的表决权加以限制,表决权限制制度在国际上被很多国家承认。

对股东表决权进行限制,属于公司自治范围内的事项,《公司法》第 42 条的"但书"规定表明允许股东在公司章程对大股东的表决权进行限制,在法

---

〔3〕 参见[加]兰德尔·K. 莫克主编:《公司治理的历史:从家庭企业集团到职业经理人》,许俊哲译,格致出版社、上海人民出版社 2011 年版,第 18 - 187 页。

律上是有效的。

4. 无表决权股份。无表决权股份，是指根据法律或者公司章程的规定，对公司股东会或者股东大会决议事项不享有表决权的股份。无表决权股份可以分为法定的无表决权股份、发行的无表决权股份。法定的无表决权股份，是指法律明确规定，持有公司股份的在股东会或者股东大会上没有表决权。比如《公司法》第103条规定，持有本公司股份的公司出席股东大会会议上没有表决权。发行的无表决权股份，又称“无权股票”，是指公司在特殊情况下依法发行的无表决权股份。这类股票多限于优先股股票，特别是累积优先股股票，其实质是以收益分配和剩余资产清偿的优先权作为放弃表决权的补偿。优先股是为出于困境中的公司融资产生的，这些股票赋予其持有者享有一些优先的权利，包括股息优先，先于普通股得到股息；公司清算时先于普通股，但后于债权人得到公司的剩余财产；可得到累积股息；可同持股者决定置换为其他类别的股票；可回购优先股，由公司以预定的价格回购。优先股在“权”“钱”置换上实现平衡，这类股票成为投资者购买业绩欠佳公司股票的一个动力。通常，优先股股东不享有表决权，或者不享有充分的投票权，在公司引入大量资本的同时不会削弱对公司的控制。优先股股东可以享有除投票权以外一切与股份有关的其他所有权利，在得不到优先红利或者公司推迟一定的期限（如一年）支付优先股时，优先股股东无表决权股票便恢复取得表决权。〔4〕 一般无表决权股票被限制在股份发行总数的20%以下，1937年的时候德国将优先股比例控制下50%以下。

在公司法理论上表决权是股东的核心权利之一，是股东地位平等的体现，因此有些国家的公司法明确规定不允许或有条件地允许存在无表决权股股票。

一般地，公司发行的无表决权股份持有人，并不关心公司控制权，也不实际参与公司治理和运营。无表决权持有者虽然没有表决权，但仍有参加股东大会的权利。

四、股东表决权排除制度

股东表决权排除，又称股东表决回避，为避免股东滥用表决权和资本多

〔4〕 参见［加］兰德尔·K. 莫克主编：《公司治理的历史：从家庭企业集团到职业经理人》，许俊哲译，格致出版社、上海人民出版社2011年版，第186页。

数决原则而损害公司利益或者小股东利益，要求表决事项与股东有特别利害关系时，该股东在股东会或者股东大会决议时不能参与表决。

股东表决排除制度是股东平等原则的例外，在一些特别事项决议时突破了股东同股同权、一股一表决权的平等制度。该制度适用于任何股东，也可由任何股东主张。但在实际中往往只针对大股东，并在解决小股东与大股东的冲突时发挥显著的作用。

股东表决权排除的原因通常是股东与决议事项之间存在特别的利害关系。对于特别利害关系，存在三种学说：第一，法律上的利害关系说。该学说认为应当以决议产生了股东权利义务的得失等法律上的特别利害关系时，实行表决权排除。第二，特定股东利害关系说。该学说认为那些与特定股东的利害相关，而不是全体股东相关的事项进行决议时表决权排除。第三，个人法行为说。该学说认为应当将股东会或者股东大会决议事项按性质划分为个人法上的行为和团体法上的行为，如果股东会或者股东大会决议事项与股东在公司中的地位无关，仅从特定股东个人与该股东会或者股东大会决议事项上存在特别的利害关系时，股东的行为就是个人行为，可以排除表决权。如果股东会或者股东大会决议事项仅仅因为股东在公司中的地位才与股东发生牵连，除此之外股东与决议事项之间没有其他利害关系，股东的行为就是团体行为，此时不能排除股东表决权。上述三种学说中个人法行为说最利于操作，也是目前的通说。〔5〕按照个人法行为说，股东就某一行为所获得的利益或者不利益与其股东资格有必然的联系，如股利分配议案、增加或者减少注册资本议案、修改公司章程议案等都应当视为团体行为，不能排除股东表决权。股东就某一行为所获得的利益或者不利益并不必然与其股东资格相联系，如批准某股东与公司交易的议案、免除某股东责任的议案等，应当排除股东表决权。

股东表决权排除制度解决了股东与公司之间、股东与股东之间利益冲突问题。一般在下列四种情形下该制度得到适用：第一，免除股东责任或者义务。股东的行为对公司利益造成损害应当承担赔偿责任，如果想要免除股东的赔偿责任，一般需要经股东会决议。为保证决议的公正性，在决议时当事股东没有表决权。第二，股东与公司进行交易。交易是一个宽泛概念，包括

〔5〕 杜万华主编：《公司案件审判指导》，法律出版社2018年版，第330－331页。

买卖、担保、赠与等。对这些交易在股东会决议时，利害关系股东没有表决权。第三，对股东主张权利。第四，免除股东在公司的董事、监事职务或者减少其职务报酬。在股东会决议时，当事股东的表决权被排除。[6]

表决权排除制度对于公司的保护包括公司意思层面和利益层面，虽然其直接动意是保护小股东，但却在过程中避免了公司意思表示的瑕疵，从而保护公司的利益不受损害。有损于公司利益行为都会威胁到公司债权人利益，制止或者防止损害公司利益行为都是对债权人利益的保护。

根据《公司法》、公司法司法解释和司法判例，在下列情形下适用股东表决权排除制度：

1. 对关联交易进行决议时，关联关系股东表决权排除。股东与公司之间进行交易，常指关联交易。公司法将关联关系定义为公司控股股东、实际控制人、董事、监事、高级管理人员与其直接或者间接控制的企业之间的关系，以及可能导致公司利益转移的其他关系。关联交易就是在上述密切关系的基础上而进行的控制股东与公司之间所进行的购买、销售、租赁、代理等交易行为。在股东会或者股东大会决议时，利害关系股东表决权排除。根据《公司法》第16条的规定，公司向其他企业投资或者为他人提供担保，依照公司章程的规定，由董事会或者股东会、股东大会决议；公司为公司股东或者实际控制人提供担保的，必须经股东会或者股东大会决议。前款规定的股东或者受前款规定的实际控制人支配的股东，不得参加前款规定事项的表决。

2. 对未履行出资义务或者抽逃出资的股东被除名进行表决时，该股东表决权排除。上海市第二中级人民法院，在宋余祥诉上海万禹国际贸易有限公司等公司决议效力确认纠纷案件中，依照《公司法司法解释（三）》第17条规定，认定认为豪旭公司抽逃9900万元的全部出资款属实，经催告豪旭公司在合理的期限内没有返还抽逃出资，股东会决议解除豪旭公司股东资格。在股东会审议该事项时豪旭公司应当回避，不具有表决权。

3. 对未履行或全面履行出资义务的股东被限制股东权利时，该股东表决权排除。《公司法司法解释（三）》第17条规定，股东未履行或者未全面履行出资义务，公司根据公司章程或者股东会决议对其利润分配请求权、新股优先认购权、剩余财产分配请求权等股东权利作出相应的合理限制，股东会对

---

〔6〕 杜万华主编：《公司案件审判指导》，法律出版社2018年版，第330－331页。

此事项进行决议时，该股东表决权被排除。未履行出资义务系违反股东基本义务，“没有出资就没有权利”是规范股东与公司关系所遵循的公司法基本游戏规则（名义股东也以背后有实际出资人为基础）。股东未履行或全面履行出资义务，公司以股东会决议的方式对其股东权利进行限制时，适用表决权排除制度。

4. 对免除股东责任或者义务进行决议时，该股东表决权排除。股东会或者股东大会对股东的行为给公司造成损失追究责任进行决议时，应当对于有待被追究或免除责任的股东表决权予以排除。注意此时对股东追究与免除的责任，该责任是特定股东对公司的责任，而不是该股东对其他股东应负的责任。

5. 对董事、监事、经理和其他高级管理人员薪酬决议时，具有股东身份的董事、监事、经理和其他高级管理人员表决权排除。在决定董事、监事报酬时，作为董事或监事的股东应被视为特别利害关系人而排除他的表决权。

6. 对股东损害公司利益是否提起诉讼进行决议时，该股东表决权排除。股东会或者股东大会对股东损害公司利益是否进行诉讼进行决议时，对拟诉讼的股东表决权免除。

五、一票否决权

一票否决权，是指投资人对公司某些与自身利益相关的表决事项上拥有的，只有自己一票反对，审议事项即无法审议通过的权利。该项权利是改变股东会资本多数决原则和董事会人的多数决原则的一项制度安排，本意是对享有该项权利人的个体利益进行保护。根据不同的标准，可以对一票否决权作不同的划分。

以权利来源为标准，一票否决权分为法定一票否决权和约定一票否决权。法定一票否决权，是指占公司股权 34% 的股东享有在股东会或者股东大会上对特别决议事项投反对票，从而否决该事项审议通过的权利。约定一票否决权，是指股东通过投资协议书、公司章程赋予某一个投资人、股东、董事对公司重大决议事项享有否决的权利。法定一票否决权，顾名思义是基于法律的规定，其范围仅为法定事项。根据《公司法》第 43 条的规定，股东会会议作出修改公司章程、增加或者减少注册资本的决议，以及公司合并、分立、解散或者变更公司形式的决议，须经代表三分之二以上表决权的股东通过。对于这四个特别决议事项，持股 34% 的股东投反对票即可以使其无法达到三分之二以上,无法审议通过。而约定一票否决权,顾名思义为股东之间的约定,一般表述为对重大事项、特别事项的否决权,其范围远大于法定一票否决权,而且经常与持股比例无关(这是与法定一票否决权的最大区别),目的在于掌握公司决策方向。在实践中,一票否决权通常是指约定一票否决权。

以权利主体为标准,分为股东一票否决权、投资人一票否决权和董事一票否决权。这种划分标准更多地是针对约定一票否决权而言的。股东一票否决权,是指公司章程规定,当公司股东会或者股东大会对公司一些重要事项进行审议时,无论该股东持有多少股份,只要该股东不同意,则股东会或者股东大会决议便无法通过。董事一票否决权,一般是指在公司章程中约定,某一个董事对董事会决议的事项享有一票否决权,其本质是强调董事会决议必须经过某一个董事的同意,方可有效通过。董事一票否决权经常赋予给投资人委派的董事,对于董事会传统的一人一票表决机制产生了极大的冲击,使得拥有较少股权比例的投资人在公司重大事项的表决方面拥有了"黄金一票",从而掌握公司决策的"主动权"。投资人的一票否决权,是在投资人投资的时候取得的权利,可以表现为董事一票否决权,也可以表现为股东一票否决权。

以享有一票否决权的主体数量划分,可以分为单一一票否决权和多元一票否决权。单一一票否决权,是指公司章程只赋予一个股东或者一个董事一票否决权。多元一票否决权,是指公司章程赋予多个股东或者多个董事一票否决权。实践中,公司觉的是单一一票否决权,但多元一票否决权也经常存在。

有人认为公司章程为一些股东配置一票否决权,因此该股东对公司拥有控制权。这种理解存在偏差。决定权和否决权是两种不同方向和性质的权利。决定权能够保证决议事项的审议通过,其涉及的内容可能是公司的全部事项。而否决权是使公司决议事项不能通过的权利,该项权利是特定主体针对特定事项的权利,其范围有限。决定权一般需要遵守资本多数决原则,而否决权只需要存在约定,是对抗资本多数决原则的方法之一。享有决定权的主体往往是大股东,享有一票否决权的主体常常是小股东。所以,"一票否决权"是对大股东控制权的制约,其本身不属于控制权范畴,如果只拥有"一票否决权",则无法实现对公司的控制。如果拥有一票否决权的人有控制公司的企图,实践中只能坏事,不能成事。当然,如果在一个公司中股权比较分散，一个股东持有34%的股权，其他股东的股权比例都显著低于这个比例，持有34%的股东被视为对公司享有相对控制权。

在一个公司中，一票否决权的数量不宜多。对于法定一票否决权，因为受到股权结构的限制，公司可以根据股东结构，数量介于0－2。对于约定一票否决权，因为不受股权比例的限制，可以给予很多人。笔者认为，一票否决权重点在于"一"，是一个人的一票，不宜多人同时拥有一票否决权，否则公司决策可能无法通过，降低决策效率。

投资人向目标公司投资，很多时候是在"乘人之危"情形下完成的，从股权结构上投资人是小股东，因为享有"一票否决权"，在表决权上就有了与大股东博弈的底气。如果公司章程在重大事项上赋予投资人"一票否决权"，对于投资人来说可以建立与大股东平起平坐的信心，打破了大股东对公司绝对控制，成为一种有效的制衡力量。

"一票否决权"存在被滥用的可能，如果"一票否决权"被滥用，可能带来一定的风险，容易引发公司僵局，更有甚者会用来"敲竹杠"，成为要挟、交易的筹码和谋取私利的工具。防范风险的关键是对"一票否决权"的目的、授予的程序、适用事项、适用时间、程序及滥用"一票否决权"赔偿责任等作出明确规定。实践中，一票否决权仅常见于有限责任公司和非上市股份有限公司。有限责任公司可以依据《公司法》第42条、第48条的规定，通过公司章程对赋予股东或者董事一票否决权。

"一票否决权"，通常是投资人为控制公司决策方向，防止自己投资目的不能实现的而设定的，是公司大股东与投资人之间的针对公司决策权的一种交易，是公司取得投资人投资的一个交易条件。但是，这种权利不能仅体现在投资协议当中，应在公司章程中明确记载，并进行登记公示，否则不能对抗善意第三人。上海市第二中级人民法院在奇虎三六零软件（北京）有限公司与蒋某文、上海老友计网络科技有限公司、胡某请求变更公司登记纠纷案(2014)沪二中民四（商）终字第330号指出：2011年6月，奇虎三六零公司作为投资方与老友计公司、胡某及李某庆签订《投资协议书》。为保障投资方利益，各方约定奇虎三六零公司对于老友计公司包括任何股权的出售与转让等经营重大事项上享有"一票否决权"，该协议书经老友计公司全体股东同意，依法以书面形式制定，用以规范公司组织及股东行为，系协议各方的真实意思表示，体现的是公司意思自治的法治精神，应该得到维护和尊重，但协议不能违反《公司法》的强制性规定。在工商行政管理部门备案且形成时间在后的《章程》第24条未提及奇虎三六零公司享有“一票否决权”。据此，可以认定《章程》并未确认《投资协议书》中关于奇虎三六零公司对于股东股权转让享有“一票否决权”的约定。老友计公司股东之间关于“一票否决权”的约定属于内部约定，不能对抗善意第三人。

六、股东出资比例与持股比例不一致的法律效力

通常，股东出资比例与持股比例是一致的。如果股东之间约定，有限责任公司股东出资比例与持股比例不一致，这在法律上有效吗？原则上无效，但在符合严格的条件要求时有效。《公司法》第34条规定，股东按照实缴的出资比例分取红利；公司新增资本时，股东有权优先按照实缴的出资比例认缴出资。但是，全体股东约定不按照出资比例分取红利或者不按照出资比例优先认缴出资的除外。《公司法》第34条给出的有效条件是“全体股东一致同意”。最高人民法院在深圳启迪公司与郑州国华公司股权确认纠纷案(2011)民提字第6号判决认为：在注册资本符合法定要求的情况下，我国法律并未禁止股东内部对各自的实际出资数额和占有股权比例做出约定，这样的约定并不影响公司资本对公司债权担保等对外基本功能实现，并非规避法律的行为，应属于公司股东意思自治的范畴。深圳启迪公司、郑州国华公司、开封豫信公司约定对珠海科美教育投资公司的全部注册资本由郑州国华公司投入，而各股东分别占有珠海科美教育投资公司约定份额的股权，对公司盈利分配也做出特别约定。这是各方对各自掌握的经营资源、投入成本及预期收入进行综合判断的结果，是各方当事人的真实意思表示，并未损害他人的利益，不违反法律和行政法规的规定，属有效约定。“尽管有限责任公司的股东出资比例和持股比例是否一致属于股东意思自治范畴。但是，为了防止出现大股东或者多数股东欺压小股东或者少数股东的情况”，生效条件应当作严格限制，“有限责任公司出资比例与持股比例不一致的约定需经全体股东一致同意方可生效”。[7]

---

[7] 杜万华主编：《公司案件审判指导》，法律出版社2018年版，第247－261页。

第八章　股东会或者股东大会

股东会或者股东大会是我国《公司法》对有限责任公司和股份有限公司作出的具有或者仅具有标识性意义的称谓，但二者并没有本质上的区别。由于对公司是法律主体还是法律客体，是股东财产的延伸还是合同的连接认识上的不同，对于股东会与董事会权利分配就不同。《公司法》仍然坚持股东会中心主义，我们紧紧围绕股东会讨论问题当然是非常必要的。

一、股东会中心主义与董事会中心主义

公司股东以集体的方式行使股东权利的方式被称为股东会。为了体现有限责任公司和股份有限公司的不同，《公司法》对有限责任公司使用股东会，对股份有限公司使用股东大会，二者在本质上并不存在什么区别。

股东会中心主义和董事会中心主义是我国学者归纳创造的词汇，郭富清将其称为"绝对股东主权"和"相对股东主权"。所谓股东会中心主义，是指公司的一切事务，除股东之固有权，只要不违背公司的强行性规定，不违背公序良俗，不超越股份有限公司的资本范围，股东会都有权作出决议。具体来说，公司董事会由股东会选举产生，公司增资、减少注册资本和章程修改须由股东会批准，公司经营的重大事项由股东会决定。在法律结构上，公司股东会和董事会之间是上下级关系，董事会没有独立于股东会的法定权力，董事会执行公司业务须遵从公司章程的授权和股东会的决议。这种股东会至高无上、董事会完全依附于股东会的公司权力配置格局被称为股东会中心主义。[1] 所谓董事会中心主义，是指所有公司战略应当由董事会或者在其权威下行使，所有的业务和事项应当在董事会指导下进行管理，除非法律或者公司章程中有其他例外的规定。也就是说，董事会作为执行和经营的意思决定机关，享有独立的经营决策权，只要公司章程把特定的权力授予了董事会，董事会的权力不受股东会限制，股东会不得干预董事会的权力行使，无权否

---

〔1〕 赵旭东主编:《公司法学》(第四版)，高等教育出版社2015年版，第290－291页。

决董事会依职权作出的决议。

股东会中心主义与董事会中心主义,在表象上是公司治理模式不同的表现,在本质上是股东权利在股东会和董事会之间的分配关系,反映了公司核心权利的转移趋势。吴炯认为,“在股东大会、董事会、经理之间配置剩余控制权时,仍有一部分权利无法配置,甚至事前根本没有想到的。那么,这些事情发生后由谁处置呢?如果由股东大会处置,这样的制度就是‘股东大会中心主义’。但目前主要国家采用‘董事会中心主义’,即董事会掌握这些剩余权力。比如《美国标准公司法》规定,‘除本法令或者公司章程另有规定外,公司的一切权利都应由董事会行使或由董事会授权行使’”。[2]

美国、德国、法国、日本等世界上主要法律体系国家基本上采用了董事会中心主义,董事会在公司中享有最广泛的权力。我国《公司法》对股东的权利、股东会或者股东大会的权利、董事会的权利、监事会的权利、经理的权利都作明确的规定,但是没有对这些权利之外的权利归属作出规定,说明《公司法》对公司权利的规定是不完整的。在本质上,我国《公司法》实行的是股东会中心主义。这可能是导致公司效率低下的重要原因。

二、股东会或者股东大会的职权

在公司治理中由股东会中心主义与董事会中心主义转移,其中一个重要方面是股东会的权利向董事会转移。这使得本来就不十分明确的股东会权利与董事会权利界限变得更加交错模糊。假定一国或者一个公司实行董事会中心主义,那么股东会的哪些权利可以转移给董事会,哪些权利不能移交董事会行使呢?综观国内外一些学者的观点和司法判决的结论,相对一致的意见认为,对于股东会的基本权利须由股东会行使,不得移交董事会行使,这些权利主要包括:(1)选举董事。(2)变更公司名称、营业期限或者经营目的。(3)增加或者减少股票或者股票的票面价格。(4)改变股票的种类或者数量。(5)改变股票的标记、相对权利、优先权益或者对任何类别股票的限制,包括修改股票权利或者是得到未宣布的股息的权利。(6)设立新股(美国设立的新股并无必要立即发行,可以先由公司库存。中国新股要求立即对外发行,故称发行新股),其权益优先于或次于现有股票。(7)否定、批准或批准优先购股权。(8)减少固定资本。(9)赋予股东多数表决权。(10)限制

〔2〕 吴炯:《公司治理》,北京大学出版社2014年版,第245页。

或者排除股东表决权。(11)限制董事的权限。(12)回购股权。(13)股东除名。(14)分立或者兼并。(15)解散公司。[3]

在我国《公司法》语境下，需要将《公司法》第37条、第99条、第121条、第180条、第181条规定结合起来界定股东会或股东大会的职权。《公司法》第37条、第99条规定，有限责任公司股东会职权和股份有限公司股东大会行使下列职权：(1)决定公司的经营方针和投资计划；(2)选举和更换非由职工代表担任的董事、监事，决定有关董事、监事的报酬事项；(3)审议批准董事会的报告；(4)审议批准监事会或者监事的报告；(5)审议批准公司的年度财务预算方案、决算方案；(6)审议批准公司的利润分配方案和弥补亏损方案；(7)对公司增加或者减少注册资本作出决议；(8)对发行公司债券作出决议；(9)对公司合并、分立、解散、清算或者变更公司形式作出决议；(10)修改公司章程；(11)公司章程规定的其他职权。

对于"公司章程规定的其他职权"的范围，包括但不限于《公司法》第16条和第104条规定的：(1)公司向其他企业投资或者为他人提供担保，公司章程规定是由董事会决议，还是由股东会或者股东大会决议；(2)公司章程对投资或者担保的总额及单项投资或者担保的数额有限额的规定；(3)公司章程规定公司转让、受让重大资产须经股东大会作出决议。除此之外，公司章程可以规定将公司的一些重大事项，归入公司股东会或者股东大会的职权范围内。

三、股东会或者股东大会的表决方式

现在，世界各国的股东会或者股东大会表决方式大体采取有限责任公司按比例表决、股份公司一股一票、资本多数决和累积投票制度。我国《公司法》也规定了这几种表决方式：

1. 按比例表决制度。有限责任公司注册资本划分为比例，股东根据出资额占注册资本的比例享有相应比例的表决权，股东在股东会上按照出资比例行使表决权。我国《公司法》第42条规定，股东会会议由股东按照出资比例行使表决权。如果公司章程规定赋予某个或者某几个股东多数表决权，或者限制表决权，则按照公司章程规定执行。

2. 一股一票制度。股份有限公司的资本划分为等额股份，股东在股东大

---

〔3〕 参见朱伟一：《美国公司法判例解析》，中国法制出版社2000年版，第329－333页。

会上每一股份有一表决权。我国《公司法》第 103 条规定,股东出席股东大会会议,所持每一股份有一表决权。但是,公司持有的本公司股份没有表决权。

3. 资本多数决。对于公司治理运营过程中涉及的股东会或者股东大会审议范围内的事项,董事会提交股东会或者股东大会审议,股东在股东会或者股东大会上进行表决,其表决权效力范围以其出资比例或者所持股份数量为标准,当股东投资赞成的表决权达到或者超过二分之一或者三分之二以上多数时,股东会或者股东大会对审议事项审议通过。比如,《公司法》第 43 条规定,股东会会议作出修改公司章程、增加或者减少注册资本的决议,以及公司合并、分立、解散或者变更公司形式的决议,必须经代表三分之二以上表决权的股东通过。此规定贯彻了资本多数决原则。

4. 累积投票制。《公司法》第 105 条规定,累积投票制是指股东大会选举董事或者监事时,每一股份拥有与应选董事或者监事人数相同的表决权,股东拥有的表决权可以集中使用。股东大会选举董事、监事,可以依照公司章程的规定或者股东大会的决议,实行累积投票制。在实行累积投票时,股东的表决权票数是按照股东所持有的股票数与所选举的董事人数的乘积计算,而不是直接按照股东所持有的股票数计算,即股东的表决权票数等于股东所持有的股票数乘所选举的董事人数。例如,某公司要选 5 名董事,公司股份共 1000 股,股东共 10 人,其中 1 名大股东持有 510 股,即拥有公司 51% 股份;其他 9 名股东共计持有 490 股,合计拥有公司 49% 的股份。若按直接投票制度,每一股有一个表决权,则控股 51% 的大股东就能够使自己推选的 5 名董事全部当选,其他股东毫无话语权。但若采取累积投票制,表决权的总数就成为 $1000 \times 5 = 5000$ 票,控股股东总计拥有的票数为 2550 票,其他 9 名股东合计拥有 2450 票。根据累积投票制,股东可以集中投票给一个或者几个董事候选人,并按所得同意票数多少的排序确定当选董事,因此从理论上来说,其他股东至少可以使自己的 2 名董事当选,而控股比例超过半数的股东也最多只能选上 3 名自己的董事。按照股东愿意平等和董事平等原则,在一个公司中董事应当按照一个规则产生,或者采取直接投票制,或者采用累积投票制,但不能交叉使用两个规则选择董事组成董事会。当直接投票向累积投票转换,或者累积投票向直接投票转换时,所有在职董事任职期限同时到期,重新选举。

累积投票制是小股东与大股东对抗性制度,是对小股东有利的制度设计,但不利于或者象征着股东之间的分裂,不利于公司管理。控股股东可以采取以下方法回避累积投票制度:第一,减少董事的人数;第二,董事实行交错任期;第三,对股权进行分类,将选择董事的权利分配给持有不同种类股权的股东。《公司法》在股份有限公司中规定了累积投票制,但这种制度更适合有限责任公司,可以在有限责任公司中类推适用。

四、股东会或者股东大会决议的分类

根据决议的事项不同,《公司法》对股东会或者股东大会的表决方式作了不同的规定,同时在一定的范围内允许公司章程作出与公司法不同的决议标准。通常,股东会或者股东大会决议可以分为普通决议、特别决议和特殊决议。

1. 普通决议,是指法律和公司章程没有特别规定的,审议事项应由有表决权的股东所持表决权过半数的股东出席,由出席会议的股东所持表决权过半数赞成通过。有表决权的股东所持表决权过半数的股东出席为法定人数,在日本公司法中称为定足数。[4] 对于出席会议的股东人数,可以通过公司章程予以减少或者排除。从《公司法》第103条的规定看,法律不要求对出席股东会或者股东大会法定人数进行规定,只规定由出席会议股东所持表决权过半数通过,如果公司章程对出席股东会或者股东大会的人数作出具体规定是有效的。《公司法司法解释(四)》第5条规定,股东会或者股东大会、董事会决议存在下列情形之一,当事人主张决议不成立的,人民法院应当予以支持:(3)出席会议的人数或者股东所持表决权不符合公司法或者公司章程规定的。该规定认可了公司章程对出席股东会或者股东大会人数的规定。

2. 特别决议。对一些特定的事项进行决议,应由有表决权的股东所持表决权过半数的股东出席,由出席会议的股东所持表决权的三分之二以上赞成通过。[5]《公司法》第43条和第103条规定,股东会或者股东大会会议作出修改公司章程、增加或者减少注册资本的决议,以及公司合并、分立、解散或者变更公司形式的决议,对于有限责任公司必须经代表三分之二以上表决权的股东通过,对于股份有限公司必须经出席会议的股东所持表决权的三分之二以上通过。如果公司章程规定一些事项须经股东会或者股东大会四分之

---

〔4〕［日］神田秀树:《公司法的理念》,法律出版社2013年版,第73页。

〔5〕［日］神田秀树:《公司法的理念》,法律出版社2013年版,第74页。

三以上表决权通过，这也属于特别决议。公司章程还可以规定投赞成票的股东须达到一定的数量。

3. 特殊决议。对一些特殊事项，公司章程规定了比普通决议事项、特别决议事项更严格的通过条件，通常须经全体股东一致同意。[6] 比如，《公司法》第34条规定的股东不按照出资比例分取红利或者不按照出资比例优先认缴出资的，须经全体股东一致同意。

另外，免除董事损害公司利益的赔偿责任，须由全体股东一致同意。

五、有限责任公司股东会会议召集程序

有限责任公司股东会会议分为首次会议、定期会议和临时会议。《公司法》第38条、第39条、第40条、第41条、第42条、第43条规定了有限责任公司股东会定期会议和临时会议的召集程序，具体如下：(1)首次股东会会议由出资最多的股东召集和主持。(2)定期会议应当依照公司章程的规定时间按时召开。(3)有限责任公司设立董事会的，股东会会议由董事会召集，董事长主持；董事长不能履行职务或者不履行职务的，由副董事长主持；副董事长不能履行职务或者不履行职务的，由半数以上董事共同推举一名董事主持。有限责任公司不设董事会的，股东会会议由执行董事召集和主持；董事会或者执行董事不能履行或者不履行召集股东会会议职责的，由监事会或者不设监事会的公司的监事召集和主持；监事会或者监事不召集和主持的，代表十分之一以上表决权的股东可以自行召集和主持。(4)召开股东会会议，应当于会议召开15日前通知全体股东；但是，公司章程另有规定或者全体股东另有约定的除外。(5)在发布会议通知的时候，应当在通知中列举本次股东会会议审议的事项，并随通知送达审议事项的详细材料。通知中还应当对股东是否可以委托代理人出席股东大会会议，代理人的身份要求，向公司提交股东授权委托书的时间，以及代理人行使表决权的范围作出明确说明。(6)股东会会议由股东按照出资比例行使表决权；但是，公司章程另有规定的除外。(7)股东会的议事方式和表决程序，除本法有规定的外，由公司章程规定。股东会会议作出修改公司章程、增加或者减少注册资本的决议，以及公司合并、分立、解散或者变更公司形式的决议，必须经代表三分之二以上表决权的股东通过。(8)股东会应当对所议事项的决定作成会议记录，主持

---

〔6〕［日］神田秀树：《公司法的理念》，法律出版社2013年版，第74页。

人、出席会议的董事应当在会议记录上签名。

有限责任公司临时股东会会议召集程序，包括：(1)由代表十分之一以上表决权的股东、三分之一以上的董事、监事会或者不设监事会的公司的监事提议召开临时会议。(2)申请召集临时股东会会议的股东签署一份或者数份同样格式内容的书面请求，提请公司董事会召集临时股东会，以书面形式向董事会提出会议议题和内容完整的提案。(3)董事会在收到股东书面提案后同意召开股东会的，应当在公司章程规定的期限内发出召开股东会议的通知，并将同意召开股东会的决定反馈给提议股东。(4)通知中应当将股东提出的会议议题和内容原样附在通知后面。对原提案的变更应当征得提议股东的同意。通知发出后，董事会不得再提出新的提案；未征得提议股东的同意也不得再对股东会召开时间进行变更或者推迟。(5)董事会认为提议股东的提案违反法律、行政法规和公司章程规定的，应当作出不同意召开股东会的决定，并将反馈意见通知提议股东。(6)如果董事会或者执行董事在收到书面要求后在公司章程规定期限内没有发出召开股东会议通知，由监事会或者不设监事会的公司的监事召集和主持；监事会或者监事不召集和主持的，代表十分之一以上表决权的股东可以自行召集和主持。(7)提议股东可在收到董事会通知之日起在公司章程规定的期限内，或者在自行发出召集股东会会议通知后的合理期限内决定放弃临时股东会的提议。(8)股东自行召集临时股东会会议的，应当尽可能按照董事会召集股东会议的程序进行。(9)对于提议股东决定自行召开的临时股东会会议的，公司董事会或者执行董事应当平等对待股东提议召开的临时股东会会议，会议地点应当为公司所在地，并保证会议的正常秩序。临时股东会会议的合理费用由公司承担。(10)股东会会议由股东按照出资比例行使表决权；但是，公司章程另有规定的除外。(11)股东会的议事方式和表决程序，除本法有规定的外，由公司章程规定。股东会会议作出修改公司章程、增加或者减少注册资本的决议，以及公司合并、分立、解散或者变更公司形式的决议，必须经代表三分之二以上表决权的股东通过。(12)股东会应当对所议事项的决定作成会议记录，主持人、出席会议的董事应当在会议记录上签名。

六、股份有限公司股东大会会议召集程序

根据《公司法》第100条至第107条的规定，股份有限公司股东大会会议召集程序如下：

股东大会应当每年召开一次年会，有下列情形之一的，应当在 2 个月内召开临时股东大会：(1)董事人数不足本法规定人数或者公司章程所定人数的三分之二时；(2)公司未弥补的亏损达实收股本总额三分之一时；(3)单独或者合计持有公司 10% 以上股份的股东请求时；(4)董事会认为必要时；(5)监事会提议召开时；(6)公司章程规定的其他情形。

公司章程规定公司转让、受让重大资产或者对外提供担保等事项必须经股东大会作出决议的，董事会应当及时召集股东大会会议，由股东大会进行表决。

股东大会会议由董事会召集，董事长主持；董事长不能履行职务或者不履行职务的，由副董事长主持；副董事长不能履行职务或者不履行职务的，由半数以上董事共同推举 1 名董事主持。董事会不能履行或者不履行召集股东大会会议职责的，监事会应当及时召集和主持；监事会不召集和主持的，连续 90 日以上单独或者合计持有公司 10% 以上股份的股东可以自行召集和主持。

召开股东大会会议，应当将会议召开的时间、地点和审议的事项于会议召开 20 日前通知各股东；临时股东大会应当于会议召开 15 日前通知各股东；发行无记名股票的，应当于会议召开 30 日前公告会议召开的时间、地点和审议事项。通知中应当对股东是否可以委托代理人出席股东大会会议，代理人的身份要求，向公司提交股东授权委托书的时间，以及代理人行使表决权的范围作出明确说明。

单独或者合计持有公司 3% 以上股份的股东，可以在股东大会召开 10 日前提出临时提案并书面提交董事会；董事会应当在收到提案后 2 日内通知其他股东，并将该临时提案提交股东大会审议。临时提案的内容应当属于股东大会职权范围，并有明确议题和具体决议事项。

无记名股票持有人出席股东大会会议的，应当于会议召开 5 日前至股东大会闭会时将股票交存于公司。

股东出席股东大会，所持每一股份有一表决权。但是，公司持有的本公司股份没有表决权。股东大会作出决议，必须经出席会议的股东所持表决权过半数通过。但是，股东大会作出修改公司章程、增加或者减少注册资本的决议，以及公司合并、分立、解散或者变更公司形式的决议，必须经出席会议的股东所持表决权的三分之二以上通过。

股东会或者股东大会不得对会议通知、提案通知之外的事项进行审议和表决。

股东大会应当对所议事项的决定作成会议记录，主持人、出席会议的董事应当在会议记录上签名。会议记录应当与出席股东的签名册及代理出席的委托书一并保存。

七、公司股东会能否处罚股东

从实质意义上讲，股东会是指依照《公司法》、公司章程的规定而设立的，由全体股东组成的，决定公司重大问题的公司权力机构。所谓权力机构，即表示公司的一切重大问题，均由该机构作出决策。[7] 那么，股东会能不能对股东作出处罚决定呢？江苏省南京市鼓楼区人民法院在"南京安盛财务顾问有限公司诉祝某股东会决议罚款纠纷案"[8]中认为：公司章程规定股东会对股东的罚款权及相应措施系公司全体股东所预设的对违反公司章程股东的一种制裁措施，在不违反公司法禁止性规定的情况下，应当被认定为合法有效。但公司章程在赋予股东会对股东处以罚款职权时，应明确规定罚款的标准、幅度，股东会在没有明确标准、幅度的情况下处罚股东，属于法定依据不足，相应决议无效。法院认为：股东履行出资义务后，其与公司之间是平等的民事主体，相互之间具有独立的人格，不存在管理与被管理的关系，公司的股东会原则上无权对股东施以任何处罚。但是，在公司章程明确规定了股东会对股东的制裁措施，并依法通过后，公司的全体股东所预设的对违反公司章程股东的制裁措施，就符合公司的整体利益，体现了有限公司的人合性特征，不违反公司法的禁止性规定，被告祝某亦在章程上签字予以认可，故包括祝某在内的所有股东都应当遵守。据此，安盛公司的股东会享有对违反公司章程的股东处以罚款的职权。有限公司的公司章程在赋予股东会对股东处以罚款职权的同时，应明确规定罚款的标准和幅度，股东会在没有明确标准和幅度的情况下处罚股东，属法定依据不足，相应决议无效。法院驳回原告安盛公司要求被告祝某支付罚款的诉讼请求。[9]

八、股东会将法定职权授予董事会行使的法律效力

从总体上看，股东控制公司存在着两种方式：一是直接控制公司，即对公

---

〔7〕 宋燕妮、赵旭东：《中华人民共和国公司法释义》，法律出版社 2019 年版，第 80 页。

〔8〕 载《中华人民共和国最高人民法院公报》2012 年第 10 期。

〔9〕 参见杜万华主编：《公司案件审判指导》，法律出版社 2018 年版，第 698 - 703 页。

司普通决议事项和特殊决议事项行使表决权、修改公司章程、直接参与公司董事会选举管理层,甚至兼任公司董事和管理层成员。二是间接控制公司,主要通过选举董事、修改公司章程、批准公司的重大变动的方式对公司重大事项作出决策。在直接控制方式之下,主要表现为股东会中心主义,公司的权利都归股东行使,不分重大变化与否。在间接控制公司方式之下,主要发生在股权分散的公司当中,表现为董事会中心主义,选举董事、修改公司章程、公司重大变化的决定权属于股东,股东通过股东会表决的方式行使最终的权利,这些权利视为股东会的基本权利,不得授予董事行使。

我国《公司法》对股东会或者股东大会的职权、董事会的职权作了明确的规定,对于这种规定是属于法律的强制性规定,公司必须严格遵守,还是任意性规定,公司可以在股东会与董事会之间任意切换的认识,在理论上和实践中都存在分歧。一种意见认为,"就股东会和董事会的职权而言,应当属于公司治理方面的内容,公司法对这部分内容的规定,在有限责任公司的情形下,通常认定为任意性的。但是,对于股份有限公司,尤其是上市公司,其中的中小股东对于公司章程的制定和修改是没有发言权的。此时,公司章程对于股东会和董事会职权的修改常常会损害到公司中小股东的利益。因此,就不应当允许公司章程对股东会和董事会的职权进行修改。另一种意见认为,公司不同机构之间的职权划分是《公司法》的机构性规范,此种规定如可任意改变,将会彻底改变公司的基本管理模式,破坏整个公司法律制度的基本架构。同时,法定的组织机构和权限划分也是形成法人独立意志和实现公司人格独立的组织条件和保证。因此,此种规范应具有强制性,不得改变或者变通。如果董事会决议确实不当,可通过决议无效或者撤销的途径寻求解决,而不宜以股东会行使否决的形式解决……判断股东会和董事会的职权划分是否合理,不应停留在公司法语义模糊的表面措辞与公司章程的机械性数额规定上,而是应根据是否有利于公司实现利益的最大化以及保护中小股东和公司债权人等利益相关者的权益来综合考量。"〔10〕司法实践中,法院生效判决与上述意见存在不同,法院认为股东会特别决议事项是强制性的,普通决议事项是任意性的,对于特别决议事项的职权不得授权董事会行使,对于普通决议事项的职权可以授权董事会行使。贵州省高级人民法院(2015)黔

〔10〕　赵旭东主编:《公司法学》(第四版),高等教育出版社2015年版,第46-47页。

高民商终字第61号民事判决中得到明确体现,《安顺绿洲报业宾馆有限公司章程》(以下简称章程)第7条规定,公司设董事会,行使下列权利:(1)决定公司的经营方针和投资计划;(2)决定公司总经理、副总经理的报酬事项;(3)选择和更换由股东派出的监事;(4)审议批准总经理的报告;(5)审议批准监事会的报告;(6)审议批准公司年度财务预算方案、决算方案;(7)审议批准公司利润分配方案和弥补亏损方案;(8)对公司增加或者减少注册资本作出决议;(9)对股东向股东以外的人转让出资作出决议;(10)对公司合并、分立、变更、解散和清算等事项作出决议;(11)修改公司章程;(12)制定公司的基本管理制度。章程第32条规定,公司有下列情况之一,可以解散:(1)公司章程规定的营业期限届满;(2)董事会决议解散;(3)公司合并或者分立需要解散;(4)公司违反法律、行政法规被依法责令关闭;(5)因不可抗力事件致使公司无法继续经营;(6)宣告破产。2009年10月22日,安顺绿洲报业宾馆有限公司(以下简称报业宾馆)注册成立,股东为徐某霞和报业公司。徐某霞认为报业宾馆章程第7条、第32条第(2)项将公司法规定的股东会的权限授予给了董事会,这违反了公司法的强制性规定,侵犯了股东的合法权益。为此,徐某霞向法院提起诉讼,请求确认报业宾馆章程第7条、第32条第(2)项无效。安顺市中级人民法院一审认为,在经全体股东同意、不违反法律强制性规定、也不损害他人利益时,可将股东会的职权赋予董事会,故徐某霞主张公司章程将股东会的职权赋予董事会行使违反法律强制性规定的理由不成立。判决驳回原告徐某霞的诉讼请求。贵州省高级人民法院二审认为,《公司法》第37条、第46条分别以列举的形式规定了股东会和董事会的职权,董事会、股东会均有法定职权和章程规定职权两类。无论是法定职权还是章程规定职权,强调的都是权利,在没有法律明确禁止的情况下,权利可以行使、可以放弃,也可以委托他人行使。但是,《公司法》第43条第2款规定,股东会会议作出修改公司章程、增加或者减少注册资本的决议,以及公司合并、分立、解散或者变更公司形式的决议,必须经代表三分之二以上表决权的股东通过。从此条规定中的法律表述用语“必须”可以看出,修改公司章程、增加或者减少注册资本的决议,以及公司合并、分立、解散的决议有且只有公司股东会才有决定权。报业宾馆章程第7条第(8)、(10)、(11)项,第32条第(2)项将股东会的法定权利规定由董事会行使,违反了上述强制性法律规定,应属无效,判决撤销一审判决,并确认报业宾馆章程第7条第(8)、

(10)、(11)项、32条第(2)项无效。

北京市第一中级人民法院在“北京恒通冠辉投资有限公司与杜某春等公司决议效力确认纠纷上诉案”[(2016)京01民终6676号]中认为,恒通公司《公司章程》第8条规定,股东会决定对外投资计划。涉案股东会决议将该职权部分授予董事会,其实质是修改了《公司章程》第8条关于“股东会决定对外投资计划”的内容,在未取得恒通公司三分之二以上表决权的股东同意的情况下,该决议内容违反了《公司法》第43条关于“股东会会议作出修改公司章程的决议,必须经代表三分之二以上表决权的股东通过”的规定,一审法院认定该决议内容无效,具有事实及法律依据,本院对恒通公司的该项上诉意见,不予支持。也就是说,如果股东会将自己的职权授权董事会涉及修改公司章程的,或者股东会将章程规定的职权授权给董事会行使的,在实质上都是修改公司章程,须经三分之二以上表决权通过。

九、越权行使董事会法定职权的股东会决议无效

股东会是公司的权力机构,董事会由股东会选举的董事组成,并对股东会负责,那么股东会能不能行使董事会的法定职权呢?贵州省高级人民法院在沈某松、羊某新、江某兴与贵州熏酒有限公司、胡某云、胡某杰公司决议效力确认纠纷案二审民事判决书[(2015)黔高民商终字第1号]认为,股东会越权行使董事会法定职权的决议,因违反《公司法》第49条的规定无效。一审法院认为,股东会与董事会是公司内部两个独立的组织机构,其职权、召集程序集表决方式均不同,二者不能相互代替。《公司法》第13条规定,公司法定代表人依照公司章程的规定,由董事长、执行董事或者经理担任,并依法登记。公司法定代表人变更,应当办理变更登记。《公司法》第49条规定,有限责任公司可以设经理,由董事会决定聘任或者解聘。公司章程第8章第29条规定,董事会对股东会负责,行使下列职权:(九)决定聘任或者解聘公司经理及其报酬事项,并根据经理的提名决定聘任或者解聘公司副经理、财务负责人及其报酬事项。本案所涉股东会决议的内容是解聘胡某云的法定代表人兼总经理职务,三原告以临时股东会决议作出解聘胡某云的法定代表人兼总经理职务,不符合上述规定,超越了股东会的职权,故上述临时股东会决议不符合公司法和该公司章程的规定,应认为无效。一审判决驳回三原告的诉讼请求。三原告不服提出上诉。二审法院以相同的事实和理由,判决维持了一审判决。

第九章　董事会和董事

公司设立人在完成公司设立之后，将公司交给董事会集中管理和指挥，这被视为公司的特征之一。法律和现实往往是脱节的。公司法设定了股东会或者股东大会、董事会、董事长和法定代表人的权利衍生关系，但现实发挥具体功能的时候却变成董事长和法定代表人、董事会、股东会或者股东大会的"领导和被领导"关系。在一个股东控制的公司中，董事会和董事并不一定或者说一定不是最重要，而在股份公司、上市公司中，董事会和董事的作用显得尤为重要。

一、董事会的地位

一个公司，特别是一个大公司，其人员结构是"x"型，上端是数量众多的股东、下端是数量众多的员工，中间由董事会和经理连接。上端人处于决策地位，下端人处于接受命令、执行命令的地位。股东人数越多，会议召集越是困难，决策效率就越低，为提高决策效率，需要一个组织日常代表股东决策，因此产生了董事会。至于董事会是股东的代表，还是公司有代表，抑或是股东会的代表，从不同的角度和内外部关系看存在不同的认识。在委托代理理论看来，董事是股东的代理人，股东委托董事经营管理公司，在公司内部形成委托代理关系。在对外代表公司的机关考察，在国外通常董事会、董事是公司的代表机关，当然是公司的代表。从法律规定的职权结构上看，董事会是股东会的执行机关，其领导权源于股东会，代表股东会行使权利，这更多地体现在公司内部董事会处于核心地位。

传统公司治理理论认为，股东会是体现股东意志的最高权力机关，董事会是股东会的执行机关，董事会没有独立于股东会的法定权力，公司的关键权利最终由股东通过股东会决议来决定。这种理念一直延续到 20 世纪 40 年代初期。随着管理、技术等知识资本在推动生产力发展中的作用不断上升，物质资本的作用在不断下降，同时公司规模日益扩大，公司经营活动变得高度专业化，具有专业管理知识和技能的董事、高级管理人员的作用越来越重要,公司股东会的权利开始向董事会转移。经济的不断发展,社会创造了很多财产,也积累了很多财富,居民储蓄变成资本的可能性越来越大,股权成为民众获取财富的重要渠道,民众通过资本市场投资于公司的可能性大大提高,这为股权分散提提供了经济基础。股东分散和管理的专业化,加速了所有权和经营权的分离,这为股东会权利向董事会转移提供了制度基础,董事会的地位出现了高于股东会的趋势。现在,公司法律制度比较完善的普通法系国家和经济比较发达的国家已经出现由股东会中心主义向董事会中心主义转变倾向。大陆法系国家仍然以股东会中心主义为主。在美国公司治理中董事会中心主义体现的较为明显,股东会只享有法律或者公司章程明文规定的权利,一些重要的权利都集中于董事会。以德国、日本为代表的内部监控模式,机构投资者在公司治理中占据重要地位,股东会的地位高于董事会。所有权与控制权合一,是东南亚国家家族企业和家族监控型治理模式存在的基础与基本特征。许多大型公司都是家族控制,家族在公司中股份比例大,控制着公司股东会和董事会,是公司治理的主导力量,股东会的地位高于董事会。我国公司法仍然实行股东会中心主义,股东会是公司的权力机构,地位高于董事会。

国家之间的竞争是法律体系的竞争,公司之间的竞争是公司治理体系竞争,一方面表现为在一国之内哪个公司能够把法律规定的治理体系落实到位,另一方面表现为不同国家之间公司的竞争,需要向先进的治理体系学习,至少努力与其保持同步性。网络技术、通信技术、交通技术的飞跃发展,世界范围内的供给过剩,市场需求的精细化和复杂化,公司之间的竞争更加简捷、直接和激烈,要求公司对市场的反应更加快速、准确,使得公司治理、管理的更加专业化。军事战争方式的革新,决策权进一步向一线转移已经成为一种必然。美国基本完成了股东会权利向董事会转移的过程,为适应全球竞争和对全球竞争迅速作出反应,一些权利已经开始向管理层转移。其他国家已经开始或者已经注意提高董事会地位的重要性,一些权利开始由股东会向董事会转移。这种权利转移的表现,就是股东会权利的缩减和董事会权利的扩张。在资本市场发达和公司治理法制完善的国家,在股权分散的公司里,股东会中心主义向董事会中心主义转移已经成为一种不可逆转的趋势,这种趋势因为世界经济一体化和公司的跨国合作与竞争,也已经成为各国公司治理模式趋同的方向。

二、董事会的人数

对于一个公司,如何确定董事会规模,需要综合考虑公司业务特点、公司规模、公司所处的发展阶段、一元还多元化经营特点、市场竞争程度、经济实力、董事的质量等因素。公司规模越大、业务复杂、业务多元,对董事的知识、能力、性格的多样性要求就高,董事人数相应就多,反之亦然。随着市场竞争的加剧,要求公司决策反应更快,这以要求董事的人数不宜太多。近年来公司董事人数呈下降趋势,一般在 10 人左右的较多。美国公司董事会平均为 13 人左右,以外部董事为主,约占董事会成员的四分之三,这些外部董事多为曾担任过其他公司高级领导职务的人或者是某一方面的专家。内部董事即执行董事为公司的高级管理人员。IBM 公司管理章程规定,公司董事的数量为 15 人,经修改公司章程后可增加至不超过 20 人或者减少到不少于 9 人。花旗集团治理准则规定董事会的人数为 13 人到 19 人。正常情况下公司董事的人数应当是单数。董事人数与董事长品质和能力密切相关。如果遇到董事长的品质、能力和威信不高,董事能不能成为一个团队就成问题了,董事会的工作效率就更难以提高了。

我国《公司法》对不同类型的公司对董事会人数作了不同的规定。有限责任公司设董事会,其成员为 3 – 13 人;股东人数较少或者规模较小的有限责任公司,可以设 1 名执行董事,不设董事会。股份有限公司设董事会,其成员为 5 – 19 人。董事会的具体人数在公司法规定的上下限范围内由公司自己决定。

三、董事的辞职和辞退

董事的任命之后,到任期届满之前能不能辞职,如何辞职,向谁提出辞职,有没有限制,这些问题现实中都需要有所回应。一个人成为公司董事关系到两个环节,即公司任命和登记。那么这就涉及一个问题,董事如果辞职是向公司董事会提出,还是向登记机关提出,不同的国家有不同的规定。一般立法规定,董事辞职属于公司内部自治事项,由公司章程规定,受公司章程条件和时间约束。如果章程没有规定,董事可随时向董事会提出辞职,无须经过董事会同意或者批准。如果因董事辞职造成董事会的成员低于法定人数,法律或者公司章程可以作出合理限制,或者董事会在董事辞职影响的期限内拒绝董事辞职。我国《公司法》第 45 条第 2 款规定,董事在任期内辞职导致董事会成员低于法定人数的,在改选出的董事就任前,原董事仍应当依照法律、行政法规和公司章程的规定，履行董事职务。《上市公司章程指引》(2019年)第100条规定，董事可以在任期届满以前提出辞职。董事辞职应向董事会提交书面辞职报告。董事会将在2日内披露有关情况。如因董事的辞职导致公司董事会低于法定最低人数时，在改选出的董事就任前，原董事仍应当依照法律、行政法规、部门规章和本章程规定，履行董事职务。除前款所列情形外，董事辞职自辞职报告送达董事会时生效。董事属于公司登记事项，董事辞职自辞职报告送达董事会时生效，如果公司不进行董事变更登记，该董事就成了"挂名董事"。如果辞职董事要求公司变更登记而不变更，可以对公司提起诉讼。该诉讼与变更公司法定代表人不同，不再涉及公司自治问题，法院以属于公司自治事项为由拒绝裁判的理由基本不会成立。除非法院认为此类案件不属于法院管辖，将其推入劳动争议仲裁程序。在英国法上，如果董事辞职有充分的理由，可以不经过公司董事会，直接向公司登记机关提出，这样就省去了公司不予以变更登记给辞职董事带来的困扰。

四、董事会的表决方式

董事会表决方式与股东会或者股东大会表决方式的不同。股东会或者股东大会表决采取资本多数决原则，实行的是"股份民主"，并不是一般意义上的民主。董事会实行人的多数决原则，实行一人一票表决制度，是一种民主决策。

我国《公司法》第48条第3款和第111条规定，董事会作出决议，必须经全体董事的过半数通过。董事会决议的表决方式实行一人一票。

需要注意的是，公司法对出席董事会会议的董事人数作了规定，《公司法》第111条规定董事会会议应有过半数的董事出席方可举行。《公司法》第142条第2款规定，公司因将股份用于员工持股计划或者股权激励，将股份用于转换上市公司发行的可转换为股票的公司债券，上市公司为维护公司价值及股东权益所必需，这三种情形收购本公司股份的，如果公司章程规定或者股东大会授权将由董事会决议，出席董事会的董事不得少于三分之二，否则董事会会议决议无效。

五、董事的权利

董事的权利分为法定权利和职责性权利。董事的法定权利，是指《公司法》及其他法律、行政法规规定的董事享有的权利。主要包括：(1)选择权和被选举权；(2)参加董事会会议的权利；(3)召集和主持董事会的权利；(4)提议召开临时董事会会议的权利;(5)提议召开临时股东会或者股东大会的权利;(6)特定情形下被推举主持股东会或者股东大会会议的权利。董事的职责性权利,是指公司章程规定的、依照法律推定的、为履行和完成法定职责行为应当享有的权利。主要包括参与决定聘任或者解聘公司经理及其报酬事项,并根据经理的提名决定聘任或者解聘公司副经理、财务负责人及其报酬事项的权利;考核管理者的权利,出席股东会或者股东大会的权利。

在董事会闭会期间董事会的权利由董事长行使,董事长成为公司日常治理运营的最高领导者,从各国的公司立法看,董事长的权利不是来自股东会或者股东大会授予,而是来自《公司法》的规定。包括:(1)主持股东大会和召集、主持董事会会议;(2)检查董事会决议的实施情况,并向董事会报告;(3)签署公司股票、公司债券(《公司法》将此基本权利赋予法定代表人);(4)由董事会授权董事长在董事会闭幕期间行使董事会的部分职权;(5)提议召开临时董事会;(6)除章程规定须由股东大会和董事会决定的事项外,董事长对公司重大业务和行政事项有权作出决定。

六、董事的义务

董事的义务主要包括忠实义务、勤勉义务、注意义务。[1] 董事的勤勉义务,是指董事在管理公司事务过程中负有运用自己的知识、经验、技能和勤恳的态度达到法律所要求的标准的义务。《公司法》第 147 条规定了董事对公司负有勤勉义务的原则,第 149 条规定了违反勤勉义务的责任,但对什么董事的勤勉义务并未作具体的规定。董事的忠实义务,是指董事应当积极维护公司利益,追求公司利益最大化,不追求自己个人利益而损害公司利益,不得将自己的利益置于公司利益之上,在个人利益与公司发生冲突时应当选择维护公司利益。《公司法》第 147 条规定了董事对公司负有忠实义务的原则,第 148 条规定了董事违反忠实义务的具体情形,包括真实披露信息、自我交易、关联交易、管理报酬、公司机会、同业竞争、职务廉洁、滥用公司财产、泄露公司商业秘密等方面。董事的注意义务,董事的勤勉义务,在大陆法系也被称为“善良管理人的注意义务”“善管义务”,在英美法系则被称为“注意义务”。这实质上是将勤勉义务等同注意义务,我国公司法规定了董事的勤勉义务和忠实义务,注意义务是勤勉义务的内涵之一。

---

〔1〕 甘功仁、史树林:《公司治理法律制度研究》,北京大学出版社 2007 年版,第 139 页。

七、董事的责任

董事的责任是董事的法定义务，主要是指以下三种责任：注意责任、忠诚责任和信托责任。

董事的注意责任，也称作勤勉责任，是指董事必须诚实信用地履行职责，表现出一般审慎者处于相似位置时在类似情况下所表现的勤勉、注意和技能。[2] 评价董事的勤勉责任需要从以下几个方面进行考察，一是董事要持续不断地了解公司业务。这是董事决策最基本有前提，不了解公司集合点的产业和业务发展趋势，不可能作出合理的决策。二是董事要了解公司的业务模式。公司的主营业务中如何组织运营，如何赚取利润，董事应当了解。三是了解公司的经营活动。如果了解公司的业务和业务模式是宏观上了解的话，了解公司的经营活动则表现的更为具体和近期，对近期决策是有利的。四是定期检查公司财务报表。公司经营活动的好与不好在财务报表上能够体现出来，不了解财务报表可能无法判断以往的决策是否合理，无法判断管理层的经营业绩。五是定期参加董事会会议。董事是董事会成员，成员参加组织会议是董事的履行职责的关键表现之一。

董事的忠诚责任，要求董事忠实于公司和公司股东的利益，主要表现为四个方面：一是董事有利害关系的交易，未经股东会或者股东大会批准不得与公司进行交易；二是不得窃取公司商业机会；三是不与公司竞争；四是不得内幕交易损害公司和股东利益。[3] 董事的信托责任，董事为了公司的利益，或者在董事的利益与公司利益、股东利益发生冲突的时候，董事必须坚持公司利益和股东利益优先原则，将自己的利益放弃或者置于劣后位置。信托责任是最高责任，在美国公司法律上信托责任与忠诚责任经常是同义语，或者说信托责任包含着忠诚责任。

我国《公司法》对董事责任作出了具体的规定。(1)根据《公司法》第22条的规定，董事会的决议内容违反法律、行政法规；董事会的会议召集程序、表决方式违反法律、行政法规或者公司章程，或者决议内容违反公司章程的，股东可以请求人民法院确认无效或者予以撤销。(2)董事侵占公司财产、挪用公司资金、将公司资金借贷给他人，应当承担返还责任；以公司财产为股

---

[2] 朱伟一：《美国公司法判例解析》，中国法制出版社2000年版，第87页。

[3] 朱伟一：《美国公司法判例解析》，中国法制出版社2000年版，第88页。

东、个人和其他企业提供担保的,应当解除担保。(3)根据《公司法》第149条的规定,董事执行公司职务时违反法律、行政法规或者公司章程的规定,给公司造成损失的,应当承担赔偿责任。(4)《公司法》第148条规定,董事违反对公司的忠实义务所得的收入应当归公司所有。为保护善意第三人的利益,维护交易安全,董事与第三人之间的交易法律上并不当然认定无效。基于此种考量,赋予公司归入权的损害赔偿请求权,以对公司利益进行救济(归入责任)。

董事违反勤勉义务给公司造成损失的,公司可以对其提起诉讼,要求其承担赔偿责任。原则上诉讼的原告是权利被分割的公司,但在一些特殊情况下,可以适用股东代表诉讼制度,由股东代表公司追究董事的责任。

在公司法理论上,董事的忠实义务是对公司的义务,董事的勤勉义务既对公司的义务,也是对股东的义务,有时是对债权人义务。董事违反勤勉义务给股东造成损失的,股东可以对其提起诉讼,要求其承担赔偿责任。股东为自己的利益或者以公司的利益为目的,对董事提起的诉讼,是股东对董事行使监督权的一种形式。

董事违反勤勉义务对债权人的民事责任,主要表现为董事未履行催促股东出资义务与股东的连带责任。《公司法司法解释(三)》第13条第4款规定,股东在公司增资时未履行或者未全面履行出资义务,依照该条第1款或者第2款提起诉讼的原告,请求未尽公司法第147条第1款规定的义务而使出资未缴足的董事、高级管理人员承担相应责任的,人民法院应予支持;董事、高级管理人员承担责任后,可以向被告股东追偿。最高人民法院在"斯曼特微显示科技(深圳)有限公司、胡某生损害公司利益责任纠纷案"判决[(2018)最高法民再366号]中认为:根据《公司法》第147条第1款的规定,董事、监事、高级管理人员应当遵守法律、行政法规和公司章程,对公司负有忠实义务和勤勉义务。上述规定并没有列举董事勤勉义务的具体情形,但是董事负有向未履行或未全面履行出资义务的股东催缴出资的义务,这是由董事的职能定位和公司资本的重要作用决定的。股东全面履行出资是公司正常经营的基础,董事监督股东履行出资是保障公司正常经营的需要。《公司法司法解释(三)》第13条第4款的目的是赋予董事、高级管理人员对股东增资的监管、督促义务,从而保证股东全面履行出资义务、保障公司资本充实。在公司注册资本认缴制下,公司设立时认缴出资的股东负有的出资义务与公司增资时是相同的,董事、高级管理人员负有的督促股东出资的义务也不应有所差别。本案深圳斯曼特公司是外商独资企业,实行注册资本认缴制。在公司注册资本认缴制下,股东未履行或未全面履行出资义务,董事、高级管理人员负有向股东催缴出资的义务。涉案公司被债权人申请破产清算,其股东未缴清出资的行为实际损害了公司的利益,其董事消极不作为放任了实际损害的持续,股东欠缴的出资为所在公司遭受的损失,股东欠缴出资的行为与董事消极不作为共同造成损害的发生、持续,董事未履行向股东催缴出资义务的行为与所在公司所受损失之间存在法律上的因果关系。根据《公司法》第 149 条的规定,公司董事对所在公司遭受的股东出资未到位的损失,应承担连带赔偿责任。

董事的履行职务的过程中,因故意或者重大过失给第三人利益造成损害的,应当承担的民事责任。但我国公司法理论一直认为董事的职务行为给他人造成损害的,责任应当由公司承担,所以《公司法》没有关于董事对除股东之外的第三人承担侵权责任的规定。

八、董事责任豁免制度:经营判断原则

在市场竞争条件下,董事的决策和执行效率决定着公司对市场的反应速度,这对公司来说变得越来越重要。基于董事的个人利益偏好和可能出现的不敬业、疏于勤勉、不够谨慎的态度,董事的决策会给公司造成损失;同时也可能出现尽管董事谨慎决策,但经营结果不好,甚至给公司造成损失的现实。前者情形董事应当承担赔偿责任,对于后者应当免除董事的赔偿责任。

董事的免责有两种方式,第一,通过公司章程或者股东会或者董事会决议可以免除董事的责任。公司章程为董事设定免责条款是一种事先安排,股东会决议或者董事会决议是一种事后处分。这两种都是公司内部制度安排。第二,根据经营判断原则免除董事的责任。强化董事的赔偿责任,固然能够起到约束董事行为的作用,但同时其负面作用也非常明显。面对动辄巨额的赔偿责任,董事表现得谨小慎微,工作缺乏积极性、创新性和开拓精神,这对公司的发展和竞争非常不利。

为平衡董事的积极性和风险责任的关系,各国立法机关越来越关注对董事责任的限制和豁免。美国对于董事责任的限制和免除主要是通过授权公司章程的立法模式实现的,比如《美国特拉华州公司法》规定,因董事未尽到是变更诚信义务给公司或者股东利益造成损害需承担个人责任的,公司章程可以约定免除或者限制此种情形下董事的个人责任。但是董事主观恶意、未尽到忠实义务、违法分配利润等情形不能免除董事的个人责任。日本免除或者减轻董事的责任主要有三种方式：第一，股东大会决议免除。《日本公司法》规定，董事善意且无重大过失时，在法律规定的超过“最低责任限度额”部分的范围内，可以通过股东大会特别决议（由出席会议的股东所持表决权的三分这二以上赞成通过）而免除董事（役员）的责任。第二，董事会决议免除或者减轻董事的责任。当董事实际产生责任时，可以不用召开股东大会，通过董事会决议的方式减免董事的责任。前提是公司章程赋予了董事会此项权利。第三，基于责任限定合同的事前减轻责任。对于公司外部董事，如果公司章程事先规定，公司可以通过事先与外部董事签订责任免除合同，从而免除外部董事的责任。我国《公司法》第 112 条第 3 款规定了董事的免责，董事应当对董事会的决议承担责任。董事会的决议违反法律、行政法规或者公司章程、股东大会决议，致使公司遭受严重损失的，参与决议的董事对公司负赔偿责任。但经证明在表决时曾表明异议并记载于会议记录的，该董事可以免除责任。基于这样的规定，董事的应对方法是多作否定性意见，这样做对董事可能更安全，更不容易承担决策责任。《公司法》作这样的规定，不是鼓励董事积极决策，而是扩大了董事消极决策的空间。

公司法的中心内容是私法规范，是调整股东与股东之间、股东与公司之间、股东与董事和经理人之间利害关系的法律。在股东将公司的经营权交由董事行使时，股东有权采取合理机制平衡董事决策的积极性与风险的承担之间的矛盾，对董事损害公司利益或者股东利益需要承担赔偿责任时，法律将免除或者减轻董事责任的权利赋予公司章程，使其成为公司自治的内容之一。公司通过章程规定，可以通过股东会或者股东大会决议、董事会决议的方式，或者事先合同约定的方式免除或者减轻董事的责任。

董事责任豁免制度，在于鼓励董事积极履行职责，努力开拓、创新、进取。制度与现实出现偏差在所难免，当董事损害公司或者股东利益需承担赔偿责任，股东或者公司诉讼请求董事承担赔偿责任，或者董事对公司作出的让其承担赔偿责任的决议持不同意见时，纠纷可能被提交法院裁判，业务判断规则将成为法院是否要求董事承担赔偿责任的重要裁判规则。

经营判断原则，又称商业判断规则、经营判断准则、业务判断规则，在美国特拉华州（Delaware）最高法院 1984 年对 Aronson 诉 Lewis 案所作出的判决中指出：所谓经营判断的原则，是这样一种推定，即公司董事所作出的经营判断，是在获得足够的信息的基础上，诚实而且有正当的理由相信该判断符合公司的最佳利益。对该决定，只要不是滥用裁量权，法院就应该尊重该董事的经营判断。《布莱克法律词典》将经营判断原则的含义描述为：经营判断原则是一种推定，即推定公司董事所做的商业决策是在没有自我利益或者自我交易的情况下所为的，且该决定是在掌握了相应信息的基础上，善意且诚实的相信该行为是符合公司的最佳利益的。这一原则在于保护公司董事或者经理，使他们能够对于在其权限范围内以善意且适当的注意而为的无利益或有害于公司的交易行为，得以免除其法律责任。

根据《布莱克法律词典》的解释，经营判断原则是豁免管理者在公司业务方面的责任的一个规则。从经济学的角度讲，公司作为一种营利主体，在追求利润最大化的过程中，本身就必须要承受经营失败的危险。从法律的视角来看，在某些情况下，即使董事充分履行了自己的注意义务，依然可能作出失误甚至错误的商事判断。显然，经济学上的管理失误并不当然地导致公司法上的过失和责任。为实现公司利益与董事利益之间的平衡，美国法院在长期的司法实践中逐步概括出了一项"商事判断规则"（The Business Judgment Rule），试图在一般的经营管理失误与法律上的经营过失责任之间划以界限。即公司董事在作出一项商事经营判断和决策时，如果出于善意，尽到了注意义务，并获得了合理的信息根据，那么即使该项决策是错误的，董事亦可免于承担法律上的责任。"法院在使用商业判断规则时是一个要求法官不介入公司事务的规则，即法官不能事后根据自己的判断审查公司经理的商业决策"〔4〕，而应置身经理作出商业决策的当时判断那些是否属于不当。

经营判断原则是董事权力与责任的平衡机制。为防止董事权力的滥用，有必要强化董事的义务和责任。如果过分地强调董事的权力，或者过分地强调董事的义务，都不利于董事价值的发挥。因此，有必要建立一种平衡机制，使二者的效用都能得到发挥。经营判断原则正是这样一种机制，这种机制平衡了董事的权利、义务和责任，在鼓励董事勤勉履行义务的同时，也为董事提供合理的保护。

---

〔4〕［美］弗兰克·H. 伊斯特布鲁克等：《公司法的逻辑》，黄辉编译，法律出版社 2016 年版，第 4 页。

经营判断原则是法院判例规则,不是成文法上的明确规定。美国法律研究院在《公司治理原则:分析与建议》中给出了一个相对清晰的定义,这个定义中明确了三个关键的构成条件:(1)与该商定判断的有关事项没有利害关系;(2)在当时情况下可以合理地相信所知悉的有关商业事项的范围是恰当的;(3)理性地相信该商业判断是为了公司最佳利益而作出的。对这三个条件可以作如下进一步地细化说明:

第一,要求董事须尽到了合理的注意义务。这是适用经营判断原则的前提条件。董事的注意义务所关注的核心问题是董事在作出商业决策时所作的准备工作,而不在于商业决策本身和商业决策的效果。董事“有责任在做出业务决定之前收集可以合理收集到的所有重大信息”。[5] 只有考察决策人在决策过程中的行为,才能证明他们是否尽到符合当时客观情况的合理注意义务。长期的判例法发展历史使美国的法官们掌握了一套衡量董事决策行为是否达到了合理注意程度的标准,包括一般要求和程序要求两方面。一般要求的内容是要求董事具有普通谨慎之人,处于类似职位,在相似的环境中,能够作到的那种“注意”,要求董事在作出决策之前,必须已经掌握在类似情况下,作为一个普通谨慎之人认为应掌握的重要信息。程序要求,是指董事在决策前进行一定程度的调查、咨询,这是一般要求的逻辑延伸。法院在判断董事作出决策是否尽到合理注意时,主要是通过考查董事在作出决策前所作的调查工作,而在评价调查工作是否充分时,法院往往会要据该决策的性质和作出决策的时间来考量。

第二,该业务在董事权限范围之内。这是适用经营判断原则的前提。经营判断原则是公司内部的一项责任、风险平衡规则,董事对于自己的权限非常清楚,董事超越权限作出的经营判断,不适用经营判断原则。

第三,董事实施了经营判断的事实。美国学者所罗门认为,经营判断原则只保护商业决断,“一项经营判断事项”是经营判断原则适用的先决条件,是否存在“一项经营判断事项”是区分“适用法律”的分水岭。也就是说,当存在经营判断事项时,首先适用的“法律”是经营判断原则,并按照经营判断原则的条件和标准,来判断董事是否应受到该原则的保护。如果不存在经营判断事项时,适用法律为判例法以及成文法上关于董事注意义务的法律规

---

〔5〕 朱伟一:《美国公司法判例解析》,中国法制出版社2000年版,第129－130页。

定,并根据这些法律所规定的标准和条件来衡量董事是否尽到注意义务。

第四,董事与经营判断涉及的事项没有任何利害关系。作出经营判断的董事与该决策涉及的公司经营事项之间不存在利益冲突,他是为了公司利益最大化而作出的判断。这是董事对公司负有的忠诚义务的要求。

第五,董事作出经营判断必须是善意的。当董事的"合理相信他作出的商业决策是为了公司的最佳利益",董事就当然地受到经营判断原则的保护。而"合理相信他作出的商业决策是为了公司的最佳利益"就是经营判断原则所要求的善意的内容。

当董事的决策符合经营判断原则条件时,即使董事决策的结果对公司利益造成了实际损害,董事仍然被免除赔偿责任,免除董事对公司的责任和对债权人的责任。在股东诉董事损害赔偿案件中,董事对公司责任被免除之后,公司的损失最终由股东承担。在债权人诉董事连带责任案件中,董事对债权人的责任被免除之后,对债权人的赔偿责任由公司来承担。

第十章　公司法定代表人

大陆法系认为,公司股东会、董事会、监事会和经理是公司的机关,在我国《公司法》中公司机关还包括法定代表人。公司股东会和董事会是公司意思形成机关,法定代表人是公司意思表示机关。法定代表人对外代表公司无须得到公司授权,其他人对外代表公司须有法定代表人授权。

一、公司的法定代表人

法定代表人,代表一个组织对外作意思表示的组织机关。公司法定代表人,是代表公司对外作意思表示的公司机关。

法定代表人是针对法人说的,也就是说在法律上谁是代表法人从事民事活动的人。法人是一个拟制的人,它的意思形成和意思表达需要依靠自然人来完成。这时候完成意思表达的人就化身为公司机关,不再是个人。

公司意思表示形成之后,谁有资格代表公司对外意思表达呢? 这是法律需要明确的问题,我国法律上设定了法定代表人制度,其他国家也有公司代表制度,比如日本在董事会中选出董事对外代表公司,称为代表董事。

《民法典》第 61 条第 1 款规定,依照法律或者法人章程的规定,代表法人从事民事活动的负责人,为法人的法定代表人。“依照法律或者公司章程的规定”,这是法定代表人确定的两种方法即“法定和章定”。对于一个问题的理解,通常我们看它们典型性现象表现出来的差异,因为这种差异相对明显,更容易识别和理解。《民法典》把法人分为营利法人、非营利法人、特别法人。营利法人包括有限责任公司、股份有限公司和其他企业法人等。非营利法人包括事业单位、社会团体、基金会、社会服务机构等。机关法人、农村集体经济组织法人、城镇农村的合作经济组织法人、基层群众性自治组织法人,为特别法人。我们就用营利法人和特别法人来理解法定代表人的法定和章程规定这个问题。在特别法人中我们以行政机关为代表,在营利法人中以公司为代表。

公司法定代表人由公司章程规定。《公司法》第 13 条规定,公司法定代表人依照公司章程的规定，由董事长、执行董事或者经理担任，并依法登记。公司法定代表人变更，应当办理变更登记。公司董事、执行董事由股东会或者股东大会选举产生，公司设立董事会的董事长由董事选举产生；公司经理由董事会决定聘任或者解聘。公司章程只规定哪个职位的人担任法定代表人，不决定具体是谁，具体人选由董事会决定。实践中我们发现，有的公司章程直接把法定代表人的人名写在了章程中，在更换的时候出现了障碍，认为章程确定的具体人选，非经本人同意不能变更，实际这是一种错误的理解产生的错误登记。这是法律上的逻辑，但不是现实中的逻辑，现实中很多公司由谁当董事长，谁做总经理，都是需要股东同意的。

《民法典》第 81 条第 3 款根据企业执行机构的类型，规定了营利法人的法定代表人人员范围。营利法人"执行机构为董事会或者执行董事的，董事长、执行董事或者经理按照法人章程的规定担任法定代表人；未设董事会或者执行董事的，法人章程规定的主要负责人为其执行机构和法定代表人"。对于前半段规定我们比较好理解，对于"未设董事会或者执行董事的，法人章程规定的主要负责人为其执行机构和法定代表人"。主要是指一人有限公司、国有独资公司和其他非公司制营利法人，章程规定的主要负责人是法定代表人。

二、法定代表人与公司的关系

关于公司代表机关，民法理论上有单独代表制和共同代表制两种学说。

1. 单独代表制，是指代表董事一人就能够代表公司作出意思表示，但必须是被选任公司代表人的代表董事。国外公司代表机关是董事会或者从董事中选出的代表董事。根据选出的人数不同，单独代表又包括两种情形：一人单独代表，即从董事中只选出一个人对外代表公司；数人单独代表，是指董事为两人以上的，每名董事都有权单独代表公司，也就是说每位董事都是代表董事，享有公司代表权。日本、韩国和我国台湾地区规定的公司代表权属于单独代表，如《日本公司法》第 349 条第 2 款规定，董事为两人以上的，董事各自代表股份公司。此规定的是单独代表中的数人单独代表。[1]

2. 共同代表制，是指全体董事会成员集体代表公司。在这种方式下，公司意思表示需要全体董事集体作出，这降低了交易效率，增加了交易成本。

---

〔1〕 参见何健：《公司意思表示论》，法律出版社 2019 年版，第 197 - 200 页。

日本曾有过共同董事代表制度,2005 年修改公司法时取消了共同代表的规定。《德国股份法》第 78 条第 2 款规定,如果章程没有其他规定,全体董事会成员有权集体代表公司。德国规定了共同代表制度,但允许公司章程授权董事会成员代表公司,实践中德国公司采用这种方式的也非常普遍,这增加了灵活性和交易效率。[2] 我国《公司法》采取单独代表制度,而且是一人单独代表,只有法定代表人有权代表公司。

关于公司代表机关与公司业务执行机关的设置体制,学者认为有三种类型:第一种是业务执行机关与代表机关分化型,主要是指公司董事会是公司业务执行机关,董事被单独选举出来代表公司。实质上这是董事和董事会的分化。第二种是业务执行机关与代表机关一体型。董事会即业务执行机关,同时也是公司代表机关。第三种是公司代表机关单列型。以我国法定代表人制度最为典型。1994 年江平在《法人制度论》一书对法定代表人作出定义:"法定代表人就是法人的机关。法人机关,可以是一个组织,也可以是个人。法定代表人集决策和指挥职能于一身,既是法人意志的决策者,又是法人意志的执行指挥者。"在 1994 年的时候,《公司法》刚开始实施,公司法的理论研究和公司发展实践远没有现在这么发达,将法定代表人定义为公司的代表机关,这个结论是正确的,说法定代表人集决策和指挥职能于一身,既是法人意志的决策者,又是法人意志的执行指挥者,如果针对当时的国有企业、集体企业是合理的,对现在的公司已经不恰当了。

三、公司法定代表人资格的取得

对于公司法定代表人资格的取得,需区分公司内部和外部两个角度来认识。在公司内部,法定代表人资格的取得以公司章程和有效的股东会或者股东大会、董事会决议为准。在公司外部,以登记为准。《公司法》第 13 条规定,公司法定代表人由董事长、执行董事或者经理担任,法律给出了担任法定代表人的职位范围,具体由董事长、执行董事,还是经理担任法定代表人,由公司章程规定。在公司内部,谁是法定代表人以公司章程规定为准。

《公司法》第 13 条、《公司登记管理条例》第 9 条规定,公司法定代表人属于登记事项。1999 年国家工商行政管理局发布的《企业法人法定代表人登记管理规定》第 3 条规定,企业法人的法定代表人经企业登记机关核准登

---

〔2〕 参见何健:《公司意思表示论》,法律出版社 2019 年版,第 200-202 页。

记，取得企业法定代表人的资格。尽管有这些规定，但是我们仍然不能简单地以《企业法人法定代表人登记管理规定》第 3 条的规定来认定法定代表人经企业登记机关核准登记后取得企业法定代表人的资格。《公司登记管理条例》第 20 条第 2 款、第 21 条第 2 款规定，设立有限责任公司和股份有限公司的，应当向公司登记机关提交公司法定代表人签署的设立登记申请书。也就是说，在公司成立之前，准确地说在公司申请设立之前，公司法定代表人已经产生，否则就谈不上法定代表人签署申请设立文件。

法定代表人由公司章程规定，由公司股东会或者股东大会、董事会确定具体人选。公司在选出法定代表人之后，向登记机关提出申请登记或者变更登记需要一段时间；登记部门完成登记并公示，同样需要一段时间。这种时间上的差异经常导致法定代表人实际情况与登记情况不一致的情形，即公司确定的法定代表人与登记的法定代表人不是一个人。为维护第三人利益，《企业法人法定代表人登记管理规定》第 3 条规定企业法人的法定代表人经企业登记机关核准登记取得企业法定代表人的资格。《民法典》第 65 条规定，法人的实际情况与登记的事项不一致的，不得对抗善意相对人。也就是说在公司对外关系上，以登记的法定代表人为准。

法定代表人内外关系的处理，只是为保护第三人利益在法律技术上的处理，而本质意义上的法定代表人资格的取得，仍然属于公司自治事项，以公司章程和股东会或者股东大会决议，或者董事会决议为准。申请登记程序和变更登记仅仅是公示程序，不能因为未登记或者未变更登记，或者登记的迟延而否认公司章程、股东会或者股东大会决议，或者董事会决议的法律效力。

四、担任公司法定代表人的职位范围及存在的问题

《民法典》第 81 条第 3 款和《公司法》第 13 条规定，公司法定代表人由董事长、执行董事或者经理担任。担任法定代表人的人在公司的身份是董事、经理，他们都属于公司高级管理人员范畴，《公司法》第 146 条规定的不得担任公司的董事、高级管理人员的人不能担任公司法定代表人。

《公司法》对担任法定代表人职位范围的规定可能会存在问题，包括意思形成机关与意思表示机关的不一致，公司内部最高决策者不一定有权利对外代表公司，容易造成公司董事长、总经理与法定代表人一体化，形成专权。公司董事会是公司意思形成的两个机关之一，其负责人为董事长。在公司董事长或者执行董事不担任法定代表人，而由经理担任法定代表人时，就会出

现意思形成机关和意思表示机关不一致的情形。在一个公司中董事会的地位要高于法定代表人地位，从功能上看董事长属于意思形成机关，而法定代表人是意思表示机关。按照这样的逻辑，法定代表人是在董事会的领导之下，按照董事会形成的意思对外作出意思表示。在我国法定代表人制度立法体系下，公司董事会、董事并不当然享有公司代表权，如果董事长、董事想对外代表公司，需取得作为经理的法定代表人的授权，这就出现了我们前面说的公司内部最高决策者没有权利对外代表公司。这可能出现的问题很多，比如权利与风险的错位，公司说的算的人自己不承担风险，让别人承担决策风险；经理以法定代表人身份要胁董事、董事长。当法定代表人对外意思表示与董事会形成的意思不一致时，可能影响交易安全，影响债权人利益。有的学者认为，公司经理担任法定代表人，违背了基本的公司治理结构，使得经理的代理权与代表权集中到法定代表人身上时，难免会使经理的地位超越董事会。为了实现意思形成与意思表示的统一，很多公司实行董事长或者执行董事，兼任公司经理，当然同时担任了公司的法定代表人，将公司所有的要职和大权独揽一身，形成专权。

意思形成机关与意思表示机关的统一，由内部最高权威的人担任公司法定代表人，才是解决问题的方法。

五、公司法定代表人的权利

《公司法》明确规定了股东会、董事会、监事会的职权，经理的职权，同时规定公司法定代表人从董事长、执行董事、经理中选择。有的学者主张，当法定代表人同时又是公司董事长或者执行董事，或者经理时，法定代表人当然可以行使公司法赋予这些人的权利。严格地说，因身份重合而行使的权利，并不是法定代表人本身享有的权利。

理论上认为，法定代表人代表权的指向是对外的，不是针对内部的。从代表权角度考虑，主张其对外性是正确的。但从公司实际治理运营的角度考虑，法定代表人的职权即包括对外的代表权，也包括对内的职权。从《公司法》《民法典》《民事诉讼法》等法律规定看，从公司治理运营的现实需要考虑，公司法定代表人的权利既有对外的，也有对内的，我们可以概括为以下几个方面：

1. 对外代表公司签订合同。《民法典》第 61 条规定，依照法律或者法人章程的规定，代表法人从事民事活动的负责人，为法人的法定代表人。法定代表人以法人名义从事的民事活动，其法律后果由法人承受。从事民事活动的范围主要是公司经营活动，而签订合同又是经营活动的主要内容。

2. 对外代表公司诉讼。《民事诉讼法》第 48 条第 2 款规定，法人由其法定代表人进行诉讼；其他组织由其主要负责人进行诉讼。法定代表人有权直接代表本单位向人民法院起诉和应诉，其所进行的诉讼行为，就是本单位（或法人）的诉讼行为，直接对本单位（或法人）发生法律效力。《公司法司法解释（二）》第 10 条第 2 款规定，公司成立清算组的，由清算组负责人代表公司参加诉讼；尚未成立清算组的，由原法定代表人代表公司参加诉讼。

3. 签署公司股票和债券。《公司法》第 128 条和第 155 条规定，公司股票和公司债券由法定代表人签名，公司盖章。这就是我们在前面提到的公司法仅有的规定法定代表人权利的两个法条。而有限责任公司的《出资证明书》未要求法定代表人签名。《公司法》第 31 条规定，有限责任公司成立后，应当向股东签发出资证明书。出资证明书应当载明下列事项：（1）公司名称；（2）公司成立日期；（3）公司注册资本；（4）股东的姓名或者名称、缴纳的出资额和出资日期；（5）出资证明书的编号和核发日期。出资证明书由公司盖章。

4. 代表公司签署文件和制度。公司文件包括正式公文，如通知、函、报告、批复、决定等文件，这些文件有的是在本公司内部，或者母子公司之间往来；也包括行政机关规定的格式文件，比如公司申请设立申请书、变更登记申请书等文件，这些文件需要法定代表人签署。公司颁行的制度，分为治理制度和运营管理制度。治理制度由公司董事会、监事会、股东会或者股东大会制定颁布实施，这些制度不在法定代表人签署范围之内；而公司运营管理制度，则由法定代表人签发、颁布实施。

六、公司法定代表人越权代表的法律效力

为了避免法定代表人对外以法人的名义从事民事活动时损害法人利益，法人的组织章程或者法人的权力机构对法定代表人的权限作出一些限制性规定，法定代表人不得超越该权限对外代表法人从事民事活动。如果法定代表人的行为超越了规定的权限，该如何对待，这需要从法律对法定代表人权利限制和公司章程对法定代表人权利限制两个方面解释。

法律对法定代表人权利的限制主要集中在公司向其他企业投资、为他人提供担保、为公司股东提供担保、为实际控制人提供担保四个方面。《公司

法》第16条规定，公司向其他企业投资或者为他人提供担保，依照公司章程的规定，由董事会或者股东会、股东大会决议；公司章程对投资或者担保的总额及单项投资或者担保的数额有限额规定的，不得超过规定的限额。公司为公司股东或者实际控制人提供担保的，必须经股东会或者股东大会决议。对外投资、提供担保行为不是法定代表人所能单独决定的事项，而必须以公司股东会或者股东大会、董事会等公司机关的决议作为授权的基础和来源。法定代表人未经授权擅自为他人提供担保的，构成越权代表。除《公司法》第16条对法定代表人权利进行限制外，公司章程可以在这两项之外再行限制法定代表人的权利。这属于公司自治事项，法律不作干预。

公司章程、权力机构对法定代表人的权利限制，本质上是公司内部事项，但这种内部事项约束的是法定代表人的对外行为，无疑对外部关系的法律效力产生影响，如何对待对内关系和对外关系，既能平衡公司、股东、法定代表人的利益，又能保护债权人的利益。《民法典》第61条第3款规定，法人章程或者法人权力机构对法定代表人代表权的限制，不得对抗善意第三人。当法定代表人越权代表时，《九民纪要》依照《公司法》《民法典》确定的原则，须区分订立合同时债权人是否善意分别认定合同效力：债权人善意的，合同有效；反之，合同无效。

七、法定代表人与公章冲突处理规则

在现实生活中，经常发生法定代表人与法定代表人之间的冲突，法定代表人与公司公章之间的冲突，公章与公章之间的冲突。所谓的冲突，即谁有权对外代表公司的问题。

"人人冲突"，即法定代表人与法定代表人之间的冲突，是指登记的法定代表人与未登记的法定代表人之间的冲突。发生这种冲突经常是因为公司股东会或者董事会在确定了新的法定代表人之后，未及时进行变更登记，或者已经申请变更登记，但未完成公示。公司作为商事主体应当受到商事登记制度的规范。商事登记制度的功能有两种：一种是设权性登记，另一种是宣示性登记。设权性登记，是指未经登记不产生创设权利或者产生法律关系的效力的登记；宣示性登记，是指未办理登记，不影响权利和法律关系的产生，但不具有对抗第三人的效力的登记。公司法定代表人登记属于宣示性登记，当公司股东会或者董事会确定了新的法定代表人之后，未完成变更登记，对于公司来说以股东会或者董事会决议为准，但不得对抗善意第三人。

“人章冲突”，是指法定代表人与公司公章之间的冲突，即法定代表人与公司公章在对外代表的效力上发生冲突。我们都知道，公司法定代表人是公司代表机关，而公司公章是法定代表人行使代表权的一种形式，是公司代表权的载体。当公司法定代表人与公章效力发生冲突时，依据最高人民法院的意见，不论公章是否经登记备案，“人章冲突”都以人为准，以法定代表人为准，如果仅有公章而无公司法定代表人授权，持章人无权代表公司。[3]

“章章冲突”，即公章与公章之间的冲突，是指公司不同利益的股东或者高级管理人员持有不同的公司公章时，公章在法律效力上的冲突，即以哪个公章为准。在我们的概念中，公司应当只有一枚公章，且应当在登记机关备案。但实践中，一个公司往往拥有多枚公章，这些公章同时使用，这样做的目的是提高效率。这些公章被不同的股东或者高管人员持有、使用，当持有公章的人之间发生利益冲突时，或者发生公司代表权争夺时，公章之间的法律效力就发生了冲突，冲突的双方或者几方都主张自己持有的公司是有效的。对这个问题的认识有两种观点：一种观点认为，公司出现两枚以上公章时，应当以登记备案的为准；如果两枚以上公章都没有备案，应当以公司股东会或者董事会决议认定为依据。另一种观点认为，公章本身不能代表公司意志，应当对持有公章的“人”进行考察，进而确定公章的效力。最高人民法院在《公司案件审判指导》中的观点是：在章章冲突时，认定公章效力的关键是审查公章的授权有效性。处理原则是：当备案的公章与未备案的公章产生效力冲突时，备案公章视为得到公司有效授权，应当以备案的公章为准；当公章都没有备案时，应当以公司有效决议为准。这主要是公司内部纠纷的处理原则。如果涉及第三人的，还要结合善意第三人和表见代理来认定。

八、法定代表人与公司之间的诉讼

在公司经营实践中，公司法定代表人与公司之间可能会发生诉讼，有的为法定代表人起诉公司，有的为公司起诉法定代表人。我们都知道，公司对外发生诉讼，法定代表人享有代表公司起讼和应诉的权利，那么当公司与法定代表人之间发生诉讼，谁来代表公司呢？

曾经有这样一个案例，公司认为法定代表人损害了公司利益，对法定代表人提起了诉讼，起诉状上加盖了公司公章。法定代表人接到应诉通知之

[3] 杜万华主编：《公司案件审判指导》，法律出版社2018年版，第16－17页。

后,向法院提交了一份撤诉申请书,申请书法定代表人签字,但没有公司加盖公章。法院依法定代表人的申请,允许公司撤回起诉。法院的做法对吗?前面我们讲到的“人章冲突”处理原则,是理解这个问题的关键。在人章发生代表权冲突时,以人为准,法定代表人的效力高于公章的效力,所以法院的做法没有问题。如果诉讼能够正常进行下去,那么谁能代表公司参与公司与法定代表人之间的诉讼呢?

在公司与法定代表人之间发生诉讼时,监事会或者不设监事会的有限责任公司的监事,有权代表公司参与公司与法定代表人之间的诉讼,这是世界各国公司立法的通例。当公司设立监事会时,监事会要形成决议,具体委托一名监事代表公司与法定代表人诉讼,受委托的监事需要向法庭提交监事会决议。如果监事会有印鉴的,可以加盖监事印鉴;如果没有印鉴,受委托的监事签字即可。

股东会是公司的最高权力机关,是公司其他机关和人员的权利来源,在公司与法定代表人之间发生诉讼时,由股东会另行委派他人代表公司,符合公司治理原则。这里有两个问题需要注意:一是在股东会作出决议时,与公司发生纠纷的法定代表人如果是股东,对此事项没有表决权;二是接受股东会委派的代表应当向法庭提交股东会决议。

九、请求公司办理法定代表人变更登记诉讼

一些公司,特别是子公司比较多的集团公司,常常让员工出任子公司的法定代表人。还有一些公司,让公司之外的人出任公司法定代表人。在员工离职之后,或者公司之外的人不再愿意担任法定代表人,要求公司变更法定代表人,公司拒不变更。公司法对类似情况没有规定,公司登记条例、办法也没有相应的规定。

很多法院认为,变更公司法定代表人属于公司自治事项,不属于人民法院民事案件受案范围。一些当事人为了实现目的,不得不另辟蹊径。在“王某廷与巴州赛瑞机械设备安装有限公司(以下简称赛瑞公司)变更法定代表人纠纷案”中,也涉及这个问题。王某廷曾以侵犯其姓名权、名誉权、信用权为由,将曹某刚列为被告,诉讼要求曹某刚办理注销王某廷赛瑞公司法定代表人职务的登记而停止侵权。新疆巴音郭楞州中院(2016)新28民初84号判决,以曹某刚主体不适格为由驳回王某廷的起诉。2018年6月27日,王某廷向新疆巴音郭楞州中院提起诉讼,请求判令赛瑞公司、曹某刚履行公司股

东决定并办理公司法定代表人工商变更登记。一审法院依照《公司法》第13条和《国家工商行政管理局对变更公司法定代表人有关问题的答复》认为，王某廷请求变更公司法定代表人应当先由公司股东会作出决议，再向工商部门办理变更登记，法院不能强制公司作出决议变更法定代表人。故王某廷请求变更公司法定代表人的诉讼请求不属于法院民事案件的受案范围，裁定对王某廷的起诉不予受理。王某廷上诉后，二审法院认为，股东会决议的履行问题系公司内部经营管理问题，属于公司自治范畴，不属于人民法院的受案范围，人民法院不能强制履行股东会决议，裁定驳回上诉，维持原裁定。王某廷申请再审。最高人民法院认为，王某廷对赛瑞公司办理法定代表人变更登记的诉讼请求具有诉的利益，该纠纷系平等主体之间的民事争议，属于人民法院受理民事诉讼的范围。最高人民法院裁定撤销一审、二审裁定，指令新疆巴音郭楞中院立案受理。接下来的关键问题是法院将如何裁判。《公司法》规定，公司法定代表人可以由公司董事长、经理出任。公司股东会或者股东大会选举出董事组成董事会，由董事会选举董事长，公司经理由董事会聘任或者解聘。这些规定表明由谁出任公司法定代表人是公司自治事项，原告诉讼请求变更公司法定代表人，等于要求司法权介入公司自治范畴。司法权的职能在于解决纠纷，这是法院的法定义务，但是司法权介入公司自治需要有合法的理由，否则就是对民事权利的过渡干预。这样的理念使得变更法定代表人诉讼在法院受理之后，在判决层面仍然处在“管”与“不管”之间。不破坏公司自治法院就可判决，有损公司自治法院就不该判决，如果属于后者案件即使已经受理了也会被驳回。]

通常法院的裁判标准是管辖受理公司决议履行行为，对公司决议行为不予管辖。当公司有合法有效的变更法定代表人的股东会或者董事会决议，只是没有履行实际变更法定程序时，人民法院可以要求公司在规定的时间内完成变更登记程序。例如，在王某廷与赛瑞公司案件中，2011年11月15日，赛瑞公司作出《巴州赛瑞机械设备安装有限公司股东决定书》（以下简称《股东决定书》），指定曹伟彪担任执行董事、总经理、法定代表人。但赛瑞公司至今未办理公司法定代表人工商变更登记。我们没有检索到该案的判决，但依常理判断法院依据赛瑞公司《股东会决定书》支持王某廷的诉讼请求不是难事。如果公司没有股东会决议，法院通常会驳回原告的起诉（驳回诉讼请求更合理），对原告与公司之间的纠纷不予以解决。但是，笔者认为，这种解决争议的方式过于僵硬了，这样裁判会让公司股东、实际控制人非正义的行为变得顺理成章。

笔者认为，对于下列几种情形，人民法院也可以作出判决，支持原告的诉讼请求。

第一，原告从一开始就不在公司工作，也不是公司股东，只是为他人顶名出任法定代表人，现起诉要求变更公司法定代表人的，人民法院应当予以支持。从一个公司内部来说，公司自治是股东、董事、监事、经理和其他高管之间的自治，除此之外的主体不是公司自治主体，也不应当承担自治的责任，更不应当承担他人自治行为产生的法律责任。

第二，原告在公司工作过，现在已经辞去公司董事长、总经理或者其他职务，已经离开公司的，公司对相应职位人员有任命决议或者决定，相关人员在公司治理运营中实际行使权利的，人民法院可以依照公司章程规定，判定任命决议或者决定、实际行使权利的人员担任法定代表人，判决公司变更法定代表人。

第三，在公司既没有变更法定代表人股东会或者董事会决议，也没有相应的职位人员任命决议或者决定的，人民法院应当判决公司在指定的期限内就变更法定代表人作出决议，并完成变更登记程序。

法院在上述情形下判决公司作出变更法定代表人决议是不是干涉了公司自治呢？我们的结论是否定的。原告起诉要求公司变更法定代表人，表明已经不愿意为公司出任法定代表人，公司强行要求原告继续担任公司法定代表人违背了原告的意志。法律也不能强人所难。公司让一个不愿意担任法定代表人的人代表公司，不利于公司经营，同时涉嫌公司控制人、股东、经营者转嫁经营风险，对这种行为法律应当给予否定性评价。另外，出于公司经营考虑，出现这种情况公司应当主动、及时作出变更法定代表人的决议。法院作出要求公司变更法定代表人的判决，并不是司法干预了公司自治，因为司法并没干预公司自治的内容，而只是时间。

第十一章　公司控制权

自伯利和米恩斯在1932年《现代公司与私人财产》一书中明确提出“所有权与控制权分离”的论断之后，公司控制权成为学者们研究和关注的重点之一，控制权也成为公司治理理论的核心问题之一。

一、公司的控制权

公司控制权是从股东所有权中派生出来的经济性权利，本质上是一种新的利益存在方式，是股东之间、经理人与股东之间利益冲突的产物。简单地说，公司控制权指对公司决策直接或者间接的影响力。控制权本身并没有善恶之分，控制权与利益的匹配关系决定的控制权使用的方向才是我们应当关注的重点。公司控制权与利益的匹配关系决定了控制权有三种使用方向：一是控制权在大股东手中，大股东与小股东在利益实现方式上是一致的，这是一种中规中矩性的、公正的控制权使用方式；二是如果控制权向大股东集中，利益也向大股东集中，公司极有可能是一家大股东利用控制权为自己谋取私人利益的公司，容易发生大股东损害小股东利益，公司政局可能就是动荡的，控制权的行使就是非正义的；三是如果控制权向大股东集中，而利益向全体股东均衡，甚至公司能够平衡好利益相关者的利益，大股东对公司的控制权就是其为众人致富的手段，控制权的行使方向就是正义的。

二、公司控制人

公司控制方式不同，公司控制人也不同，具体包括大股东、实际控制人、控制股东和经理层。

大股东，在公司法上称为控股股东，指在同股同权表决权制度下，因持有公司股份比例高而享有的表决权足以控制公司股东会或者股东大会，从而控制公司的股东。公司法、中国证监会和证券交易所对控股股东的定义是不断变化的。《上市公司章程指引》（证监〔1997〕16号）第41条、《公开发行证券的公司信息披露内容与格式准则第2号〈年度报告的内容与格式〉》（2005年修订）第25条、《上市公司章程指引》（证监公司字〔2006〕38号）第192条、

2006 年《公司法》第 217 条、《深圳交易所股票上市规则》(2008 年修订)18.1、《上市公司章程指引》(2016 年修订)第 192 条、《公司法》(2018 年 10 月 26 日第四次修正)第 216 条从控制股东会或者股东大会的角度定义了控股股东:(1)持有公司 50% 以上股份的股东。a. 出资额占有限责任公司资本总额 50% 以上的股东;b. 持有的股份占股份有限公司股本总额 50% 以上的股东。(2)足以对股东会或者股东大会的决议产生重大影响的股东。股东出资额或者持有股份的比例虽然不足 50%,但依其出资额或者持有的股份所享有的表决权,或者与其一致行动人所享有的表决权已足以对股东会或者股东大会的决议产生重大影响。

实际控制人,是指在公司中没有股份,没有表决权,但通过控制公司的控股股东对公司进行控制的人。自 2001 年开始,中国证监会、深圳证券交易所、公司法先后对实际控制人作出定义。《上市公司章程指引》(证监公司字〔2006〕38 号)第 192 条、2006 年《公司法》第 217 条、《深圳交易所股票上市规则》(2008 年修订)18.1、《公司法》(2012 年 12 月 28 日第三次修正)第 216 条第 3 项和《上市公司章程指引》(2016 年修订)第 192 条和《公司法》(2018 年 10 月 26 日第四次修正)第 216 条均规定:实际控制人,是指虽不是公司的股东,但通过投资关系、协议或者其他安排,能够实际支配公司行为的人。不弄清楚公司的实际控制人是谁,就难以识别由实际控制人操纵的关联交易,也无法对其关联交易是否公允及是否会对公司和其他股东利益造成影响作出正确判断。

控制股东,是指在表决权差异制度下,在公司中股权比例不是最大,但表决权最大,因而能够通过控制公司股东会或者股东大会控制公司的股东,或者在同股同权表决权制度下,公司章程赋予其拥有董事人选推荐权或者承认权,通过控制公司董事会控制公司的股东。《上市公司收购管理办法》(中国证监会令第 10 号,2002 年 12 月实施)第 61 条规定的"能够行使、控制一个上市公司的表决权超过该公司股东名册中持股数量最多的股东的"即为此类。该类股东取得公司控制权一般有两种方式:(1)公司章程为其配置多数表决权,通过表决权控制股东会或者股东大会;(2)控制公司董事会。在公司章程或者其他股东决议文件中为一个或者几个股东设定推荐董事人选、对其他股东推荐董事人选的同意权等特别权利,以此来控制公司董事会,进而通过控制董事会控制公司。当一个股东无法通过表决权股份控制公司股东会或者股东大会时,经常转向控制公司董事会,比如阿里巴巴创立的合伙人制度。阿里巴巴合伙人有权提名董事会席位中的多数,软银提名的董事会成员要经过合伙人同意。如果阿里巴巴提名的董事会成员被否决,那么新人选仍由阿里巴巴合伙人提名。也就是说,通过合伙人制度,阿里巴巴形成了“合伙人决定董事会、董事会决定公司”的控制机制。阿里巴巴合伙人实际上超越了董事会,成为阿里巴巴的实际“控制者”。

三、控股股东控制公司的方法

在“一股一票”“同股同权”“资本多数决”的前提下,控股股东(大股东)通过持股比例优势,即表决权优势,控制公司股东会或者股东大会来控制公司。对于绝对控股股东,因拥有公司50%以上的股份,享有50%以上的表决权,对股东大会一般事项享有决定权。而对特别事项也容易形成一致行动,易使审议事项形成决议。如果绝对控股股东的意见无法通过,对其他股东的意见享有否决权,因而法律上直接认定其拥有公司控制权。对于相对控股股东,出资额或者持有股份的比例虽然不足50%,但依其出资额或者持有的股份所享有的表决权已足以对股东会或者股东大会的决议产生重大影响。

四、控制股东控制公司的方法

在股权分散的大公司和因多次融资创始股东股权被稀释严重的公司中,控制股东单纯依靠股权比例不足以控制公司,他们通常采取通过公司章程赋予其多数表决权,或者限制其他股东表决权,或者赋予其决定董事会半数以上成员人选的权利的方式实现对公司的控制。控制股东控制公司的方法,总体来说有两种路径:一是公司股东会或者股东大会仍然采取“资本多数决”原则,但不实行“一股一票”,通过公司章程赋予控制股东多数表决权,使其能够以表决权控制股东会或者股东大会,从而控制公司。对于一个有长远战略安排,在发展中可能涉及多次股权融资的公司,在某一股东持股比例较低或者将来的某一个时期持股比例变得较低时,为了不使该股东(常常是创始股东)失去对公司的控制权,通过公司章程即可以赋予该股东多数表决权,使其表决权比例高于股权比例。实践中也可以同时发行优先股,要求持有优先股的股东放弃表决权,这样安排不会影响控制股东的表决权比例。二是控制股东能够决定董事会半数以上成员人选,通过控制董事会来实现对公司的控制。如何决定董事会半数以上成员人选,具体要看公司章程,可能是赋予公司创始股东推荐公司董事的特别权利,同意其他股东推荐董事的特别权利,根据股份比例推荐董事人数的权利,也可能赋予由创始人组成的一个公司特别组织以董事推荐权,具体方式不一而足。

五、实际控制人控制公司的方法

实际控制人,也称终极控制人,他们控制公司的方法常为“金字塔持股结构”“交叉持股”“多重控制”,但其原理依然是“一股一票”“同股同权”“资本多数决原则”。

金字塔持股结构,是指公司实际控制人以自然人身份设立并控制一家公司,称为第一层控制,通过这家公司持股控制第二层公司,第二层公司再控制第三层公司,如此向下延伸,故称为“金字塔”。自然人股东对第一层公司的控制,被称为直接控制。举例说明一下实际控制人控制公司的方法。比如,实际控制人控制A公司51%的股权,A公司控制B公司51%的股权,B公司控制C公司51%的股权,C公司控制D公司51%的股权……实际控制人通过对A公司的控制,向下实现连锁控制。此种情形就是我们前文提到的通过控制控制者,实现对公司的控制。在金字塔持股结构中,实际控制人只是第一层公司的控股股东,通过层级连锁控制,实现对最底层公司的控制,牢牢地控制着整个企业集团。这样做既可以实现融资与控制并举的效果,也可以隐藏实际控制人。金字塔层级越多,实际控制人隐藏得越深。当一个实际控制人向下控制多个公司的时候,其控制体系吸纳的合伙人越多,整合的资源也就越多,实际控制人可以用有限的出资控制相对无限的财富。金字塔结构在大陆法系国家较为普遍,在英国没有金字塔结构,在美国只是在某一历史阶段运用过金字塔结构。

交叉持股,我们看一看聪明的、贪婪的Duck先生是如何利用交叉持股控股上市公司的。Duck先生先注册成立了两家个人独资公司,一个是C公司,一个是R公司,在两家公司中Duck先生均占有100%的股份,出任两家公司董事长。然后Duck把自己持有的C公司49%的股份转让给R公司,把自己持有的R公司49%的股份转让给C公司。再用自己持有的C公司的49%股份向社会为C公司融资,用自己持有的R公司49%股份向社会为R公司融资,融资之后Duck先生直接持有C公司、R公司各2%的股份。这样,对于C公司,Duck先生与其代表的R公司享有51%的股权,是绝对的多数。对于R公司,Duck先生与其代表的C公司享有51%的股权,是绝对的多数。Duck先生控制着C和R两家公司。Duck先生分别用C公司和R公司收购一家上市公司 24% 的股份，Duck 先生本人收购占有上市公司 3% 的股份，Duck 先生把 C 公司的 24%、R 公司的 24% 和自己的 3% 放在一起，控制了这家上市公司，当上了这家上市公司的董事长，成功地控制了这家上市公司。Duck 先生当上上市公司董事长之后，给自己定了很高的报酬，不小心成了奥地利上市公司收入最高的 CEO，于是引起关注，其阴谋败露。Duck 先生采用的这种方式在允许一个自然人可以设立两个或者两个以上的一人有限责任公司法律制度下是可行的。我国《公司法》规定一个自然人只能设立一个一人有限责任公司，且一人有限责任公司不能再设立一人有限责任公司（国有独资公司除外），所以这种方式在我国是行不通的。[1]

多重控制，是指两个或者两个以上金字塔持股结构，向下汇集控制一家公司。比如大股东控制 A 公司，A 公司控制 B 公司，B 公司控制 C 公司，C 公司控制 D 公司；同一大股东又控制甲公司，甲公司控制乙公司，乙公司控制 D 公司。这种结构即为多重控制，层级可能有多有少。这种控制方式与交叉持股结构的区别主要表现为两个或者两个以上金字塔链条上的公司之间互不持股。尽管在多重控制结构中，实际控制人可能多支付出资，但比金字塔持股结构控制力更强。

六、如何认定大股东拥有公司控制权

既然大股东先拥有公司控制权，然后通过行使控股权控制公司的人员安排、决策、运营、管理行为。那么，我们以什么标准来确定大股东拥有公司控制权呢？《企业会计准则—关联方关系及其交易的披露（1997）》、中国证监会《上市公司收购管理办法》（2014 年已经作了修改）第 84 条、《深圳交易所股票上市规则》（2008 年修订）18.1、《公司法》第 216 条对相关术语进行了定义。从上述规定来看，对控制权的认定标准包括以下几个方面：

1. 持有上市公司 50% 以上股权。拥有公司 50% 以上的股份，在持股比例与表决权一致的情况下，即享有 50% 以上的表决权，对股东会或者股东大会一般事项享有决定权，对特别事项享有否决权。此种股权结构即为“一股独大”，股权相对集中。

2. 可以实际支配上市公司股份表决权超过 30%。该类公司股权相对分散，投资者虽然股权比例没有达到 50% 以上，如果投资者自己持有公司的股

---

〔1〕 吴炯：《公司治理》，北京大学出版社 2014 年版，第 198 - 199 页。

份在30%以上,或者虽然达不到30%,但可以通过其他方式(比如一致行动人等方式)实际支配上市公司股份表决权越过30%,亦可拥有公司控制权。

3. 通过实际支配上市公司股份表决权能够决定公司董事会半数以上成员选任。前两个标准是定义投资者通过表决权控制股东会或者股东大会,从而取得公司控制权,而此种标准是通过控制董事会来控制公司。《公司法》规定,股东会或者股东大会享有选举和更换董事的权利,但是对于董事人选的确定,完全可以通过公司章程作出规定,规定享有董事优先推荐权的主体(不只是股东,可能是一个组织,比如阿里巴巴的合伙人组织),这样可以决定董事会半数以上成员的选任。

4. 实际支配的上市公司股份表决权足以对股东会或者股东大会的决议产生重大影响。主要表现为一个投资者对公司股东会或者股东大会职权范围内的事项,尽管不能完全控制或者与其他方一起共同控制这些事项的最终决议结论,但对决议有重大影响。《企业会计准则—关联方关系及其交易的披露(1997)》将"使用的下列术语定义为:重大影响,指对一个企业的财务和经营政策有参与决策的权利,但并不决定这些政策。参与决策的途径主要包括:在董事会或类似的权利机构中派有代表;参与政策的制定过程;互相交换管理人员,或使其他企业依赖于本企业的技术资料等"。

七、控制权与现金流权的分离

在公司治理意义上,所有权、控制权、现金流权具有特定的含义。Fama和Jensen将企业的所有权定义为剩余索取权,即对企业总收入扣除所有固定契约支出后的剩余金额的索取权。现金流权,是指按持股比例拥有的分红权。现金流权受控制权结构影响,在金字塔股权结构下,现金流权是每一控制链条的持股比例的乘积。在单层控制关系下,股东对公司拥有×%的股权,股东对公司的现金流权为×%。在多层控制关系下,股东对公司的现金流权是各层级股权比例的乘积。假设股东拥有第一层公司51%的股权,第一层公司拥有第二层公司51%的股权,第二层公司拥有第三层公司51%的股权,则股东对第一层公司的现金流权为51%,对第二层公司的现金流权为51%×51%=26%股权,对第三层公司的现金流权为51%×51%×51%=13.3%股权。从股东或者投资者的角度看,投资者享有的所有权,其实质是他们依据股权比例分享现金流权,即享有对企业剩余的分配权。所以理论上认为现金流权与所有权是等同的,是对所有权的另外角度的定义。也就是说股东的所有权与现金流权是一致的，通常不会产生分离。

一般而言，控制权是指对企业决策间接或直接的影响力。控制权可以通过表决权、董事席位、合约条款等不同方式实现，通常是通过表决权控制股东会或者股东大会，同时也控制了董事会董事席位。在股权比例较低，股东可以通过所拥有的选举董事会成员或多数成员的权利来控制公司。控制权是一个整体，不可分割，如果控制权被分割就不再是控制权，也不是一致行动人意义上的控制权（称其共管更为合理）。对控制权的整体理解，可以分为两个角度：一是51%以上的控制即对公司整体控制，二是不会因为股权结构层级变化而缩减，即不是如现金流权一样按照层级股权比例乘积计算，例如，大股东拥有公司第一层公司51%的股权，第一层公司拥有第二层公司51%的股权，第二层公司拥有第三层公司51%的股权，该大股东第一层公司的控制权为51%，对第二层公司的控制权为51%，对第三层公司控制权仍为51%股权，而不是51%×51%=26%、51%×51%×51%=13.3%。大股东因享有对各级51%控制权，即实现了对公司的整体控制。

把控制权与现金流权进行比较，可以看出，随着层级变化，控制权不变（均为51%），而现金流权在缩减（分别缩减为26%、13.3%），这就产生了控制权与现金流权的分离，即控制权与所有权的分离。从另外一个角度看，大股东用51%的出资控制了三层三家公司的整体资产。用小资本集合大资产，做大生意、办大事，是公司制度创设的初心，这是积极的。大股东面对自己控制下的巨大财富，或者可以取得巨大财富的渠道和方法，会激起他们的欲望，激活“人性恶”，这成了损害小股东利益的心理动因。

举例说明一下，当大股东（终极控制人）出资510万元与他人合作成立了注册资本为1000万元的第一层公司（A公司），A公司出资510万元与他人成立了注册资本仍为1000万元的第二层公司（B公司），B公司出资与他人一起成立了注册资本为1000万元的第三层公司（C公司）。假如C公司发展的比较好（经常是大股东重点发展的公司），可分配利润达到1亿元，如果C公司分配利润，大股东从C公司只能分得1327万元（51%×51%×51%）。试想，大股东实际控制了1亿元的利润，只能分得1327万元，这就产生了控制权与现金流权分离的情况。

控制权与现金流权分离并不当然导致大股东利用控制权谋取私人收益损害小股东利益的事情发生。对公司的控制权是搞好公司必须具备的条件，否则公司内部就无法实现“政局稳定”,无法建立高效的运营体系,无法落实公司战略和制度,无法整合资源,无法与对手展开竞争。控制权与利益的匹配关系才是我们应当高度重视的问题,因为这是公司治理问题产生的原因。控制权本身不是恶的东西,控制权使用的方向才是我们应当关注的焦点。如果控制权向大股东集中,利益也向大股东集中,公司就是一家大股东利用控制权为自己谋取私人利益的工具。如果控制权向大股东集中,而利益向全体股东、员工均衡,甚至公司能够平衡好利益相关者的利益,大股东对公司的控制权就是其为众人致富的手段,控制权与现金流权分离不会激发大股东谋取私人利益的心理冲动。

八、大股东与小股东利益的一致性和差异性

股东实现投资收益范围有三种情形:第一种情形是工资、奖金和退休福利;第二种情形是工资、奖金和退休福利、红利和资本利得;第三种情形是工资、奖金和退休福利、红利和资本利得、控制权私人收益。资本利得,也称资本收益,指股票买入价与卖出价之间的正差额。股份持有者将其持有的股份在市场上进行交易,当股份的市场价格高于买入价格时,卖出股份就可以赚取差价收益,这种差价收益即为资本利得。红利,又称股息、股利,是指公司通常在年终结算后,将净利润的一部分作为股息按股权比例分配给股东。公司向股东分配利润的行为,被称为分红。股利的主要发放形式有现金股利、股票股利、财产股利和建业股利。现金股利亦称派现,是股份公司以货币形式发放给股东的股利;股票股利也称为送红股,是指股份公司以增发本公司股票的方式来代替现金向股东派息,通常是按股票数量分发给股东。股东得到的股票股利,实际上是向公司增加投资。新建或正在扩展的公司,往往会借助于分派股票股利而少发现金股利,以保持现金流。财产股利,是指股份公司以实物或有价证券的形式向股东发放的股利。建业股利,是指以公司筹集到的资金作为投资盈利分发给股东的股利。实践中经常使用的是现金股利和股票股利,我们主要围绕现金股利展开讨论。

在有限责任公司中,股东投资很多时候主要目的是取得就业机会,工资、奖金和退休福利就是他们的主要投资收益甚至唯一收入。当大股东利用控制权排挤小股东、压迫小股东时,就构成了非公平和不正义,大股东与小股东之间发生利益冲突。一些小股东投资还期望得到红利和资本利得,股东投资于公司的主要目的不再是工资、奖金和退休福利,而是为了红利和资本利得。

当大股东与小股东的利益共同指向红利和资本利得,大股东除了从公司取得资本利得和红利外,没有其他利益时,大股东与小股东利益存在一致性。但是,在一个公司中大股东除了享有资本利得和红利外,还有可能利用控制权取得控制权私人收益,大股东的利益范围包括资本利得、红利和控制权私人收益。资本利得和红利是正当的、合法的收益,而控制权私人收益通常被认为不合法的。大股东除了追求资本利得、红利外,还追求控制权私人收益,那么大股东与小股东之间就存在利益差异和冲突。

小股东的利益范畴是公司所有股东共同的、合法的投资利益范畴,这种定义是合理的。遵循了这个范畴大股东与小股东利益的存在一致性,否则就出现了差异性,大股东与小股东利益发生冲突。

大股东和小股东共同的利益指向是工资、奖金和退休福利,或者共同指向红利和资本利得时,大股东与小股东的利益是存在一致性。二者之间利益的异化性体现在大股东利用控制权谋取私人收益。工资、奖金和退休福利,资本利得、红利、控制权私人收益四种收益在实现方法上存在不同。

学者将控制权私人收益定义为"无法在所有股东之间按持股比例分享,而由控制方独享的部分企业价值"。该定义表明控制权私人收益是大股东排除小股东独自享有的收益。努力盈利同时提高现金流和做一家值钱的公司都是非常困难的事情,比较而言大股东利用控制权谋取私人收益是相对容易、周期相对不长的赚钱方法,所以很多大股东为之心动。大股东取得控制权私人收益的方法很多,在下文中我们列举了十二种具体方法。大股东通过这十二种方法获取小股东无法享有的额外收益,表面上是损害公司整体利益,但本质上损害的还是小股东的利益。

九、大股东实现控制权私人收益的具体方法

大股东利用对公司控制权损害小股东权益的方式多种多样,但总体上与《公司法》第 147 条、第 148 条规定的情形重合度较高。这些行为既是违反对公司忠实义务行为,同时也违反了对小股东的信托义务。大股东损害小股东利益,大多采用挪用、借款、侵占、担保、关联交易、现金股利政策等方法,或者这些方法的变种。另外,控股股东、控制股东、实际控制人因控制权的来源不同,行使方式就不同,牵连的利益有所区别,损害小股东利益的表现形式也不同,但不外乎下述方式的一种或者两种及两种以上形式的组合、变种。

1."坐庄"或者"与庄共舞"操纵股票交易价格。上市公司大股东"坐庄"炒作本公司股票,或者"与庄共舞"共同炒作本公司股票,依靠的是信息优势、控制权优势和资金优势。想赚多少钱、股价需要拉到什么价位、什么价位买入、什么价位卖出、需要多少资金,在下手之前大股东对这些都做了整体谋划。德隆系唐万新兄弟利用频繁交易、多次高转配股、坐庄等手段,操纵证券交易价格,从"坐庄"交易中获利,累计获利 98.61 亿元。

2.虚假陈述,高估值融资。最高人民法院《关于审理证券市场因虚假陈述引发的民事赔偿案件的若干规定》第 17 条规定,虚假陈述,是指信息披露义务人违反证券法律规定,在证券发行或者交易过程中,对重大事件作出违背事实真相的虚假记载、误导性陈述,或者在披露信息时发生重大遗漏、不正当披露信息的行为。虚假陈述的目的误导投资人作出错误判断,引诱投资人与公司缔约,向公司投资或者购买公司股票和证券。虚假陈述,在公司首次公开发行股票(IPO)中称为欺诈发行,是被严厉打击的行为。在非上市公司融资中,或者股份公司上市前融资活动中经常发生虚假陈述,以达到高估值融资的目的,用小股份取得投资人大额投资。

3.空手套白狼、四两拨千斤。主要是通过虚假出资、抽逃出资、高估知识产权价值或者只认缴而不实际出资等手段实现的。

(1)虚假出资。表现为在公司设立或者增资配股时,股东未按照《公司法》和公司章程的规定向公司交付货币、实物或者转移财产权。比如"港澳实业"原发起人海国投资集团有限公司(以下简称"海国投")以不拥有土地使用权的土地出资成为大股东就是一个典型例子。原发起人股东"海国投"作为入股资产的 160 亩土地未过户,原因是"海国投"未缴纳土地出让金,无法办理土地使用权手续。"海国投"对作为出资的 160 亩土地没有使用权,然而却凭着这张"白条"当上了"港澳实业"的第一大股东,对自身虚假出资行为隐瞒不报长达 7 年之久。不仅如此,在经营过程中,"海国投"挪用"港澳实业"资金数千万元。

(2)抽逃出资。指公司发起人、股东按照规定交付了作为出资的货币、实物或者转移了财产权,但在公司成立后违反《公司法》的规定抽回出资的行为。

(3)高估知识产权价值。在公司设立时,或者在融资时以知识产权作价出资,或者改制以净资产折股时高估知识产权价值。这是公司设立和融资时大股东经常使用的方法。沃克森评估公司接受广联达软件股份有限公司(以下简称广联达)委托,对北京梦龙软件有限公司股东全部权益在2010年11月30日的市场价值进行了评估,评估值为9434.42万元,评估值较账面净资产增值8465.3万元,增值率873.51%;对兴安得力股东全部权益在2010年12月31日的市场价值进行了评估,评估值为33735.47万元,评估值较账面净资产增值26861.36万元,增值率390.76%。中国证监会认定沃克森评估公司未尽勤勉义务,高估了知识产权价值,于2014年10月22日对沃克森(北京)国际资产评估有限公司、李某军、黄某新作出处罚。

4. 恶意增资。增资是公司运营过程中常见现象,这种常见现象经常被不正当利用,成为大股东强化控制权、损害小股东利益的手段。恶意增资通常是在公司经营业绩比较好、利润较高、现金流量也比较好时,大股东连续几年决定公司不分配利润,在累积到一定数额后,大股东决定公司增资扩股,利用小股东资金不足的现实,大股东自己认缴新增股份,或者拉入其自己的公司或者关联公司投资,借此稀释小股东股份,之后公司决定分配现金股利,减少小股东现金股利收益,从而达到损害小股东利益的目的。这种方法经常是隐瞒公司利润与对公司低估值并存,这样做保证在融资时降低公司估价,大股东能够以支付小投资取得大股份,最大限度地稀释小股东股份,最大限度地减少小股东分取现金股利的数额。例如,大股东上海顺达有限公司引入关联公司增资,小股东董某以损害其合法权益为由诉至法院,上海市静安区人民法院判令大股东赔偿董某916.63万元,这个案件就是大股东恶意增资损害小股东利益的典型。

5. 上市套现。上市,即首次公开募股(IPO),指企业通过证券交易所首次公开向投资者增发股票,以期募集用于企业发展资金的过程。上市的公司应当是好公司,这是政府的理念。按理说,符合上市标准的公司都是好公司,产业好、团队好、盈利能力好且可持续,但现实往往不如人意。财务指标是硬指标,很多公司难以达到,但他们有“智慧”。通过剥离劣质资产和业务、转移成本、公司之间捆绑利润、虚构业务和利润、兄弟公司之间帮忙交易等方法,谋取“利润符合要求”。在上市前保持活力,玩概念、玩题材,吸引投资者。在上市后禁售期满,大肆抛售股票套现,之后股价“一落千丈”,损害小股东利益。

6. 侵占公司财产。大股东利用控制权,将属于公司的财产据为己有,大多是通过非公允性关联交易、股权激励、在职高薪酬、高福利等方式实现的。股权激励、在职高薪酬、高福利方式，一般都是大股东出任公司董事长、兼任总经理时经常采用的方法，或者大股东为了拉拢董事、监事和其他高级管理人员，在自己谋取控制权私人收益计划时给予的“贿赂”。大股东通过种种手段挖掘见不得阳光的地下隧道，转移上市公司资产或利润、掏空上市公司，掠夺小股东财富。大股东实施的此类行为被称为“隧道行为”，比喻他们像老鼠一样，暗暗窃取。

(1)非公允性关联交易。主要是指大股东或者大股东的公司与目标公司之间签订合同，向目标公司购买资产、将资产或者项目销售给目标公司，向目标公司租赁资产或者将资产租赁给目标公司，通过贱买贵卖的方式将利益从目标公司输送给自己或者自己的公司，从中谋取利益。比如，五粮液上市公司与大股东五粮液集团公司之间曾经进行的资产交易，就是典型的非公允性关联交易。大股东五粮液集团公司通过贵卖贱买的方式从五粮液上市公司拿走了 18.087 亿元。

(2)以股权激励为名侵占公司财产。股权激励，是指通过给予经营者股权或者股权收益的方式，使他们能够以股东的身份和意识勤勉尽责地为公司长期发展服务的一种激励方法。公司通过有条件地给予特定人员股权或者股权收益权的方式，在特定的人员范围内使公司的所有权与控制权实现重合，与公司结成利益共同体，以鼓励特定人员长期为公司服务。当大股东兼任公司董事长或者不设立董事会的有限责任公司的执行董事、总经理时，实行股权激励，名义上是为了公司发展，实质上通过送股票、送股票收益权的等方式私分、侵吞公司财产，损害小股东利益。

(3)在职高报酬、高消费。当大股东兼任公司董事长或者不设立董事会的有限责任公司的执行董事、总经理时，大股东通过在职高报酬、高消费、配备专用高档车辆、安家费、旅游渡假、培训等高福利方式，将公司财产转化成大股东个人财产，或者变成大股东享有的权益。在职高报酬、高消费因此成为大股东谋取控制权私人收益的重要方式。尽管《公司法》第 37 条、第 46 条规定，董事的报酬由股东会或者股东大会决定，以经理为首的管理层报酬由董事会决定。因为公司已经被大股东控制，关于董事、总经理报酬事项很容易被股东会或者股东大会、董事会审议通过。

7. 占用公司资金。在大股东或者其家族成员兼任公司董事长、总经理时，最容易发生大股东占用公司资金的事情。大股东利用控制权，把公司的资金用于其个人用途，或者借给其自己的公司使用。这里存在两种方式：一种是经过公司股东会或者股东大会、董事会会议审议通过，形式上表现为合法；另一种是利用职务之便挪用公司资金。所谓利用职务之便，主要是没有按照公司章程、股东会或者股东大会议事规则、董事会议事规则、总经理工作规则等制度规定，将资金出借事项交由相应的会议审议，擅自决定公司资金借给大股东使用。

8. 以公司或者公司财产为自己或者自己的公司提供担保。大股东利用控制权，经常使得利用公司为自己或者自己的公司提供担保表现为公司决策上的合规行为，中国证监会处罚的违规行为常常表现为未作信息披露。大股东以公司或者公司财产为自己或者自己的公司提供担保，既可能是转嫁风险，又可能是抽逃出资，但不论是哪种行为，都是将公司置于极大风险之下，最终损害的还是小股东的利益。

9. 利用现金股利政策损害小股东利益。中国证监会研究中心研究表明，从 1992 年到 2003 年的 12 年里，上市公司从股票市场筹集资金 7812.8 亿元，而同期现金分红仅 259.94 亿元，占比只有可怜的 3.3%。2004 年以来，随着上市公司数量的增加以及公司经营业绩的改善，上市公司总分红金额实现较大幅度增长，2007 年到 2010 年的分红总额分别达到 2757 亿元、3423 亿元、3890 亿元和 4985 亿元。不过，按 2010 年 A 股总市值 304861 万亿元计算，2010 年的股息收益率只有可怜的 1.64%，仍远低于美国等成熟市场水平。

10. 将公司资金以自己的名义开立账户存储。对于有限责任公司，这个问题相当普遍，特别是夫妻股东、父子股东、母子股东、小股东为大股东代持的公司经常发生。大股东将公司资金存储在其个人账户上，有的大股东甚至通过自己个人账户收取公司业务收入，收取投资人对公司的投资。在公司需要资金时从该账户上支付，个人和家庭花费也从该账户上支取，时间一长，公司存入其个人账户上资金数量有据可查，而其支出却不能提供合理、合规的合同和票据。不得已编造虚假经营行为，用虚假票据向公司抵扣，增加了公司的费用和成本，减少了公司利润。在投资人将出资支付至其个人账户时，有的时候成为公司股东的愿望落空，不能享有公司股东的权利，无法享受公司利益。大股东将公司资金以自己的名义开立账户存储，往往伴随侵占公司资产行为，构成对小股东利益的损害。

11. 谋取属于公司的商业机会。对于公司机会的定义，目前是俄勒岗州法院的判例的定义得到广泛接受，即"公司机会是公司有期待权、财产权益或财产权，或是从公平角度出发应该属于公司的业务机会"〔2〕。商业机会与公司之间存在哪些联系，才能认定这种机会属于公司所有，以至于董事利用这种机会必须获得公司授权。"（ⅰ）董事的行为与公司事务如此紧密，以至于能够妥当地认为这些行为是他们在对公司经营过程中利用作为董事的机会和专门知识而实施的；（ⅱ）他们的行为为他们自身赢得了利润。"一旦这两个条件利已确立，法院就会认定董事利用公司机会谋取了利益。"公司机会的规则属于'不冲突'原则的一种表述，并不像某些人所主张的，认为其是禁止董事利用职务便利在未获得股东批准的情况下谋取利益的孤立规则。"〔3〕如果董事的行为与公司利益发生冲突，须经股东会同意，未经股东会或者股东大会同意，利用职务便利为自己或者他人谋取属于公司的商业机会，自营或者为他人经营与所任职公司同类的业务。《公司法》规定了董事和高级管理人员竞业禁止义务，但未就此对大股东作出规定。在关联交易有关规定当中，虽然涉及一定意义上的大股东竞业禁止，但禁止力度不够。现实中，当大股东控制公司时，或者大股东兼任公司董事长、经理时，或者公司董事长、经理投靠大股东时，大股东容易利用其控制公司的条件，为自己或者自己的家人谋取属于公司的商业机会，取得控制权私人收益，从而损害小股东利益。

12. 战略管制。这种情形经常发生在企业集团管理结构之下。集团公司控制下属子公司的人员、组织、架构，实行统一管理已经是一种常见的管理方式。集中统一管理已经成为公司集团的重要法律特征，公司集团在整个集团层面上实施一个战略规划，决定下属子公司的组织机构设置，人员进行统一招聘、派遣、任免和调配，建立统一的财务制度，制定统一的业务规范，统一制定生产经营计划，并进行统一考核。公司集团可能是其下属子公司的全资股东、控股股东和参股股东。当公司集团对子公司拥有控制权时，而该子公司的小股东与公司集团和集团下的其他子公司没有股权关系时，公司集团可以

---

〔2〕 朱伟一：《美国公司法判例解析》，中国法制出版社 2000 年版，第 90 页。

〔3〕 [英]保罗·戴维斯、莎拉·沃辛顿：《现代公司法原理》（第九版），罗培新、赵渊、胡改蓉、张天颖译，法律出版社 2016 年版，第 574 页。

借统一管理之名,通过对子公司的发展战略进行管制,限制子公司的经营范围和战略方向,限制该子公司发展。此种策略,无疑会损害该子公司小股东利益。如果公司集团在对该子公司的实行战略管制的同时,鼓励另外一个子公司的业务发展时,损害被战略管制的子公司小股东利益的动机更为明显。

第十二章　股东之间的利益平衡

尽管公司立法和司法一直没有放松保护公司债权人的利益，但在股东有限责任确立之后，《公司法》保护的重点从保护公司债权人的利益转向平衡公司股东之间的利益。

一、股东如何请求分配红利

股东分红权，即资产收益权、盈余分配请求权。《公司法》第 4 条规定："公司股东依法享有资产收益、参与重大决策和选择管理者等权利。"该条规定将股东的权利分为财产性权利和管理性权利，资产收益权是财产性权利，参与重大决策和选择管理者权利是管理性权利。另外，该条将资产收益权规定为股东的法定权利。

《公司法》将股东出资比例与分红比例一致作为默认规则，但允许股东作出自主性安排。从股东权利分类的角度理解，股东分红权属于自益权，可由股东自行处分，分红比例可以与出资比例一致，经全体股东约定也可以不按照出资比例分取红利。公司分红是公司自治事项，股东分红权的行使并不是任意的，需要遵循相应的规则，按照《公司法》第 46 条、第 37 条的规定，公司分红由董事会制定利润分配议案，提交股东会或者股东大会审议，审议通过之后才能分配利润。

对于股东盈余分配请求权的的性质，学术界存在两种观点。一种观点认为该权利是现实的权利，公司有盈利且符合法定分配条件的，人民法院可以作出分配盈余的判决。另一种观点认为该权利为期待权，是否分配利润是公司股东会或者股东大会的权利，该事项属于公司的自益权，人民法院不能代替公司作出经营判断和选择，没有股东会或者股东大会的决议，人民法院不能判决分配利润。

有法官认为，根据《公司法》的规定，公司是否分配利润是股东会或者股东大会的职权，在公司没有作出决议之前，不宜直接作出判决。司法实践中的关键问题是公司不召开股东会或者股东大会，如果司法不介入，公司中的小股东的利益很难受到保护。此类案件可以根据有限责任公司和股份有限公司的不同情况采取不同的方法予以处理：

1. 由于有限责任公司的股东会不是每年召开，对没有召开股东会的，公司章程有具体分配方案、公司盈余符合分配方案，且方案合法的，法院可以根据《民事诉讼法》第 132 条之规定，以通知的形式征求公司其他股东的意见，并将他们作为共同原告参加诉讼，根据多数意见作出是否根据公司章程进行分红的判决。

2. 对于股份有限公司，因《公司法》规定每年要召开股东大会，所以如果没有股东大会决议或决议不合法的，法院应当驳回原告股东的起诉。

二、股东出资比例与分红比例不一致的法律效力

在有限责任公司章程中，经常出现股东出资比例与分红比例不一致的规定，这种规定的效力如何，如何修改呢？

1. 股东出资比例与分红比例不一致的，经全体股东一致同意有效。《公司法》第 34 条规定："股东按照实缴的出资比例分取红利；公司新增资本时，股东有权优先按照实缴的出资比例认缴出资。但是，全体股东约定不按照出资比例分取红利或者不按照出资比例优先认缴出资的除外。"对于有限责任公司，原则上股东的出资比例与分红比例应当是一致的，如果公司章程规定某一个或者几个股东的出资比例与分红比例不一致，分红比例高于其出资比例，或者低于其出资比例，但这种规定须经"全体股东一致同意"，所以《公司法》在本条的用语是"全体股东约定"。

2. 改变股东出资比例与分红比例不一致的规则。在公司章程制定时，在章程中设定了股东出资比例与分红比例不一致，需要全体股东一致同意，那么在公司通过修改章程改变这种约定，应当适用什么规则呢，是全体股东一致同意，还是三分之二以上通过？这主要有以下三种情形：(1)将原来的不一致变成新的不一致；(2)在制定公司章程时股东出资比例与分红比例是一致的，修改章程量变成不一致；(3)将原来的不一致变成一致的。

对于前两种情形，应当依照《公司法》第 34 条的规定，须经全体股东一致同意，不按照三分之二以上的修改章程规则执行。对于第三种情形，因为回归到法律的本意，可以适用三分之二以上的章程修改规则进行变更。

三、股权被冻结股东仍然享有召集权、投票权、新股认购权

股权是股东享有的权利，是股东基于其地位与公司形成的法律关系。以

股权行使的目的和内容为标准，可将股权划分为自益权和共益权，这是公司法理对股权的最基本的分类。自益权，指凡股东以自己的利益为目的而行使的权利是自益权。自益权主要是财产权，是股东投资的本来目的之所在，主要包括出资证明或股票交付请求权、股份转让过户请求权、分配股息红利请求权、分配公司剩余财产请求权等权利。共益权，指凡股东以自己的利益兼以公司的利益为目的而行使的权利为共益权。共益权主要是管理权，是股东参与公司经营管理的一种体现。主要包括表决权、董事和监事选举权、知情权、临时股东大会召集请求权、提案权、质询权、公司合并无效诉讼提起权、公司决议瑕疵诉讼权，以及对公司董事、监事提起诉讼的权利等。

“股权的冻结主要是限制股东从公司获取收益和处分股权，防止股权收益的流失，以达到财产保全的目的。股权冻结的效力主要及于收取股息（红利）、转让股权、股权质押。股权冻结并没有否认股东资格，也没有限制股东对于共益权的行使。作为共益权的临时股东会或者股东大会召集权、投票权、股东会或者股东大会参加权、选举和被选举权、知情权、股东代表诉讼权等，均不会因股权冻结而不能行使。”〔1〕

新股认购权属于经营过程中对增发、配售股份的优先购买权，是股东基于股东资格优先于非股东而享有的一种权利，该权利并非为获取收益，而是一种优先于非股东向公司投资的权利。在伯利和米恩斯看来，优先购买权根本不是一项权利，是基于公平原则演化来的一种补偿措施，其权利源于在先的股东身份，而不是股权本身。股权冻结的主要目的是对股权收益、股权转让进行限制，其效力不应当包括自益权中的新股认购权，股东仍然享有新股认购权。

四、公司为股东提供担保的法定程序

公司为股东提供担保可以将股东的债务风险转移给公司，损害公司利益，进而对其他股东利益造成损害。如果公司为大股东提供担保，可能成为大股东谋取控制权私人收益的一种方式，因为通常大股东掌握着公司控制权，如果在担保程序上和表决权上不对大股东进行限制，大股东的个人意志轻易就会变成公司意志，使得大股东损害小股东利益变得难以控制，完全依靠大股东自律也不现实。对于公司为大股东提供担保，《公司法》在程序上

---

〔1〕　赵旭东主编：《公司法学》（第四版），高等教育出版社2015年版，第250－251页。

设定了须经股东会或者股东大会决议、大股东表决权排除和过半数以上通过三项程序。这三项程序体现在《公司法》第 16 条当中。《公司法》第 16 条第 2 款规定："公司为公司股东或者实际控制人提供担保的，必须经股东会或者股东大会决议。"该规定明确了公司为股东提供担保的决议机关是公司股东会或者股东大会，不是公司董事会。如果公司股东会或者股东大会将此项权利授予董事会，应为法律所不允许，因为这破坏了股东之间的利益平衡机制。《公司法》第 16 条第 3 款规定："前款规定的股东或者受前款规定的实际控制人支配的股东，不得参加前款规定事项的表决。该项表决由出席会议的其他股东所持表决权的过半数通过。"该规定明确了公司为股东提供担保的表决权排除制度和表决方式。在股东会或者股东大会上，该股东对公司为其提供担保的决议事项没有表决权，这是因利益关系而产生的回避制度。

对于表决方式，《公司法》第 16 条第 3 款规定："该项表决由出席会议的其他股东所持表决权的过半数通过。"尽管《公司法》第 43 条对于有限责任公司普通决议事项没有规定"股东所持表决权的过半数通过"，但笔者们认为《公司法》第 16 条第 3 款规定是强制性地排除由公司章程自主规定的适用。公司章程可以约定高于"股东所持表决权的过半数通过"标准，比如三分之二以上通过，但不得规定低于这个标准，比如三分之一以上通过，这是不允许的。

五、股利分配中的利益冲突与小股东利益保护

《公司法司法解释（四）》第 15 条规定："股东未提交载明具体分配方案的股东会或者股东大会决议，请求公司分配利润的，人民法院应当驳回其诉讼请求，但违反法律规定滥用股东权利导致公司不分配利润，给其他股东造成损失的除外。""但书"条款的规定指的是公司股利分配中的利益冲突问题，也体现了对小股东利益的保护。

1. 大股东利用现金股利政策损害小股东利益。公司分配现金红利，其现金主要来源有两种，即收益性现金和融资性现金。收益性现金，是指公司通过经营取得的现金，比如公司经营业绩好，资金流入额高于流出额，现金充足。融资性现金，指公司通过融资取得现金。大股东利用现金股利政策损害小股东利益，基本是两种路径：第一，在大股东自己持股比例低时，制定较低的现金股利政策，尽量少分配现金股利，甚至不派发现金股利。这样公司留存的现金就多了，大股东手中掌握的现金也就多了，大股东有机会利用借款、担保、关联交易等方式将这些资金据为己有。第二，在大股东持股比例较高时，制定较高的现金股利政策，积极对股东派发现金股利。因自己的持股比例高，分配得到的现金就多。如果公司现金流量不足，大股东经常进行融资，融资后投资人把钱打给了公司，公司有钱了，大股东开始派发现金股利（建业股利），大股东分得的钱实际是投资人的投资，把投资人的钱变成了自己的钱。计划用投资人投资款派发现金股利的大股东，一般不会在该轮融资中认缴增资。

我们用数字说明一下大股东是如何利用现金股利政策损害投资人利益的。假如公司成立时的注册资本为100万元，大股东实际投入60万元，占注册资本的60%。后来因为经营业绩好，或者品牌运营得好，或者商业模式好，公司价值提高，或者主观上高估公司价值。公司价值提高，股东股份价值也随之提高。如果公司估值为5000万元，那么大股东60%股份的价值就是3000万元，原来投入的60万元变成了3000万元，投资人想买1%的股份需要支付50万元。如果公司用10%的股价融资500万元（其中11.11万元进入注册资本，488.89万元进入资本公积），融资完成后大股东只需决定拿出其中的111.11万元进行现金股利分配，大股东就可以收回原来投入的60万元（大股东被稀释了10%，融资后股份变为54%）。这60万元（未考虑所得税）实际是大股东经过公司之手，把投资人的60万元变成了自己的钱。这样大股东就收回了全部投资，以后就是无本经营了（如果照此现金股利分配方法，投资人投入的500万元需要45年才能全部收回），但大股东仍然享有公司控制权。所以，有的学者认为，大股东因自己持有高比例股份、制定高现金股利政策、用融资性现金分配现金股利，是对小股东损害最为严重的现金股利政策。

2. 巴菲特对现金股利政策的一种解读。巴菲特在2012年给股东的信中阐述公司分红的坏处。他举例子说，一家公司净值200万元，你我各占一半。该企业的股本回报率（ROE）每年12%，留存利润也一样获得12%的年回报率。外人不断想以净值的25%溢价入股。你想每年分红率为三分之一，另外三分之二留存。第一年末，你我各分得红利4万元。于是，每年的派息额和股票价值均增长8%（12%减去4%）。十年弹指一挥，咱俩公司的净值达到了4317850元（200万元每年复合增长8%）。你我的各半股份当然有个市价：2698656元（25%的净值溢价）。咱俩都发达了。但是，如果咱俩十年不分红，咱们就可以更加发达。当然，大家都要养家糊口，需要现金。咱俩每年出售3.2%的股份。第一年，咱俩各拿回4万元。但是这个数额每年增长（增长率为12%）。十年后，咱俩的股份价值会高达6211696元（200万元，每年复合增长12%）。咱俩的股份比例分别跌到了36.12%，但是它们的价值为204425元，比第一种方案多4%。这还不算。你每年卖股票所获现金也比1/3的分红多4%。咱们两头受益，你看，还是不分红为妙。巴菲特的解释是美妙的，但需要两个前提存在：一是公司经营状况良好，公司的价值不断提升；二是大股东与小股东利益始终保持一致，不存在大股东利用控制权损害小股东利益的情形。如果大股东与小股东的利益是一致的，是不是分配现金股利，什么时候分配都是正常的。如果这两个前提有一个不成立，巴菲特的"名人名言"将成为大股东损害小股东利益的语录。

3. 法院在保护小股东利益诉讼中的裁决原则。一般来说，股东投资是为了取得收益，但对于取得收益的时间安排上在股东之间可能存在不同，有的股东想将公司做大，需要把利润更多地留存公司作为公司发展资金，以图将来更大的利益；有的股东想取得即时的投资回报，而不愿意冒公司经营失败的风险；有的股东还想通过公司实现其他非经济利益目的。当公司控股股东在公司中有控制利益，从而有可能通过左右公司股息政策达到损害小股东利益时，特别是当大股东持股比例低时，公司有利润、有现金，大股东往往以投资新项目、扩大规模、开拓业务、并购、研发等需要资金为由，不分配现金股利，股东之间因为股利分配产生利益冲突。如何保护小股东利益成为公司治理中需要解决的重点问题之一。法院应当以正当商业目的以及董事对股东、大股东对小股东所负的诚信义务为标准来调和冲突。我们看一下美国道奇诉福特汽车公司案法院的裁决原则。

福特汽车公司是一家封闭持股公司，福特拥有58.5%的股份，在公司中有支配权。道奇兄弟拥有10%的股份。福特公司运营极为成功，每年支付固定股利120万美元和大约1000万元的特别股息（红利）。福特让公司停止支付特别股息，道奇兄弟对此非常不满，向法院提起诉讼。福特对停止支付特别股息的解释是：公司需要资金扩展业务建造一家工厂，但不想从将来的销售收入中获得扩大业务所需要的资金，因为福特想降低汽车价格服务于社会和有利于他人。密西西比州法院不赞同福特这种"社会福利"的观点，法院认为：慷慨大方在道德上是好的，但是请用你自己的钱慷慨大方，而不要用他人的钱慷慨大方。福特假定的股东对普通公众负有的义务与法律上他和董事对小股东负有的义务之间不应当发生混淆。商业公司的组建和存续主要是为了股东利益,董事的权利也应当围绕这个目的进行。董事支配权的行使应当在能够达到这个目的的方法中选择,而不能扩展到改变这种目的的本身,不能为了服务于其他目的而导致股东的利益减少或者不分配利润。

法院认为,股利分配是属于商业自主决定的事情,只有当董事支付或者不支付股利属于滥用自由裁量权并构成欺诈,或者违反他们对股东所负有的善意义务时,法院才会进行干预。法院认定,福特决定暂停特别股息支付,以实现对其他有利的非股东利益最大化的目标构成恶意,法院因此命令公司向道奇兄弟实质性支付股息。

六、禁止非公允性关联交易

《公司法》第216条第4项规定,关联关系是指公司控股股东、实际控制人、董事、监事、高级管理人员与其直接或者间接控制的企业之间的关系,以及可能导致公司利益转移的其他关系。但是,国家控股的企业之间不仅因为同受国家控股而具有关联关系。关联交易,是指在存在关联关系方之间发生的交易行为。实践中,关联公司通常是指两个或者两个以上公司主体之间形成的一种组织联盟,它们之间存在控制与被控制或者组织与协调的关系,在市场经济中它们有统一安排或者共同进退的整体利益关系。从外观形式上看,关联公司是两个以上公司主体之间的关系状态,即它们之间存在控制与被控制或者相互控制及其他协调关系。从实质上看,关联公司关系造成公司人格的非独立,公司决策被一个或者多个实际控制人控制,或者通过合同关系相互制约,公司决策往往不是由公司机关按照本公司的利益自主作出的,而是由实际控制人按照关联公司整体利益进行支配和决策,公司的独立意志被实际控制人剥夺。

1997年5月22日,财政部颁布的《企业会计准则——关联方关系及其交易披露》中规定:在企业财务和经营决策中,如果一方有能力直接或间接控制、共同控制另一方或对另一方施加重大影响,则视其为关联方;如果两方或更多方同受一方控制,也将视其为关联方。这里的控制是指有决定某个企业的财务和经营决策,并能据以从该企业的经营活动中获得利益;所谓重大影响,则是指对某个企业的财务和经营政策有参与决策的权利,但并不决定这些政策。在会计准则中列举了11种常见的关联交易类型:

1. 购买或销售商品。购买或销售商品是关联方交易最常见的交易事项。例如,企业集团成员之间相互购买或销售商品,从而形成关联方交易。这种交易由于将市场交易转变为公司集团的内部交易,可以节约交易成本,减少交易过程中的不确定性,确保供给和需求,并能在一定程度上保证产品的质量和标准化。通过公司集团内部适当的交易安排,有利于实现公司集团利润的最大化,提高其整体的市场竞争能力。但这种交易产生的问题是,可能为公司调节利润提供了一种天然的途径。

2. 购买其他资产。购买或销售商品以外的其他资产,也是关联交易的主要形式。比如,母公司销售给其子公司的设备或建筑物等。

3. 提供或接受劳务。关联方之间相互提供或接受劳务,也是关联交易的主要形式。例如,甲企业是乙企业的联营企业,甲企业专门从事设备维修服务,乙企业的所有设备均由甲企业负责维修,乙企业每年支付设备维修费用20万元。作为企业外部的报表使用者来说,需要了解这种提供或接受劳务的定价标准,以及关联方之间是不是在正常的情况下进行交易。披露关联交易的有关情况,为报表使用者分析公司财务状况和经营成果提供依据。

4. 担保。担保有很多形式,经常发生的关联方之间的贷款担保,一旦被担保企业没有按期履行还款协议,则担保企业就成了还款的责任人。关联企业之间相互提供担保,能有效解决企业的资金问题,有利于经营活动的有效开展,但也形成了或有负债,增加了担保企业的财务风险。

5. 提供资金。包括以现金或实物形式提供的贷款或股权投资。

6. 租赁。通常包括经营租赁和融资租赁等。

7. 代理。主要是依据合同条款,一方可为另一方代理某些事务。

8. 研究与开发转移。在存在关联方关系时,有时某一企业的研发项目会由于另一方的要求而放弃或转移给其他企业。例如,B公司是A公司的子公司,A公司要求B公司停止对某一新产品的研究与试制,并将B公司研究的现有成果转给A公司最近购买的、研究和开发能力超过B公司的C公司继续研制,从而形成关联方交易。

9. 许可协议。当存在关联方关系时,关联方之间可能达成某种协议,允许一方使用另一方的商标、专利等知识产权,从而形成关联方交易。

10. 代表企业或由企业代表另一方进行债务结算。这也是关联方企业之间比较普遍存在的一种关联交易形式,比如,母公司为子公司支付广告费用,或者为子公司偿还已逾期的长期借款等。

11. 关键管理人薪酬。支付给关键管理人员的薪酬也是一种主要的关联交易形式。因为企业关键管理人员之间构成了关联方关系。

关联公司是投资主体适应市场经济发展选择的一种经营方式。在公司发展的早期,独立公司是普遍现象。随着商品经济的发展和市场需求的不断换代升级,简单的经营方式已经不能满足市场需求,产品多元化引导人们投资更多的公司。为了应对不断加剧的市场竞争,通过投资设立多家公司建立企业联盟、垄断市场、排除竞争、一致行动、联合定价、提高市场占有率,关联公司现象越普遍,现实中关联交易广泛存在。从有利的方面看,交易在存在关联关系的双方之间进行,合同执行率高,纠纷少,可以节约大量商业交易成本,提高交易效率。从不利的方面讲,在市场经济条件下企业之间的交易应该在市场竞争的原则下进行,而在关联交易中由于交易双方存在关联关系,交易的达成往往是靠"企业行政力量"实现的,违背了市场经济竞争性的基本原则。因为缺少公开竞争,利益就可能出现不正当转移,损害小股东的利益。

法律允许建立关联公司,也不禁止公允性关联交易,禁止的是非公允性关联交易,严格管理的是大股东、实际控制人、董事、高级管理人员决定公司与自己控制的公司进行关联交易,防止通过关联交易导致公司利益转移、挪用公司资源,损害股东利益。《公司法》第 16 条规定,公司为公司股东或者实际控制人提供担保的,必须经股东会或者股东大会决议。股东或者受实际控制人支配的股东,不得参加前款规定事项的表决,该项表决由出席会议的其他股东所持表决权的过半数通过。在公司对关联交易进行决议时,实行关联方表决权排除制度,存在关联关系的股东、董事没有表决权。

第十三章　公司与债权人之间的利益平衡

按照利益相关者理论，公司涉及股东、董事、监事、经理和其他高级管理人员、员工、债权人、供应商、客户、社区、政府等利益关系。在这些利益关系中，最主要的利益关系还是股东、公司、债权人之间的利益关系。《公司法》第1条规定，为了规范公司的组织和行为，保护公司、股东和债权人的合法权益，制定本法，同时也强调了公司法调整的核心利益关系是公司、股东、债权人之间的利益关系。

一、债权人签订担保合同时对公司章程的审查

公司章程是公司内部规定，在登记公示后对外部人利益能够产生影响。《公司法》第11条规定公司章程对公司、股东、董事、监事、高级管理人员具有约束力。从这个规定看公司章程是公司内部制定和适用的，约束的是公司内部的事情，其约束力限于公司内部。那么，为什么债权人要审查公司章程呢？因为这涉及公司自治权的范围，涉及公司内部人对外交易的授权，这种授权因被公示，在法律上视为对外部人的一种"公告通知"，成为界定债权人与公司交易时主观状态是恶意还是善意的重要因素，对债权人与公司交易的正当性评价产生影响，从而影响债权人利益。《公司法》第16条和第104条明确规定公司特殊交易的决定机关、数额限制和表决方式。公司为公司股东或者实际控制人提供担保的，必须经股东会或者股东大会决议；公司向其他企业投资或者为他人提供担保、转让重大资产、受让重大资产，如果公司章程规定必须经股东大会作出决议的，由股东会或者股东大会作出决议；如果公司章程规定由董事会决议的，须经董事会决议；股东会或者股东大会、董事会在决议时，不得违背公司章程对投资或者担保的总额及单项投资或者担保的数额限额的规定。而且关联股东或者受实际控制人支配的股东没有表决权，该项表决由出席会议的其他股东所持表决权的过半数通过。可见，公司章程的规定对债权人的利益存在重大影响。现在，我们站在债权人立场，看一看债权人与公司交易时法律要求对公司章程的审查义务。

《公司法》第16条在公司提供担保方面限制了法定代表人的权利，公司提供担保要有股东会或者股东大会决议，或者由董事会决议，法定代表人无权作出决定。《九民纪要》第17条规定，为防止法定代表人随意代表公司为他人提供担保给公司造成损失，损害小股东利益，明确了公司担保行为不是法定代表人单独决定的事项，须以公司股东会或者股东大会、董事会等公司机关的决议作为授权的基础和来源。法定代表人未经授权擅自为他人提供担保的，构成越权代表，法院根据《民法典》第504条关于法定代表人越权代表的规定，区分订立合同时债权人是否善意分别认定合同效力：公司法定代表人越权代表，债权人善意担保合同有效，债权人恶意担保合同无效。

根据《公司法》第148条第1款第3项的规定，“违反公司章程的规定，未经股东会、股东大会或者董事会同意，以公司财产为他人提供担保”属于董事、高级管理人员不得从事的禁止性行为。尽管《民法典》第504条，《九民纪要》第17条、第18条规定的是法定代表人的行为，但是我们认为只要公司对外行为均应视为“法定代表人”的行为，而且担任公司法定代表人的人属于公司董事或者高级管理人员，债权人应当按照审查“法定代表人是否越权代表”的规定进行审查。

债权人既要对公司章程进行审查，以确定公司对外担保决议机关；也要对公司决议机关的决议进行审查，以确定公司对本次担保是否作出了有效决议。《民法典担保司法解释》第7条和《九民纪要》第18条规定，善意是指债权人不知道或者不应当知道法定代表人超越权限订立担保合同。《公司法》第16条对关联担保和非关联担保的决议机关作出了区别规定，相应地在善意的判断标准上也应当有所区别。一种情形是，为公司股东或者实际控制人提供关联担保。《公司法》第16条明确规定必须由股东会或者股东大会决议，未经股东会或者股东大会决议，构成越权代表。在此情况下，债权人主张担保合同有效，应当提供证据证明其在订立合同时对股东会或者股东大会决议进行了审查，决议的表决程序符合《公司法》第16条的规定，即在排除被担保股东表决权的情况下，该项表决由出席会议的其他股东所持表决权的过半数通过，签字人员也符合公司章程的规定。另一种情形是，公司为公司股东或者实际控制人以外的人提供非关联担保。根据《公司法》第16条的规定，由董事会决议还是股东会或者股东大会决议由公司章程规定。无论公司章程是否对决议机关作出规定，也无论章程规定决议机关为董事会还是股东会或者股东大会，根据《民法典》第61条第3款关于“法人章程或者法人权力机构对法定代表人代表权的限制，不得对抗善意相对人”的规定，只要债权人能够证明其在订立担保合同时对董事会决议或者股东会或者股东大会决议进行了审查，投赞成票的人数及签字人员符合公司章程的规定，就应当认定其构成善意，但公司能够证明债权人明知公司章程对决议机关有明确规定的除外。债权人对公司机关决议内容的审查一般限于形式审查，只要求尽到必要的注意义务即可，标准不宜太过严苛。公司以机关决议系法定代表人伪造或者变造、决议程序违法、签章（名）不实、担保金额超过法定限额等事由抗辩债权人非善意的，法院一般不予支持。但是，公司有证据证明债权人明知决议系伪造或者变造的除外。

结合《公司法》第16条，《九民纪要》第17条、第18条的规定，对债权人在签订担保合同时审查的要点作一些归纳。我们都知道，不论是表见代理，还是善意取得，债权人是不是善意，审查的时间点都是订立合同时债权人的主观状态。公司提供担保，担保合同上加盖了公司印章，但担保合同不一定有效。担保合同是否有效，需要看债权人的主观状态是善意的还是恶意的。为了能够体现债权人善意，我们区分情况，看一下债权人应当如何审查。

1. 公司为公司股东或者实际控制人提供担保，债权人审查的重点是股东会或者股东大会决议，审查的重点包括决议机关、表决权排除和表决方式三个方面。《公司法》第16条第2款规定：公司为公司股东或者实际控制人提供担保的决议机关是法定的，权力归属于股东会或者股东大会，公司章程没有选择授权的余地，如果公司章程规定由董事会决议，此种规定是无效的，应由股东会或者股东大会决议。《公司法》第16条第3款规定，前款规定的股东或者受前款规定的实际控制人支配的股东没有表决权，该项表决由出席会议的其他股东所持表决权的过半数通过。相关股东不应当行使表决权，如果这些股东行使了表决权，在计算是否过半数时应当扣除这些表决权，扣除后已经过半数的决议仍然有效，未过半数决议无效。如果公司章程规定，公司为股东或者实际控制人提供担保，须其他出席会议股东所持表决权三分之二以上通过的，该规定有效，债权人应当审查决议是否达到了三分之二以上。如果公司章程对股东会或者股东大会表决方式未作规定，须进一步审查股东会或者股东大会议事规则，看股东会或者股东大会议事规则的规定是否符合公司法、公司章程，看股东会或者股东大会表决方式是否符合股东会或者股东大会议事规则的规定。

2. 公司为他人提供担保，债权人审查的重点是公司决议机关、表决方式和担保限额。根据《公司法》第16条第1款的规定，决议机关、对投资或者担保的总额及单项投资或者担保的数额有限额的规定均由公司章程规定，董事会或者股东会、股东大会决议须符合公司章程。

公司为公司股东或者实际控制人提供担保的决议机关是法定的，与此不同的是公司为他人提供担保决议机关由公司章程规定，公司章程可以规定由股东会或者股东大会决议，也可以是董事会决议，具体由哪个机关决议，要具体审查公司章程。债权人在签订担保合同时，首先要通过审查公司章程确定决议机关。确定了决议机关之后，就要审查表决方式。对于表决方式的审查需要结合公司章程和决议机关的议事规则来确定。这包括两种情形：

第一，如果公司章程规定为他人提供担保决议机关是股东会或者股东大会，公司章程规定了股东会或者股东大会议事规则的，按照公司章程规定执行，如果公司章程中没有规定股东会或者股东大会议事规则，需要审查股东会或者股东大会议事规则对表决方式的规定。如果公司章程和股东会或者股东大会议事规则对表决方式都未作规定，应当按照法律规定的表决方式审查。根据《公司法》第103条对股份有限公司股东大会表决方式的规定，公司为他人提供担保不属于特别决议事项，不需要三分之二以上通过，只须经出席会议的股东所持表决权过半数通过即可。对于有限责任公司股东会表决方式的审查有些难度，因为《公司法》第43条第1款对普通决议事项没有规定具体的表决方式，由公司章程规定。公司法对有限责任公司股东会会议普通决议事项的表决方式没有规定，把权利分配给了公司章程，如果公司章程对此没有规定，债权如何确定股东会决议的效力呢？我们认为可以准用股份有限公司的规定，须经代表二分之一以上表决权的股东通过即可。这里要注意一下计算基数。股份有限公司要求“须经出席会议的股东所持表决权过半数通过”，“过半数”的基数是“出席会议的股东所持表决权”；有限责任公司要求“必须经代表三分之二以上表决权的股东通过”，“三分之二”的基数是“公司股东表决权整体数量”，“二分之一”以上的基数应当是“公司股东表决权整体数量”。

对于有限责任公司股东会决议的效力审查，还要注意公司章程对股东表决权有没有特别规定；有特别规定的，依特别规定执行。

第二，如果公司章程规定决议机关是董事会，公司章程规定了董事会议事规则的，按照公司章程规定执行；如果公司章程中没有规定董事会议事规则，需要审查董事会议事规则对表决方式的规定。如果公司章程和董事会议事规则对表决方式都未作规定，应当按照法律规定的表决方式审查。董事会表决方式与股东会或者股东大会表决方式存在不同，股东会实行资本多数决原则，一股一票；董事会采取人的多数决原则，一人一票。《公司法》第 111 条第 1 款规定："董事会会议应有过半数的董事出席方可举行。董事会作出决议，必须经全体董事的过半数通过。"如果公司章程、股东会或者股东大会议事规则、董事会议事规则对董事会表决方式都没有规定，需要按照法律规定执行。如果有限责任公司没有规定的，准用《公司法》对股份有限公司关于董事会表决方式的规定。

从《公司法》第 16 条第 1 款中的规定看，公司章程对担保总额或者担保数额限额的规定，是针对公司为他人提供担保而言的，公司为公司股东或者实际控制人提供担保的，法律对限额不作干涉。债权人在签订担保合同时审查公司章程，除了决议机关、表决方式之外，还要审查公司提供的担保金额是否超过了公司章程关于限额的规定。如果公司章程没有限额的规定，则不需要考虑限额，如果公司章程中有限额的规定，则需要执行公司章程关于限额的规定。

如果债权人在签订担保合同时没有对公司章程进行审查，属于程序上的瑕疵，这种程序上的瑕疵是允许补救的，如最高人民法院《关于审理商品房买卖合同纠纷案件适用法律若干问题的解释》第 2 条规定："出卖人未取得商品房预售许可证明，与买受人订立的商品房预售合同，应当认定无效，但是在起诉前取得商品房预售许可证明的，可以认定有效。"同理，债权人在签订担保合同时没有依法进行审查，应当认定担保合同无效。如果在担保合同签订后，债权人发现该审查的没有审查，为了补救程序上的瑕疵，债权人要求公司按照章程规定进行决议，公司也按照公司章程规定作出了有效决议，那么担保合同是不是有效呢？我们倾向于认为担保合同有效，因为这是公司合法的决议，是其真实意思表示。另外，在签订合同后，债权人可以要求公司追认，经追认的合同有效，否则无效。

二、债权人在签订担保合同时无须审查公司章程的情形

《九民纪要》和《民法典担保司法解释》都规定了债权人在签订担保合同

时无须审查公司章程的情形。《民法典担保司法解释》第8条规定:“有下列情形之一,公司以其未依照公司法关于公司对外担保的规定作出决议为由主张不承担担保责任的,人民法院不予支持:(一)金融机构开立保函或者担保公司提供担保;(二)公司为其全资子公司开展经营活动提供担保;(三)担保合同系由单独或者共同持有公司三分之二以上对担保事项有表决权的股东签字同意。上市公司对外提供担保,不适用前款第二项、第三项的规定。”此前,《九民纪要》第19条作了类似的规定:“存在下列情形的,即便债权人知道或者应当知道没有公司机关决议,也应当认定担保合同符合公司的真实意思表示,合同有效:(1)公司是以为他人提供担保为主营业务的担保公司,或者是开展保函业务的银行或者非银行金融机构;(2)公司为其直接或者间接控制的公司开展经营活动向债权人提供担保;(3)公司与主债务人之间存在相互担保等商业合作关系;(4)担保合同系由单独或者共同持有公司三分之二以上有表决权的股东签字同意。”

《民法典担保司法解释》第8条和《九民纪要》第19条的规定差别很明显。《九民纪要》规定的情形“(一)开展保函业务的银行或者非银行金融机构”,强调了金融机构的营业范围;而《民法典担保司法解释》第8条规定“金融机构开立保函”,只强调客观行为。《民法典担保司法解释》第8条规定的情形“(二)公司为其全资子公司开展经营活动提供担保”;仅限于公司的全资子公司,范围小于《九民纪要》的规定。《民法典担保司法解释》第8条取消了《九民纪要》情形“(三)公司与主债务人之间存在相互担保等商业合作关系”的规定。司法解释属于立法行为,其效力高于会议纪要,应当执行《民法典担保司法解释》的规定。

一般地,债权人知道或者应当知道公司为他人提供担保时未依照《公司法》关于公司对外担保的规定作出决议,法律视债权人为恶意,担保合同无效。《民法典担保司法解释》第8条规定和《九民纪要》第19条规定在用语上是有区别的。《民法典担保司法解释》第8条的语义可以简单地表述为“不论债权人是否知道”;《九民纪要》第19条规定则为“即使债权人知道或者应当知道”。《民法典担保司法解释》第8条规定重点强调担保行为的法律属性,《九民纪要》第19条规定则侧重于债权人主观状态。《民法典担保司法解释》第8条比《九民纪要》第19条规定得更为彻底。

债权人在签订担保合同时,对于符合《民法典担保司法解释》第8条规定的情形，无须审查金融机构、公司、担保公司决议是否存在和是否有效。但是，这仅限于金融机构、公司、担保公司的整体行为，对金融机构、公司、担保公司分支机构的担保行为，仍然要求债权人履行审查义务，否则可能因为债权人构成恶意而致担保合同无效。这在《民法典担保司法解释》第 11 条的规定中有所体现。

公正性、透明性是全球公司治理的通用标准，以公正的理念促进透明，以透明保证公正，信息披露制度是实现透明的有效方法。因此，信息披露是上市公司的法定义务，须积极履行。

《九民纪要》第 22 条规定："债权人根据上市公司公开披露的关于担保事项已经董事会或者股东大会决议通过的信息订立的担保合同，人民法院应当认定有效。"《民法典担保司法解释》第 9 条："相对人根据上市公司公开披露的关于担保事项已经董事会或者股东大会决议通过的信息，与上市公司订立担保合同，相对人主张担保合同对上市公司发生效力，并由上市公司承担担保责任的，人民法院应予支持。相对人未根据上市公司公开披露的关于担保事项已经董事会或者股东大会决议通过的信息，与上市公司订立担保合同，上市公司主张担保合同对其不发生效力，且不承担担保责任或者赔偿责任的，人民法院应予支持。"第 8 条排除了"公司为其全资子公司开展经营活动提供担保""担保合同系由单独或者共同持有公司三分之二以上对担保事项有表决权的股东签字同意"规定的适用。

上述规定排除了债权人对上市公司章程和股东大会或者董事会决议的审查义务，即便债权人依法作了审查，在认定债权人在签订担保合同时是善意还是恶意也不依此为标准，唯一的标准是上市公司对担保的信息披露。这样有利于规范上市公司行为，有利于维护小股东利益。

三、一人有限责任公司的担保问题

一人有限责任公司担保分为为股东提供担保和为他人提供担保两个方面。关于一人有限责任公司为股东提供担保，《民法典担保司法解释》第 10 条作为专门规定："一人有限责任公司为其股东提供担保，公司以违反公司法关于公司对外担保决议程序的规定为由主张不承担担保责任的，人民法院不予支持。公司因承担担保责任导致无法清偿其他债务，提供担保时的股东不能证明公司财产独立于自己的财产，其他债权人请求该股东承担连带责任的，人民法院应予支持。"在这之前，四川省高级人民法院(2014)川民提字第

334号民事判决(以下简称四川高院判决)肯定了一人有限责任公司为其股东提供担保的法律效力。该判决认为,首先,《公司法》及相关司法解释对一人有限责任公司能否为股东债务提供担保无明确规定,基于合同自由原则,一人有限责任公司可以为股东债务担保。其次,《公司法》第16条规定:公司向其他企业投资或者为他人提供担保,依照公司章程的规定,由董事会或者股东会、股东大会决议;公司章程对投资或者担保的总额及单项投资或者担保的数额有限额规定的,不得超过规定的限额。公司为公司股东或者实际控制人提供担保的,必须经股东会或者股东大会决议。前款规定的股东或者受前款规定的实际控制人支配的股东,不得参加前款规定事项的表决。该项表决由出席会议的其他股东所持表决权的过半数通过。该条的立法目的是限制关联交易,公司为股东或者实际控制人提供担保属于关联交易,可能损害公司和其他股东利益,因此,《公司法》第16条第2款规定为股东或者实际控制人提供关联担保必须经股东会或者股东大会表决,不能通过公司章程规定由董事会作出决定,同时为了避免控股股东滥用表决权,损害小股东利益,该条第3款规定股东或实际控制人支配的股东应当回避表决。可见,该法并不禁止关联担保,而是通过公司内部治理中的特别决议机制来实现对关联担保的风险控制。对于一人有限责任公司而言,只有唯一的股东,不存在大股东利用关联交易损害公司利益或者小股东利益的情形,该案龙召刚、周林将股份转让给杨光后,该公司系一人公司,不具有适用《公司法》第16条第2款、第3款的前提条件。再次,《公司法》第61条规定:一人有限责任公司不设股东会。股东作出本法第38条第1款所列决定时,应当采用书面形式,并由股东签字后置备于公司。因此,一人有限责任公司不设股东会,自然无法成立股东会并形成股东会决议,其公司所有权和经营权尚未分离,均由公司所有者即唯一股东行使,而公司为他人担保的决策权属于公司所有者的权利,既然一人有限责任公司的股东可以行使股东会的全部职权,就应当包括作出公司为股东债务担保的决定。因此,《公司法》第16条不适用于一人有限责任公司。

对于一人有限责任公司为公司股东提供担保,四川高院判决与《民法典担保司法解释》第10条规定,二者的理念是一致的,都没有考虑《公司法》第16条第2款关于“公司为公司股东或者实际控制人提供担保的,必须经股东会或者股东大会决议”的条件要求。作出这种判决和规定应当与视一人有限责任公司为传统企业(非现代企业)、股东与公司财产存在天然的非独立性有关,这从《公司法》第63条和《民法典担保司法解释》第10条规定的“举证责任倒置”(证明公司财产独立于自己的财产的举证责任由股东承担)可以看出这种立法理念。

那么一人有限责任公司为他人提供担保如何评价呢?《公司法》第61条规定,一人有限责任公司不设股东会,股东会的权利由股东行使。对于一人有限责任公司为他人提供担保,仍应遵循《公司法》第16条的规定。实践中,如果一人有限责任公司为他人提供担保是股东同意的,担保行为有效。《九民纪要》第17条规定,为防止法定代表人随意代表公司为他人提供担保给公司造成损失,损害小股东利益,明确了公司担保行为不是法定代表人单独决定的事项,须以公司股东会或者股东大会、董事会等公司机关的决议作为授权的基础和来源。当一人有限责任公司股东出任公司法定代表人时,股东与法定代表人重合,股东以法定代表人名义经办的公司为他人提供担保视为股东同意,担保合同有效。如果一人有限责任公司治理相对规范,成立了董事会,出任法定代表人的人为非公司股东,此时一人有限责任公司为他人提供担保,一人有限责任公司以未经股东同意为由主张担保无效的,需要比照一般有限责任公司的标准对一人有限责任公司的担保行为进行审查。

四、公司章程没有规定为他人提供担保的决议机关问题

公司为公司股东或者实际控制人提供担保的,由股东会或者股东大会作出决议,这是法定的,不涉及公司章程确定决议机关问题,公司章程有没有规定都由股东会或者股东大会决议。公司章程为他人提供担保,可以由董事会决议,也可以由股东会或者股东大会决议,具体同公司章程规定。

如果公司章程没有规定为他人提供担保的决议机关,对于公司来说是不是就可以任意为他人提供担保了呢?如果站在公司法定代表人的立场,这确实对法定代表人没有权利限制,但这也并不代表公司可以任意为他人提供担保,因为还有债权人,还要站在债权人的立场考虑问题。公司为他人提供担保,债权人负有审查董事会或者股东会或者股东大会决议的义务,这决定着债权人是善意还是恶意,直接影响担保的法律效力。为维护自己的利益,实践中债权人可以有以下几种处理方法:

1. 可以审查公司章程有没有授权。如果公司章程中规定公司为他人提供担保的决议机关由股东会或者股东大会议事规则规定,相当于公司章程将

权利授予给股东会或者股东大会议事规则，股东会或者股东大会议事规则确定的决议机关也是符合法律规定的。同理，公司章程也可以将权利授予董事会议事规则。如果债权人审查公司股东会或者股东大会议事规则、董事会议事规则，在两个规则中对公司为他人提供担保明确规定了决议机关，该机关作出决议能不能证明债权人“善意”呢？我们认为债权人善意成立，理由是股东会或者股东大会议事规则、董事会议事规则得到了公司章程的授权，是公司章程效力的延伸，且股东会或者股东大会议事规则、董事会议事规则是由股东会或者股东大会审议通过的，具有直接代表股东意志的法律效力。

2. 要求公司持有公司三分之二以上有表决权的股东签字，同意公司为他人提供担保。这是《九民纪要》第 19 条规定的一种对债权人有利的方式。公司在签订担保合同时向债权人提供了这样的文件，或者在债权人要求下公司作出这样一份文件，有了这样的文件，即使债权人知道没有公司机关决议，也应当认定担保合同符合公司的真实意思表示，担保合同有效。

3. 债权人要求公司召开股东会或者股东大会修改公司章程，明确公司为他人提供担保的决议机关，并就本次对外担保作出决议。债权人提出的是一种符合法律规定的、谨慎的要求，这种要求并不过分。

4. 债权人要求公司股东会或者股东大会作出决议。债权人审查了公司章程，知道公司章程对此没有规定，也没有其他授权，债权人要求公司股东会或者股东大会作出决议。从《公司法》确立的公司治理模式看，我国采取的是股东会中心主义，公司剩余控制权归属于公司股东会或者股东大会，也就是说在公司章程没有规定为他人提供担保的决议机关时，该决议由公司股东会或者股东大会作出才为有效。

五、对赌股份回购对债权人利益的保护

对于目标公司来说，投资方有两种身份：一是股东，二是债权人。依据增资协议书完成投资后成为目标公司的股东，变更登记完成后因投资人投资增加的注册资本即与债权人利益密切相关。如果投资人与目标公司签订了对赌协议，依据对赌协议投资方又有了债权人地位。如果投资方未与目标公司对赌，投资方只有股东身份，没有债权人地位。投资方与目标公司对赌既要适用公司法，也要适用合同法。投资方依据对赌协议享有股份回购请求权，请求权的实现需要适用公司法。从另外一个角度讲，投资方与目标公司之间的法律关系主要适用合同法，投资方、目标公司与债权人的关系主要依据公司法调整。

注册资本是每个股东出资额之和,是股东对债权人承担责任的总额。按照资本维持原则,股东不得抽逃邮资,对公司回购自己的股份进行限制。按照资本不变原则,公司不得任意减少公司注册资本,减少注册资本须遵循法定程序。投资人投资于公司,用资金换取公司股权成为目标公司股东,投资人依据对赌协议要求目标公司回购其股权,把股权还给目标公司,收回投资,实际上是将目标公司的注册资本恢复到增资前的状态,减少了注册资本。减少公司注册资本不得损害债权人的利益,或者降低对债权人的财产担保。《九民纪要》第5条第2款规定:“投资方请求目标公司回购股权的,人民法院应当依据《公司法》第35条关于‘股东不得抽逃出资’或者第142条关于股份回购的强制性规定进行审查。经审查,目标公司未完成减少注册资本程序的,人民法院应当驳回其诉讼请求。”《九民纪要》坚持资本信用原则,为保护债权人利益,将投资方作为目标公司股东对待,只要没有完成减少注册资本程序,都视为违反了维护债权人利益的法律宗旨,投资方请求目标公司回购股份的请求不会得到支持。

公司减少注册资本属于公司自治事项,司法权不宜干预。投资方请求目标公司履行股份回购义务,未完成减少注册资本程序,法院无法强令目标公司完成减少注册资本程序,只能驳回投资人的诉讼请求。如果公司已经完成减少注册资本程序,但拒不回购投资人股权或者拒不支付投资人股权回购款,法院可以直接判决公司回购股权或者支付股权回购款。原因在于减少注册资本程序完成之后,投资方股东身份已经解除,只剩下债权人身份,排除了目标公司法的适用,更恰当地说公司法已经适用完成,纠纷回到了合同法范畴,投资方的投资款变成了目标公司对投资方的债务,法院依据合同法判决目标公司履行债务清偿责任。

六、第三人对公司章程的审查义务

公司章程是一种公司内部规则,其对外效力性是第三人对公司章程负有审查义务的基础。关于第三人对公司章程的审查义务,对第三人善意的考察,实质上是考察第三人与公司签订合同时是否构成表见代理。

公司章程必须在政府登记机关进行登记,第三人通过合法的途径获取公司章程,知悉公司章程内容,对第三人与公司交易的风险和收益产生预期。公司章程在规定公司与股东,股东与股东,公司与董事、监事、高级管理人员和法定代表人利益的同时，也影响着其他人的利益，公司章程具有外部性。公司章程“推定通知理论”认为，公司章程一经政府登记机关登记公示，与公司交易的第三人就被推定知道公司章程的内容，并理解其含义。《公司法》第16条规定：“公司向其他企业投资或者为他人提供担保，依照公司章程的规定，由董事会或者股东会、股东大会决议；公司章程对投资或者担保的总额及单项投资或者担保的数额有限额规定的，不得超过规定的限额。公司为公司股东或者实际控制人提供担保的，必须经股东会或者股东大会决议。前款规定的股东或者受前款规定的实际控制人支配的股东，不得参加前款规定事项的表决。该项表决由出席会议的其他股东所持表决权的过半数通过。”该条规定，立法者并没有将公司简单地理解为法人，而是考虑到公司的治理特征，将公司视为一个层级组织，强调了公司的层级分工治理运营机制，考虑到在这一机制下形成的内部权限在公司交易时的对外影响。法律一经公布就推定所有人都应当是知晓的，它产生当事人知道或应当知道的法律效果。因此，在前述情况下，第三人对公司章程负有审查义务。

《九民纪要》明确规定了第三人对公司章程的审查义务。《九民纪要》第17条、第18条的规定，法定代表人未经授权擅自为他人提供担保的，构成越权代表，法院应当根据《合同法》第50条关于法定代表人越权代表的规定，区分订立合同时债权人是否善意分别认定合同效力：债权人善意的，合同有效；反之，合同无效。债权人善意，是指债权人不知道或者不应当知道法定代表人超越权限订立担保合同。债权人主张担保合同有效，应当提供证据证明其在订立合同时对股东(大)会决议进行了审查，审查内容主要包括：(1)审查了债务人公司章程，章程明确规定对公司为他人提供担保由董事会决议，或者由股东会或者股东大会决议；(2)没有超过公司章程对担保总额及单项担保数额限额的规定；(3)董事会决议或者股东会会议决议或者股东大会会议决议程序、同意决议的人数符合公司章程的规定；(4)公司章程规定的表决程序符合《公司法》第16条的规定，即在排除被担保股东表决权的情况下，该项表决由出席会议的其他股东所持表决权的过半数通过；(5)董事会决议或者股东会会议决议或者股东大会会议决议签字符合公司章程的规定。只要债权人能够证明其在订立担保合同时审查了上述内容，就应当认定其构成善意。

按照《九民纪要》第18条第2款确定的精神，债权人对公司机关决议内容的审查一般限于形式审查，只要求尽到必要的注意义务即可，标准不宜太过严苛。公司以机关决议系法定代表人伪造或者变造、决议程序违法、签章（名）不实、担保金额超过法定限额等事由抗辩债权人非善意的，法院一般不予支持。

七、股东会或者股东大会决议、董事会决议与第三人审查义务

从《公司法》第 16 条规定来看，第三人对公司章程审查的内容主要包括公司章程对决议机关、数额、表决方式的规定，以及表决权的排除。这就要求第三人不能仅审查公司章程的规定，还要按照公司章程的指引审查股东会、董事会的决议。所以，审查股东会或者股东大会决议、董事会决议是第三人的法定义务。《九民纪要》也明确了第三人对股东会或者股东大会、董事会决议的审查义务。《九民纪要》"17. 为防止法定代表人随意代表公司为他人提供担保给公司造成损失，损害小股东利益，《公司法》第 16 条对法定代表人的代表权进行了限制。根据该条规定，担保行为不是法定代表人所能单独决定的事项，而必须以公司股东（大）会、董事会等公司机关的决议作为授权的基础和来源。法定代表人未经授权擅自为他人提供担保的，构成越权代表，人民法院应当根据《合同法》第 50 条关于法定代表人越权代表的规定，区分订立合同时债权人是否善意分别认定合同效力：债权人善意的，合同有效；反之，合同无效。""18. 前条所称的善意，是指债权人不知道或者不应当知道法定代表人超越权限订立担保合同。《公司法》第 16 条规定为公司股东或者实际控制人提供关联担保，必须由股东（大）会决议，未经股东（大）会决议，构成越权代表。在此情况下，债权人主张担保合同有效，应当提供证据证明其在订立合同时对股东（大）会决议进行了审查，决议的表决程序符合《公司法》第 16 条的规定，即在排除被担保股东表决权的情况下，该项表决由出席会议的其他股东所持表决权的过半数通过，签字人员也符合公司章程的规定。公司为公司股东或者实际控制人以外的人提供非关联担保，《公司法》第 16 条的规定由公司章程规定是由董事会决议还是股东（大）会决议。无论章程是否对决议机关作出规定，也无论章程规定决议机关为董事会还是股东（大）会，只要债权人能够证明其在订立担保合同时对董事会决议或者股东（大）会决议进行了审查，同意决议的人数及签字人员符合公司章程的规定，就应当认定其构成善意。"

关于第三人对债务人股东会或者股东大会、董事会决议的审查标准，《九

民纪要》第 18 条第 2 款的规定一般限于形式审查，只要求尽到必要的注意义务即可，标准不宜太过严苛。只要债权人构成善意，即使公司机关决议系法定代表人伪造或者变造、决议程序违法、签章（名）不实、担保金额超过法定限额，公司以此抗辩债权人是非善意的，公司的抗辩也不成立，除非公司有证据证明债权人明知决议系伪造或者变造的。

第十四章　对 赌 协 议

对于对赌，中国的立法和司法都落后于公司投融资实践。早在 2002 年蒙牛与摩根士丹利、英联、鼎辉三家私募资本投资机构对赌。2004 年蒙牛乳业在香港联交所上市，招股说明书披露了对赌，对赌才被中国境内媒体、公众所知。2005 年 1 月，永乐电器的陈晓与摩根士丹利、鼎晖签订对赌协议。2006 年 7 月，陈晓对赌失败输掉了永乐电器，国美趁机收购了永乐电器。2006 年，太子奶为了上市需要资金，李途纯与英联、高盛、摩根士丹利三大投行对赌。2008 年 8 月，太子奶因扩张过快资金链断裂，李途纯对赌失败，交出太子奶61.6%的股权。2008 年9 月 30 日，俏江南与鼎晖签订增资协议，张兰与鼎晖对赌。2014 年 4 月，张兰对赌失败，失去对俏江南的控制权。

实践中对赌很多，但引起法律界广泛注意的是 2012 年 11 月最高人民法院对“海富投资案”的再审判决。判决解决了对赌主体对对赌协议效力的影响。判决认为投资方与目标公司股东、目标公司管理层签订的对赌协议有效，投资方与目标公司签订的对赌协议无效，投资方与目标公司、目标公司股东、管理层签订的协议，涉及投资方与目标公司对赌的部分无效。

《九民纪要》对目标公司与投资方签订对赌协议的法律效力作出了新的规定。按照“海富投资案”再审判决，以往对投资方与目标公司股东、实际控制人、管理层对赌，对赌协议的效力没有争议。对于投资方与目标公司签订的对赌协议，之前认为是无效的，《九民纪要》改变了这一认识。《九民纪要》规定：投资方与目标公司订立的“对赌协议”在不存在法定无效事由的情况下，目标公司仅以存在股权回购或者金钱补偿约定为由，主张“对赌协议”无效的，人民法院不予支持。也就是说，投资方与目标公司签订的对赌协议一般是有效的。

因为《九民纪要》改变了“海富投资案”再审判决结论，再一次引起业内的关注和讨论。

一、对赌的含义

在2008年金融危机的时候,“对赌”一词成为当时的热点词汇。对赌指向两个完全不同的交易。第一种是衍生交易中的对赌,是指衍生产品买卖双方之间达成的零和博弈。衍生品是指金融衍生品,分为远期、期货、期权和掉期四大类。即合约交易的双方盈亏完全负相关,并且净损益为零,一方的收益必然意味着另一方的损失,博弈各方的收益和损失相加总和永远为“零”,双方不存在合作的可能。第二种是风险投资(VC)和私募股权投资(PE)实务中的对赌协议,是一种“估值调整机制”“价值调整协议”,是投资方与目标公司、股东、管理层之间达成的协议,投资方与目标公司对未来一种不确定的情况进行约定,根据约定的条件或者指标实现与否,由投资方或者目标公司、股东、管理层履行约定的权利和义务。

《九民纪要》也给对赌协议作出了定义:“对赌协议”,又称估值调整协议,是指投资方与融资方在达成股权性融资协议时,为解决交易双方对目标公司未来发展的不确定性、信息不对称以及代理成本而设计的包含了股权回购、金钱补偿等对未来目标公司的估值进行调整的协议。

对赌协议作为一种估值调整机制,产生的根源在于公司估值困境。公司估值是一个难题,是件非常困难的事情,主观性强。公司经营面临很多风险,没有一家公司能够在存在多种可能的情形下,对公司能够产生多少收益作出不容置疑的确定性判断和承诺,即使目标公司存在这样的判断和承诺,但投资方仍然有自己的价值判断,从而对目标公司的承诺产生疑问。

投资方喜欢高成长性的公司,因为只有这样的公司才能满足投资方实现快速、高回报的盈利目的。在追求高成长的公司中,有些公司具有高成长的属性,有些公司根本就不属于高成长类型的公司,但他们仍然追求高成长,这就需要融资。在投资方与融资方就公司估值不能达成一致时,双方设定一个业绩指标,如果目标公司在约定的时间经过后实现了这一目标,说明公司估值在开始的时候被低估了,由投资方补偿目标公司。如果目标公司未完成既定目标,说明开始的时候公司被高估了,目标公司应当补偿投资方。

对赌协议就是将公司估值争议搁置留待日后解决的一种金融工具,它的功能在于“将交易双方不能达成一致的不确定性事件暂时搁置,留待该不确定性事件确定后双方再重新结算。这种结构性安排大大地增加了达成股权交易的可能性”。

通俗地说，估值是一个假设的、双方暂时承认的前提，留待日后验证，根据实际经营结果投资方与目标公司进行结算。

二、对赌主体

常见的对赌协议的签订主体有以下几类：（1）投资方与目标公司签订对赌协议；（2）投资方与目标公司股东签订对赌协议；可能是控股股东，也可能是排在前几位的股东；（3）投资方与目标公司管理层签订对赌协议；（4）投资方与目标公司、目标公司股东、管理层签订对赌协议；（5）投资方与目标公司、实际控制人、管理层签订对赌协议。

2012 年 11 月，最高人民法院对国内首例 PE 对赌协议案件——海富投资案，即苏州工业园区海富投资有限公司（以下简称海富公司）诉甘肃世恒有色资源再利用有限公司（原甘肃众星铸业有限公司，众星公司与世恒公司属于同一家公司）、香港迪亚有限公司（以下简称迪亚公司）、陆波公司增资纠纷案作出再审判决。判决认为投资方与目标公司股东、目标公司管理层签订的对赌协议书是有效的，投资方与目标公司签订的对赌协议无效，投资方与目标公司、目标公司股东、管理层签订的协议，涉及投资方与目标公司对赌部分无效。

在海富投资案判决公布之后，我们曾经设想，本案是世恒公司对赌失败，海富公司依据对赌协议要求世恒公司给予金钱补偿，法院认定对赌协议无效。如果世恒公司对赌胜出，世恒公司依据对赌协议要求海富公司给予补偿，这份对赌协议是否有效呢？从法院审判思路上看，海富公司给予世恒公司金钱补偿对债权人有利的，不损害债权人利益，对赌协议应当是有效的。这就出现了一个悖论，同一份协议，原告主体不同，协议效力就可能不同。

《九民纪要》对对赌协议的法律效力作出调整，将海富投资案再审判决中认定的投资方与目标公司签订的对赌协议无效，调整为有效。需要说明的是，《九民纪要》针对性地解决投资方与目标公司对赌协议的法律效力问题，认定投资方与目标公司对赌协议有效，仅指排除了目标公司作为对赌主体对对赌协议效力的影响，至于其他“法定事由”对对赌协议效力的影响，应当依照合同法进行审查，其他“法定事由”导致对赌协议无效的，对赌协议仍然无效。

三、对赌的类型

（一）狭义对赌、中义对赌和广义对赌

以对赌协议约定的内容范围为标准，可以将对赌协议分为狭义对赌、中

义对赌和广义对赌。

1. 狭义对赌。仅指初始投资的作价调整条款,即针对股权估值困难,双方约定以特定时间后公司实现的业绩作为标准,或者对超额投入的投资者给予补偿,或者要求投入不足的投资者增加出资。狭义的对赌最符合"估值调整机制"(VAM)的本义。

2. 中义对赌。包括狭义的初始投资作价补偿条款和投资者退出时的股份(股权)回购条款。股权回购通常以被投资企业未能成功实现 IPO 上市为对赌条件。严格来说,将通过股权回购退出目标公司作为"估值调整"是比较勉强的,因为此时投资方的投资已经在性质上由投资转变为"借款",股权回购价格通常定义为投资款和年化收益率。股权回购退出没有对投资作价进行估值调整功能,可以称为"对赌协议",但不是"估值调整机制"。

3. 广义对赌。将"对赌协议"笼统地表述为投资方与融资方就未来不确定的情形所作的约定,根据未来企业的实际盈利能力,由投资者或者融资者获得一定的权利作为补偿,包括以优先股作为投资工具,采取分期融资、控制权分配(以及重新分配)、创始人薪酬安排、棘轮条款、领售权、回购优先股等一系列特殊设计,这些安排都意味着某种约定的事件在未来发生时对投资者和融资者之间的权利义务(及利益)的变化或调整,具有"对赌"的内含。[1]

2007 年 11 月 1 日,世恒公司、海富公司、迪亚公司、陆波共同签订的《甘肃众星铸业有限公司增资协议书》第 7 条特别约定第 1 项约定,众星公司改制,争取在境内证券交易所发行上市。第 2 项业绩目标约定:众星公司 2008 年净利润不低于 3000 万元人民币。如果众星公司 2008 年实际净利润完不成 3000 万元,海富公司有权要求众星公司予以补偿,如果众星公司未能履行补偿义务,海富公司有权要求迪亚公司履行补偿义务。补偿金 =(1 - 2008 年实际净利润/3000 万元)× 本次投资金额。第 3 项约定:如果至 2010 年 10 月 20 日,由于众星公司的原因造成无法完成上市,则海富公司有权在任一时刻要求迪亚公司回购届时海富公司持有之众星公司的全部股权,迪亚公司应自收到海富公司书面通知之日起 180 日内按以下约定回购金额向海富公司一次性支付全部价款。在《增资协议书》中对赌双方同时约定了狭义对赌和

---

〔1〕 刘燕:《对赌协议与公司法资本管制:美国实践及其启示》,载《环球法律评论》2016 年第 3 期。

中义对赌，既约定了业绩目标，也约定了上市对赌条件，属于中义对赌。众星公司2008年未能实现利润3000万元，海富公司根据众星公司经营业绩调整投资，要求"返还"多投入的资金。

(二)单向对赌与双向对赌

根据对赌利益调整针对的对象不同，对赌可以分为单向对赌和双向对赌。

1. 单向对赌

单向对赌，是指目标公司在约定的未来某个时点到来时，未能达到约定的条件或者经营业绩，目标公司或者控股股东、管理层按照协议的约定给予投资方补偿或者回购投资方股权。

单向对赌产生的原因主要是信息不对称、公司经营的不确定性。简单地理解，投资方与目标公司之间是一种买卖关系，目标公司以股权融资，是把股权卖给投资方，取得投资方的资金；投资方用资金购买目标公司的股权。在这一买卖关系中，操作买卖的是公司控股股东、管理层，是他们为目标公司股权定价，也是他们向投资方披露目标公司的信息。在这个买卖关系中，目标公司的控股股东、管理层为投资方确定了两个价格，也可以说是一个价格一个前景。一个价格是目标公司增资时出卖股权的价格，也就是投资方购买目标公司股权的价格。另一个价格是投资方将来退出时股权转让价格，目标公司控股股东和管理层给出的这个价格通常是近似于肯定性的预测性价格，至少是目标公司战略规划中预计实现的价格。第一个价格关系到投资方购买目标公司股权在价格上是否公平，第二个价格关系到投资方投资后能不能取得与目标公司承诺的一样多的回报。

双方是不是做到了等价有偿，关键是对目标公司的股权定价。这个定价首先是通过对目标公司估值实现的，对目标公司估值涉及目标公司过往的业绩，投资方根据目标公司过往经营信息对目标公司进行价值衡量。目标公司对过往业绩信息披露的是不是真实、充分，关键看控股股东和管理层。

对于投资方能不能取得投资回报，关键看目标公司在未来能不能实现承诺的战略目标。战略目标能不能实现，与制定战略的基础数据是不是真实有关，与战略是否合理有关，同时与公司未来经营过程中存在的诸多不确定性有关。

对于融资时目标公司估值的不合理，融资之后在规定的时间内战略目标未实现，主要责任在目标公司一方。投资方为了防范投资风险，在投资时要求对赌，要求目标公司或者控股股东、管理层对其承诺的，包括公司业绩标准、利润实现、公司上市等承担不诚信义务。

2. 双向对赌

双向对赌，是指目标公司在约定的未来某个时点到来时，不能达到约定的条件或者经营业绩时，目标公司或者控股股东、管理层按照协议的约定给予投资方补偿或者回购投资方股权。如果目标公司在约定的未来某个时点到来时，达到了约定的条件或者经营业绩，投资方应当按照协议的约定给予目标公司补偿。2006 年太子奶引进英联、摩根士丹利、高盛风险投资 7300 万美元，占公司 30% 股权，其中英联出资 4000 万美元，摩根 1800 万美元，高盛 1500 万美元。双方对赌协议约定在收到 7300 万美元注资后的前 3 年，如果太子奶集团业绩增长超过 50%，就可调整（降低）投资方股权；如完不成 50% 的业绩增长，李途纯将会失去控股权。当时太子奶实现连续 10 年的复合增长率超过 100%，这给了李途纯很大的底气。借助这些资金，李途纯开始扩张。2008 年 8 月，太子奶集团资金链断裂，随后陷入了严重的债务危机。三大投行以再注资 4.5 亿元的承诺让李途纯交出所持的 61.6% 股权，李途纯对赌失败。

李途纯、太子奶与英联、摩根士丹利、高盛签订的是双向对赌协议，如果太子奶完成目标，投资机构调低自己的股份，拿出一部分补偿李途纯，否则李途纯就要交出对太子奶的控制权。

四、对赌条件

在国外，对赌的条件很多，一些是财务业绩指标，比如公司销售收入指标、利润指标；另一些是非财务业绩指标，包括公司上市、KPI（关键绩效指标）、用户人数、产量、产品销售量、技术研发等。一般来说，对赌条件不宜太细，最好能有一定的弹性空间，否则公司为达成业绩从事一些短视行为。在国内主要是公司业绩对赌和上市对赌，业绩对赌主要是利润指标。

1. 上市对赌。投资方与目标公司、控股股东、管理层约定，如果目标公司不能在未来约定的时间内完成在境内或者境外证券交易所上市，目标公司、控股股东、管理层应当按照约定的价格或者计算方法回购投资方股权或者给予投资方金钱补偿。据统计，从 2014 年到 2019 年，对赌诉讼案件共 5353 件，其中以上市为对赌条件的1777件，占全部对赌案件的33.2%。[2] 关于上市对赌条件，有约定在国内上市的，也有约定在国外上市的。对于好一点的、规模大一点的公司，双方约定在国内主板、中小板、创业板、科创板上市，也有约定以完成新三板挂牌为对赌条件的。

2. 业绩对赌。投资方与目标公司、控股股东、管理层约定，如果目标公司在未来约定的时间点到来时，经营业绩达不到双方约定的指标时，由目标公司、控制股东、管理层按照协议约定或者约定的计算方法给予投资方现金补偿、股权补偿，或者现金与股权混合补偿，或者回购投资方股权。从2014年到2019年，对赌诉讼案件共5353件，其中以经营业绩为对赌条件的3576件，占全部对赌案件的66.8%。[3]

五、对赌方式

对赌方式，也称为对赌工具，可以理解为对赌"筹码"，即输赢的标的。对赌方式内容很多，主要包括股权调整、货币补偿、股权回购、投票权、新股认购权及价格、公司治理席位、反稀释等等。《九民纪要》主要列举了投资方与目标公司之间股权回购和金钱补偿两种对赌方式。我们以投资方与目标公司之间对赌为例，从目标公司一方对赌失败的角度，重点对股权回购、金钱补偿、股份补偿作一些解释。

（一）股权回购

股权回购，又称回购，是指目标公司与投资方约定，当目标公司在约定的时间内不能达到约定的对赌条件时，投资方有权要求目标公司按照约定的价格回购投资方持有的目标公司股权。投资方与目标公司约定以上市为对赌条件时，多采取股权回购的对赌方式。双方约定如果目标公司在规定的时间内不能实现上市，目标公司应当按照协议约定的价格或者约定的计算方法回购投资方的股权。回购价格通常是投资额加年化收益率。在目标公司将投资款及收益支付给投资方后，投资方交还股权，退出目标公司。

（二）金钱补偿

金钱补偿，是指目标公司在约定的未来某一时点到来时，实际经营业绩未达到对赌协议约定的指标时，目标公司按照约定的比例或者金额，或者约

〔2〕 郑绪华：《对赌法律实务：争战·研判·实操》，法律出版社2020年版，第6－9页。

〔3〕 郑绪华：《对赌法律实务：争战·研判·实操》，法律出版社2020年版，第6－9页。

定的计算方法，以货币的方式补偿（返还）投资方多投入的资金或者少得的利润。

金钱补偿包括投资差额补偿和利润差额补偿。

1. 投资差额补偿的计算方法

目标公司融资时一般按市盈率（P/E）估值，估值的公式：

目标公司估值 = 目标公司预计利润 × 约定 P/E。

当投资方拟获得目标公司一定比例股权时，投资金额的计算公式：

投资金额 = 目标公司估值 × 投资方持股比例。

当目标公司未实现预计利润（也称对赌利润）时，说明目标公司融资时的估值高了，也就是说目标公司不值这么多钱，投资方买目标公司的股份买贵了，双方要按照实际利润调整公司的估值，重新计算投资额。在持股比例不变的情况下，投资金额应调整为：

调整后的目标公司估值 = 目标公司实际利润 × 约定 P/E。

调整后投资金额 = 调整后的目标公司估值 × 投资方持股比例。

因实现的利润少于对赌利润，故持有相同比例股权，投资方需支付的投资款应减少，调减金额为：投资金额 − 调整后投资金额。

该部分款项本质上是目标公司违反等价有偿原则，向投资方多收取的资金，目标公司应返还给投资方：

返还金额 = 调减金额 = 投资金额 − 调整后投资金额。

该返还金额即投资差额补偿。

例如，在海富投资案中，世恒公司融资时承诺 2008 年实现利润 3000 万元，世恒公司估值为 51948.05 万元（2000 ÷ 3.85%），P/E 值约为 17.32（51948.05 ÷ 3000）。

投资方投资额 = 承诺利润 × 约定 P/E × 投资方持股比例 = 3000 万元 × 17.32 × 3.85% = 2000(.46) 万元。

调整后投资金额 = 实际实现的利润 × 约定 P/E × 投资方持股比例。

根据 2008 年世恒公司实现的利润，调减投资方的投资额。

调减金额 = 投资金额 − 调整后投资金额。

海富投资案中，双方在增资协议书中约定：众星公司 2008 年净利润不低于 3000 万元人民币。如果众星公司 2008 年实际净利润完不成 3000 万元，海富公司有权要求众星公司予以补偿，如果众星公司未能履行补偿义务，海富公司有权要求迪亚公司履行补偿义务。补偿金 =（1 - 2008 年实际净利润/3000 万元）× 本次投资金额。海富投资公司所要求的补偿，本质上是对目标公司估值调整后，投资方要求退回的多支付的投资款，这在法律上贯彻的是等价有偿原则。判决书中说：工商年检报告登记记载，众星公司 2008 年度生产经营利润总额 26858.13 元，净利润 26858.13 元，与判决补偿 1998.2095 万元不符。我们需要重新计算一下众星公司 2008 年实际的利润。假设 2008 年众星公司实际完成利润为 X。

公式：补偿金 =（1 - 2008 年实际净利润/3000 万元）× 本次投资金额

即 1998.2095 =（1 - X/3000）× 2000

则 X = 2.68575 万元。

调整后投资金额 = 2.68575 万元 × 17.32 × 3.85% = 1.7909 万元。

海富公司实际投资 2000 万元，调整后的投资金额为 1.7909 万元，多投入 1998.2091 万元（数字存在小的差别不影响说明问题）。按照对赌协议约定，目标公司应当给予投资方的投资差额补偿是 1998.2091 万元，投资方持有目标公司的股份不变，但投资方取得同样比例的股权，支付的投资额减少了。

2. 利润差额补偿

在目标公司融资时承诺在对赌期内实现一定数额的利润或一定的利润增长率，并以此对目标公司估值，按照此估值计算投资方的投资额和持股比例，当目标公司实际完成的利润达不到承诺的金额或增长率时，目标公司承诺给予投资方相应的货币补偿。

在计算利润差额补偿时，投资方的投资金额不变，持股比例不变，仅就目标公司承诺而未实现的利润影响的差额要求补偿。计算方法：

利润补偿差额 =（目标公司承诺利润额 - 目标公司实际完成利润额）× 投资方持股比例。

投资方投资的目的是取得投资收益，既然目标公司承诺了投资方投资后能够取得一定数额的利润，双方就此签订了对赌协议。如果目标公司实际实现的利润少于其承诺的利润，仍然按照实际利润给予投资方分红，投资方投资目的将无法全部实现或者根本无法实现，所以目标公司应当按照协议约定给予投资方利润补偿。

我们以海富投资案为例作一下分析。如果他们约定的是利润补偿，众星公司和迪亚公司应当补偿海富公司多少利润。2008 年众星公司实际完成利润 2.68575 万元,双方约定的利润是不低于 3000 万元。海富公司持有众星公司 3.85% 的股权,按此比例分红:

海富公司约定应分配利润 = 3000 万元 × 3.85% = 115.5 万元。

海富公司实际可得利润 = 2.68575 万元 × 3.85% = 0.1034 万元。

利润补偿额 = 115.5 万元 − 0.1034 万元 = 115.3966 万元。

如果海富公司与众星公司约定利润差额补偿,2008 年众星公司应当补偿海富公司利润 115.3966 万元。

(三)股份补偿

目标公司融资时按照市盈率估值,以预计实现的利润与市盈率的乘积作为目标公司的估值,以此估值作为投资方投资的定价基础。投资方投资后,在约定的期限内目标公司实际实现的利润达不到其承诺的利润标准时,也就是说达不到其预计实现的利润时,按照实际实现的利润对此前的公司估值进行调整,目标公司按照调整后的估值以股份的方式对投资方予以补偿。具体计算方法如下:

调整后的公司估值 = 目标公司实际实现的利润 × 约定 P/E。

每股价格 = 调整后的公司估值 ÷ 目标公司股份总数。

投资方应得股份数 = 投资额 ÷ 每股价格。

股份补偿数 = 投资方应得股份数 − 投资方已经取得股份数。

我们还是以海富投资案为例,改变一下补偿方式,将公式中金钱补偿变为股份补偿。海富公司当时投资 2000 万元,取得众星公司 3.85% 的股权,融资时众星公司的估值应为:2000 ÷ 3.85% = 51948.05 万元,也就是说海富公司取得众星公司 1% 的股权需要支付 519.48 万元。现在迪亚公司补偿海富公司 1998.2095 万元,海富公司享有 3.85% 的股权实际投资 1.7905 万元(2000 − 1998.2095),即众星公司 1% 的股权价值仅为 0.4651 万元(1.7905 ÷ 3.85%)。如果按照这个估值,目标公司应当给予海富公司补偿的股份是 4300.15%,也就是说把众星公司所有的股权都给海富公司都不够。

股权回购、金钱补偿和股份补偿之间在后果上存在很大区别,主要表现在以下几个方面:

1. 从主体上看,股权回购的主体是目标公司,金钱补偿、股份补偿的主体可以是目标公司,也可以是控股股东、管理层,还可以是目标公司与控股股东、管理层一起补偿。

2. 从结果上看，股权回购之后，投资方收回投资款和约定的年化收益，不再持有目标公司股权，投资方退出目标公司，目标公司注册资本减少，引起目标公司注册资本变更。金钱补偿是补偿投资方投资差额或者利润差额，投资方持有目标公司的股份不变，目标公司注册资本也不变。股份补偿投资方的投资额不变，目标公司或者控制股东、管理层补偿投资方股份，投资方持有的目标公司股份增加，虽然引起目标公司股权结构变化，但一般情况下不会引起目标公司注册资本变化。

3. 从对债权人利益保护上看，整部《公司法》就是在赋予股东有限责任之后，要求股东和公司如何做才符合公平和正义原则。《公司法》对公司资本进行规制，主要目的是对债权人加以保护。因为在资本资产化之后，体现为股份和债权两个部分，债权人对公司的债权相当于财产或者资金的借用，债权人对公司资产和收益的请求权优先于股份持有者的请求权。根据《九民纪要》规定，股权回购因为引起注册资本的变更（实践中公司回购股权并不必然导致减少注册资本），关系到债权人的利益，法律重点关注的是债权人利益的保护，即需要内部决策程序，更需要履行减少注册资本的法定程序，程序复杂；金钱补偿、股份补偿一般只在目标公司、控股股东、管理层之间发生，属于内部关系，不影响债权人的利益，法律关注的是股东之间的利益平衡，强调公司内部决策程序。

4. 从权益保障程度上看，从海富投资案三种方式测算结果上看，对于众星公司极不靠谱的估值，如果海富公司只与众星公司对赌，选择股权回购是最合理的；如果选择股份补偿，投资权益几乎得不到保障；如果选择利润补偿，也无法保障自己的利益。海富公司虽然在诉讼中胜诉了，但对于本次投资是失败的，其失败的主要原因是未能识别众星公司这样一个极不靠谱的公司估值。对于这样的公司，不是海富公司选择对赌方式正确，而是对赌主体选择合理，要求股东迪亚公司与众星公司对赌才是胜诉的关键，才可能实现其利益。

六、对赌的交易结构

交易结构，是买卖双方为实现最终利益关系，以合同条款形式所确定的一系列交易安排。交易结构确定了投融资双方具体交易方式，包括公司估值、股权价格、投资方式、支付方式与时间、股权交割和股权登记及期限、股权结构、公司控制结构、特别权利、风险分配、退出机制等内容。如果说上述条款属于通用条款,那么下面这些是投资方为降低投资风险而专门设计的特别条款,比如投资的先决条件、承诺与保证、公司治理、反稀释、估值调整、股份出售权、清算优先权、最惠待遇、退出条款和违约责任条款。

交易结构是股权投资协议的核心内容,直接关系到各方的权利义务关系,一个好的交易结构应当满足交易各方的目的,平衡交易各方的风险与收益,投资方退出方式灵活、明确而具有可操作性,符合目标公司所属国家法律。

对赌是交易结构中的一个重要组成部分,主要解决的是风险分配与控制、退出机制等问题。

1. 对赌主体。从形式上看,投资方出资购买目标公司的股权,目标公司向投资方出卖股权,但操作目标公司卖股权的是控制股东、实际控制人、管理层。他们卖目标公司股权的行为是职务行为,如果存在不实信息披露,也是他们所为。控股股东、实际控制人、管理层通常持有目标公司股权,或者目标公司的利益与他们密切相关,融资决策和信息披露经常是他们的"公私合体"行为,并不是单纯的"公"行为。因此,投资方在选择对赌主体的时候,经常要求控制股东、实际控制人、管理层对赌,或者为目标公司与投资方对赌提供担保。

2. 估值调整条款。目标公司、控股股东、实际控制人、管理层向投资方承诺,未实现约定的经营指标(如净利润、主营业务收入等),或不能实现上市、挂牌或者并购,或出现其他影响估值的情形(如丧失业务资质、重大违约等)时,对约定的投资价格进行调整或者提前退出。

3. 股份出售权条款。在目标公司对赌失败时,在目标公司丧失或者降低投资价值的情况下,投资方为了退出目标公司,可以在对赌协议中约定出售股权的保护性条款,包括:

(1)随售权,也称共同出售权条款(tag - along rights)。如果目标公司控股股东、实际控制人、管理层拟将其全部或部分股权直接或间接地出让给任何第三方,则投资方有权要求在同等条件下,优先于控股股东、实际控制人、管理层或者按照与他们之间的持股比例,将其持有的相应数量的股权一并出售给第三方。投资方投资于目标公司,其中一个重要原因是基于对目标公司控股股东、实际控制人、管理层团队的信任,如果这些人转让自己持有的目标公司股份，表明这些人对目标公司的前景已经失去了信心，或者表明转让目标公司股份正逢其时，投资方希望与这些人一起"逃离"目标公司。随售权条款是为控股股东、实际控制人、管理层设定的一项义务。

（2）拖售权，也称强制出售权条款（drag－along right）。如果在约定的期限内，目标公司的业绩达不到约定的要求或不能实现上市、挂牌或并购，或者触发其他约定条件，投资方有权强制目标公司的控股股东、实际控制人、管理层甚至其他股东按照投资方与第三方达成的转让价格和条件，与投资方一起将全部或者部分股份转让给第三方。通常第三方收购目标公司要求取得公司控制权，这就需要收购满足数量或者比例的股份，在投资方自己持有的股份无法满足第三方的收购要求时，为了实现退出目标公司的目的，在投资协议中约定此时目标公司的控股股东、实际控制人、管理层甚至其他持有目标公司股份的股东，有义务但无条件地同意以投资方转让股份同等的条件将股份转让给第三方。

4. 清算优先权条款。如果目标公司经营亏损解散或者破产清算，按照投资协议的约定，投资方享有优先于其他股东分配公司剩余财产的权利。需要说明的是，《公司法》第 187 条规定："公司财产在分别支付清算费用、职工的工资、社会保险费用和法定补偿金，缴纳所欠税款，清偿公司债务后的剩余财产，有限责任公司按照股东的出资比例分配，股份有限公司按照股东持有的股份比例分配。"对于公司清算时按照《破产法》第 113 条规定的顺序清偿债务、缴纳税款之后的剩余财产，投资方可以按照对赌协议的约定优先于其他股东分配剩余财产。

5. 退出条款。退出条款涉及两个方面的内容，一是正常退出，二是非正常退出。正常退出，是指在目标公司完成 IPO、中小板上市、创业板上市、科创板上市之后，投资方将其持有的股权在资本市场上出售，收回投资、实现投资收益，退出目标公司。非正常退出，是指在投资协议中约定股份回购，或者通过行使随售权、拖售权等权利，投资方转让其全部股份，从而退出目标公司。

6. 违约责任条款。无义务则无违反，无违反即无违约责任。为保证股份回购、随售权、拖售权、清算等权利得到实际执行，需要在投资协议书中对目标公司、控股股东、实际控制人、管理层设定义务，违反约定义务即构成违约。

我们以海富公司与世恒公司融资对赌为例具体说明一下对赌交易结构。

目标公司融资的时候,大致包括以下几个步骤:第一步是目标公司制定一个战略目标,这个目标既影响公司估值、股份价格,也决定着公司对资金的需求,影响着本次目标公司融资金额。第二步是目标公司确定一个估值,用这个公司估值为股权定价。第三步是确定目标公司的股权结构,决定用多少股权融到想要的资金额度。实践中这种顺序经常是颠倒的。目标公司先根据公司资金缺口确定资金需求额度,确定融资金额,然后确定愿意拿出多少股份去融资,因为这涉及公司股权结构和控制权。根据融资额度和股权数量确定公司估值,最后为公司估值找依据、找理由。第四步是与投资方进行交易。在这项交易中投资方质疑的和通过尽职调查核实的,就是目标公司前三步设计的或者承诺的。

增资前世恒公司注册资本 384 万美元,折合人民币 2871.2448 万元(汇率 7.4772),海富公司投入 2000 万元人民币,取得 3.85% 的股份,世恒公司估值 =2000 万元 ÷3.85% =51948.05 万元。也就是说,注册资本 2871.2448 万元的世恒公司,市场估价为 5.194805 亿元,溢价高达 17.4 倍。按照注册资本计算世恒公司 1% 的股权价值 28.71 万元,海富公司购买世恒公司 1% 的股权却花了 519.48 万元。这就是海富公司本次交易价格。

海富公司高溢价投资,其交易目的是通过世恒公司上市获取股权增值收益。对于世恒公司如此巨大的估值,海富公司显然是持怀疑的态度,双方将公司估值争议搁置一边,暂且按照世恒公司确定的公司估值进行交易。为保护自已的利益,降低投资风险,海富公司要求与世恒公司对赌,约定以世恒公司 2008 年利润不低于 3000 万元,且世恒公司上市为对赌条件。如果世恒公司在约定的时间内完成上市,海富公司投入的资金不再要求补偿,至于能不能实现投资目的就看世恒公司上市后的股票价格是高是低了。世恒公司没有在规定的时间完成上市,海富公司选择要求世恒公司及其股东迪亚公司给予金钱补偿,计算方法为:补偿金额 =(1 -2008 年实际净利润/3000 万元)× 本次投资金额。

2008 年世恒公司实际完成利润 2.68575 万元,按照上述公司计算,世恒公司应当给予海富公司的金钱补偿为:

补偿金额 =(1 -2008 年实际净利润/3000 万元)× 本次投资金额

=1998.2095 万元。

在股权融资时,目标公司是按照公司估值确定的股份价格将股份卖给投资方，股份交易价格的确定通常与目标公司注册资本脱离了关系，而在股权结构上标记投资方股份比例时又回归与注册资本的关系。这就导致投资方向目标公司的投资金额与计入目标公司注册资本的金额出现不一致。

目标公司股权融资是以增加注册资本的方式实现的，对于目标公司高估值融资，也就是说投资方溢价投资，投资额的一部分计入目标公司注册资本，另一部分计入资本公积，份额的多少受到溢价比率的影响。

计入注册资本投资额＝投资方股权比例×原注册资本额÷(1－投资方股权比例)。

增资前世恒公司注册资本384万美元，折合人民币2871.2448万元(汇率7.4772)，海富公司投入2000万元人民币，取得3.85%的股份。

计入注册资本投资额＝3.85%×2871.2448万元÷(1－3.85%)＝110.54÷0.9615＝114.97万元人民币。

海富公司投入的另外1885.03万元计入世恒公司资本公积。

增资后世恒公司注册资本按照人民币计算变更为2986.2148万元(2871.2448＋114.97)，以美元计算变更为399.38万美元(384＋15.38)。

投资方的股权比例可以用两个公式计算：

投资方股权比例＝投资方投资额÷目标公司估值＝2000÷51948.05＝3.85%。

投资方股权比例＝计入注册资本投资额÷(原注册资本额＋计入注册资本投资额)

＝计入注册资本投资额÷增资后注册资本额

＝114.97÷2986.2148

＝3.85%。

世恒公司价值114.97万元的3.85%股份，海富公司是用2000万元购买的，海富公司多花了1885.03万元，二审法院以“联营保底合同无效”为由，判决世恒公司返还多收取的1885.03万元，指的就是计入世恒公司资本公积的这部分。

七、对赌主体和对赌方式对对赌协议履行的影响

将最高人民法院海富投资案再审判决结论和《九民纪要》结合起来，我们可以得出这样的结论：投资方与目标公司股东、实际控制人、管理层签订的对赌协议，受合同法调整，在对赌协议效力认定和合同履行上不受公司法的

规范；投资方与目标公司签订的对赌协议，既受合同法的调整，也受公司法的约束，在对赌协议效力认定上执行合同法，在对赌协议的履行上受公司法调整。“一判决一纪要”确定投资方与目标公司、控股股东、实际控制人、管理层签订的对赌协议均为有效。不同的对赌主体与投资方签订对赌协议，尽管在效力上已经没有差别，但是在对赌协议的履行上差别很大，对投资方利益的影响也很大。

控股股东、实际控制人、管理层作为对赌主体，可以直接履行对赌协议约定的义务。目标公司控股股东、实际控制人、管理层作为对赌主体与投资方签订对赌协议，在对赌失败时，无论是购买投资方的股权，还是给予投资方金钱补偿、股份补偿，因为不涉及公司债权人的利益，按照对赌协议约定履行即可，既不需要公司内部决议程序，也不需要减少注册资本，对对赌协议的履行在法律上没有什么障碍。目标公司与投资方对赌，因对赌方式不同，履行的对赌义务不同，履行程序也不同。

1. 目标公司回购投资方股权须履行减少注册资本的法定程序。《九民纪要》第 5 条第 2 款规定：“投资方请求目标公司回购股权的，人民法院应当依据《公司法》第 35 条关于‘股东不得抽逃出资’或者第 142 条关于股份回购的强制性规定进行审查。经审查，目标公司未完成减少注册资本程序的，人民法院应当驳回其诉讼请求。”根据资本不变原则，未经法定程序不得任意变动。因此在股份回购的场合，公司使用自有资金收购自己发行在外的股份时将发生公司资本减少的情形，必须将法定的减少注册资本程序前置。那么减少注册资本程序前置有必要吗？这涉及减少注册资本的传统分类问题。依照净资产是否流出公司，减资分为形式减资和实质减资两种。形式减资是指只减少注册资本额，净资产不向公司外流出；实质减资则是在减少注册资本额的同时将一定金额返还给股东，从而减少净资产。因此，“对赌协议”中的减资程序是实质减资。按照《公司法》的规定，在未履行债权人保护法定程序之前，投资方不能实际获得目标公司的回购款。基于这样的理念，减资程序不可或缺，而且减资程序需要前置。

2. 目标公司履行金钱补偿义务应当遵循的法定程序。《九民纪要》第 5 条第 3 款规定：“投资方请求目标公司承担金钱补偿义务的，人民法院应当依据《公司法》第 35 条关于‘股东不得抽逃出资’和第 166 条关于利润分配的强制性规定进行审查。经审查，目标公司没有利润或者虽有利润但不足以补偿投资方的，人民法院应当驳回或者部分支持其诉讼请求。今后目标公司有利润时，投资方还可以依据该事实另行提起诉讼。”法院依照《公司法》第 166 条的规定，审查目标公司的可分配利润数额，根据目标公司可分配利润数额与投资方请求金钱补偿金额的关系作出判决。

3. 目标公司履行股份补偿义务应当遵循的法定程序。难点在于目标公司如何拥有本公司的股份，如果没有库存股，需要回购本公司股份，仍需遵守《公司法》第 142 条的规定。我们以《九民纪要》明示的股权回购和金钱补偿为例，看一下对赌方式对对赌协议履行的影响。如果投资方与控股股东、实际控制人、管理层以股权回购的方式对赌，对赌协议按照合同法规定执行即可，基本无其他特别程序，这种对赌方式对对赌协议的履行影响较小。如果投资方与目标公司以股权回购的方式对赌，对对赌协议的履行影响巨大。《九民纪要》规定，目标公司完成减少注册资本程序应当在一审判决作出之前，如果目标公司在此之前未能完成减少注册资本程序，投资方请求目标公司回购股权的诉讼请求将被法院驳回，其目的难以实现。《九民纪要》第 5 条第 3 款规定：“投资方请求目标公司承担金钱补偿义务的，人民法院应当依据《公司法》第 35 条关于‘股东不得抽逃出资’和第 166 条关于利润分配的强制性规定进行审查。经审查，目标公司没有利润或者虽有利润但不足以补偿投资方的，人民法院应当驳回或者部分支持其诉讼请求。今后目标公司有利润时，投资方还可以依据该事实另行提起诉讼。”简单地说，法院通过计算，目标公司的可分配利润能够补偿多少，可能判决支持多少，没有利润或者有一部分利润但不适宜补偿的，则驳回投资方的诉讼请求，今后目标公司有足够利润时，投资方还可以依据该事实再行提起诉讼。

八、对投资方要求目标公司履行股权回购义务的审查

《九民纪要》对对赌协议裁判路径，欠缺对公司实践运营方式的了解和思考，原因是法官缺少商业体验。在下面的几段分析中我们会加入一些公司治理运营实践性内容，以求完善对投资方要求目标公司履行股权回购义务诉讼内容的审查。

《九民纪要》第 5 条第 2 款规定，“投资方请求目标公司回购股权，人民法院应当依据《公司法》第 35 条关于‘股东不得抽逃出资’或者第 142 条关于股份回购的强制性规定进行审查。经审查，目标公司未完成减少注册资本程序的，人民法院应当驳回其诉讼请求。”现结合公司法规定、公司投融资实践

和民事诉讼法的规定，就法院审理该类案件我们应当从哪些方面审查案件事实，审查哪些证据（律师从哪些方面构建证据体系）提出一些想法。《九民纪要》第5条第2款规定使用"或者"一词，说明法院需根据不同的案件，在第35条关于"股东不得抽逃出资"和第142条关于股份回购的强制性规定之间作选择性审查，这也强调了法院审查的两个重点，这两个重点是法院依职权主动审查的内容，因为这两点的立法意图在于保护债权人的利益。

股东抽逃出资，指在公司成立之后，股东非经法定程序，从公司抽回相当于已缴纳出资数额的财产，同时继续持有公司股份。《公司法》第200条和《刑法》第159条，将抽逃出资定义为公司发起人、股东违反公司法的规定，在公司成立后又抽逃其出资的行为。这也是《公司法》第35条禁止的事情。《公司法司法解释（三）》第12条规定股东抽逃出资六种行为方式：（1）制作虚假财务会计报表虚增利润进行分配；（2）通过虚构债权债务关系将其出资转出；（3）利用关联交易将出资转出；（4）其他未经法定程序将出资抽回的行为。从司法解释的规定上看，其前三种明示的是"虚假""虚构"行为，而第（4）项是"兜底条款，"其落脚点是"未经法定程序将出资抽回"，所以违反法定程序从公司取得资金才是问题的关键。

投资方收回投资退出目标公司有两种途径，一是转让股权，二是公司回购其股权。如果有人愿意接受投资方转让的股权，就不会涉及股权回购和减少注册资本问题。公司回购股东的股权包括《公司法》第74条、第142条规定的情形，再就是履行对赌协议义务回购投资方股权。《公司法》第142条规定的情形属于目标公司主动行为，《公司法》第74条和对赌协议规定的目标公司回购股份行为，属于股东或者投资方主动行为，目标公司被动行为。《九民纪要》将目标公司回购投资方股份视为目标公司"假意主动"行为，未完成此行为投资方的诉讼请求不能得到支持。

目标公司回购股权可能需要减少注册资本，也可能不需要减少注册资本。如果公司在回购股份之后将股份转让给其他股东或者投资方，或者用于股权激励，就不需要减少注册资本。《九民纪要》将目标公司回购投资方股权归入《公司法》第142条为了"减少公司注册资本"而回购本公司股份的法定情形。公司法强调的抽逃出资构成违反法定程序，主要指法律规定的公司减少注册资本程序或者公司向股东分配程序，重点在于维护债权人利益。投资方依据投资协议投资后，在公司法上成为公司股东，注册资本变更后增加了对债权人承担责任的限额;投资方与目标公司对赌,依据对赌协议成为目标公司的债权人。因为投资方具有双重身份,投资方退出才受到《公司法》“减少注册资本程序”的规制,既要符合公司内部决议程序,又要具备和满足对外通知、公示、变更登记等程序,其侧重点是程序的对外公示性,因为只有这样才符合保护债权人利益的法律要求。

公司回购股权构成资本返还。资本返还,是指除了合法的利润分配(通常是股利)及经授权的减少注册资本或者经其他合法授权程序之外,任何公司资产向股东的转移或者支付均构成资本返还。根据资本维持原则,除依法定的事由、法定的程序,任何股份资本所代表的公司财产不得返还给股东,否则构成抽逃出资。股东抽逃出资和投资方要求目标公司股权回购之间既有共同点,也有明显的区别。撤回出资是二者的共同点,其区别主要表现为以下五个方面:第一,股东抽逃出资虽然撤回了资本,但仍然保留在公司中持有的股份,不改变公司注册资本;而投资方通过目标公司回购其股权撤回投资,在目标公司不再持有股份,需要变更公司注册资本。第二,股东抽逃出资受资本维持原则管制,投资方要求目标公司回购股权既涉及资本维持原则,又涉及法定资本制。第三,股东抽逃出资大多属于控股股东、实际控制人、管理层利用控制权谋取的私人收益行为,更多的是依靠“虚假”“虚构”手段,是确定性违反法定程序的行为;而投资方要求目标公司回购股权依据的是对赌协议,并不具有当然的违法性。第四,股东抽逃出资行为主要由《公司法》规范,股东没有合法的权利基础;而投资方要求目标公司回购股权,是基于对赌协议确定的债权人地位。第五,抽逃出资的股东丧失股东资格,是因其拒不返还抽逃的出资,公司股东会决议将其除名,这种除名大多是非自愿的;投资方要求目标公司回购股权而丧失股东资格,是依据合同的自愿行为。

通常,投资方与目标公司在投资协议中约定,投资方以投入资金购买目标公司股权;在对赌协议中约定目标公司回购其股权,实质上是在符合约定的条件时将投资取得的股权再卖回给目标公司。目标公司回购投资方股权后,投资方在目标公司不再持有股权,这与抽逃出资在本质上存在差异。那么,投资方在不保留股权的前提下要求目标公司回购股权,如何构成抽逃出资将成为问题的关键,唯一的可能是目标公司既无利润可分,也无增值可能,发展前景渺茫,股东之间、股东与公司之间恶意串通,意在掏空公司资产,逃避债务,或者同时是为了损害小股东利益,以股份回购为名行抽回出资之实。

目标公司在完成减少注册资本程序之后,也可能构成抽逃出资。但在诉讼中,投资方尚未从目标公司撤回投资以致引起诉讼,因此违反法定程序一般很难成立,除非目标公司未经减少注册资本直接将投资返还给投资方,或者没有对不存在对赌而按照对赌回购投资方股份,法院因此审查目标公司回购股份行为的合法性,才可能在股权回购诉讼中涉及对赌是否构成抽逃出资进行审查。如其他股东或者公司债权人以目标公司未经法定程序将投资返还给投资方构成抽逃出资为由提起诉讼,该类诉讼应归于《公司法司法解释(三)》第12条第2项规定的"通过虚构债权债务关系将其出资转出"范畴,不属于股权回购诉讼。《公司法司法解释(三)》第12条侧重于规范股东抽逃出资行为,而不是投资方股权回购行为。投资方要求回购股权与典型的股东抽逃出资不符。

我们抛开上述存有疑问的地方,从诉讼查明案件事实的角度考虑,对投资方要求目标公司回购股权是否构成抽逃出资的审查,法院审查的范围主要包括以下内容:(1)审查是否为增资,以及是否实际出资。这是最基本的事实,如果没有实际出资,就无所谓抽逃出资。投资方从公司拿走资金构成借贷、侵占等另外的法律关系。(2)资金来源。如果投资方已经实际出资,还要看投资方的资金来源。(3)资金流出。审查投资方的投资是否已经从目标公司中流出。(4)资金流出的理由、金额、方式、渠道。主要审查资金从目标公司流出是否具有合理的业务根据,这种根据是否真实、正当。(5)资金流向。审查资金的最终流向,是否又回到来源之处。如果投资方以自有资金投资,该资金是不是最终流向了投资方或者投资方的母公司、全资子公司或者其他关系密切的关联公司。如果投资方是用借贷资金投资,看资金是不是最终流向了资金出借人。如果是投资方以非货币出资,既要看作为出资的非货币财产的价值评估,也要看是不是约定以货币方式回购,以此确定是否存在名为出资实为高价销售的行为。

资金是"闭环流动、正当理由",还是"直线流动",这是法院审查是否构成抽逃出资的思维路径。如果股东出资由资金出处经过目标公司之后又回到资金出处,且无正当理由的,可以认定构成抽逃出资。这个过程可能经过很多环节,但最终都会形成一个闭环,投入的资金最终回到资金来源之处。而正常的公司业务活动,资金是"直线流动"的,资金从股东或者股东关联公司到目标公司,再到客户,这是一条直线。在目标公司正常业务中"正当理由”并不重要，只有资金“闭环流动”时，审查“正当理由”才显得非常重要，因为这样可以界定资金流动是不是目标公司正当业务行为的结果。

在投资方投资到位之后，目标公司增加了注册资本，应当按照法定程序到登记机关变更公司注册资本，并将投资方登记为目标公司股东。这是投资方要求目标公司回购股权，目标公司应当履行减少注册资本程序的适用前提。目标公司登记的注册资本对公司债权人具有信用价值，因涉及债权人利益保护，法律要求目标公司减少注册资本须履行法定程序。对于投资方要求目标公司履行回购股权义务，通常包括下列程序：(1)投资方要求目标公司回购股权的通知。投资方需按照对赌协议约定的方式、时间、送达地址等向目标公司发出请求回购股份的书面通知。此通知代表着投资方依据投资协议书行使股权回购权利，要求目标公司履行回购义务。通知中应当载明股份价格基准日，以此时间确定股份价格。通知中应当明确目标公司按照对赌协议规定的时间履行回购义务，如果对赌协议中没有规定时间的，投资方可以为目标公司履行义务设定期限，还可以要求目标公司就通知事项在规定的时间内回复投资方。(2)公司董事会审议。目标公司召开董事会会议，对投资方要求目标公司回购股份进行审议。董事会决议包括两个方面的内容：一是按照公司内部决议程序要求，对股份回购进行决议，并详细说明股份回购的方式、程序。二是对公司减少注册资本进行决议。董事会制定的股份回购和公司减少注册资本的方案，内容包括投资方投资方式、投资日期、投资额、股份比例，投资方要求回购股份的依据、股份数量或者比例、金额、时间及程序等；公司减少注册资本的数额、比例、法定程序等。(3)股东会或者股东大会决议。目标公司董事会决议同意投资方要求股份回购和减少注册资本的，应当将此两事项提交股东会或者股东大会审议，需按照《公司法》和公司章程的要求发出会议通知。对投资方要求目标公司回购股份进行表决时，投资方股东的表决权被排除。(4)通告公告债权人。(5)按照债权人要求清偿债务或者提供担保。(6)修改公司章程。(7)注册资本变更登记。(8)回购股份。《九民纪要》规定，公司减少注册资本程序完成之后，即注册资本变更登记、公示完成之后，目标公司才能回购投资方股份，向投资方支付股份回购款。否则，法院就会驳回投资方的诉讼请求。在目标公司减少注册资本完成之后，目标公司才能回购投资方股权、向投资方支付回购股权款，履行股权回购义务。

因上述程序中(2)、(3)、(4)、(5)、(6)、(7)涉及减少注册资本程序,须按照公司减少注册资本的程序严格审查。如果目标公司没有完成减少注册资本程序,应当驳回投资方的诉讼请求。如果目标公司已经完成减少注册资本程序,投资方要求目标公司回购股权,支付股权回购款的,法院也要适当审查减少注册资本程序的合法性、与章程一致性及完整性。对于缺少法定程序中的重要环节,如果目标公司愿意补救,也存在补救的现实可能性的,或者可以中止诉讼,待程序补救完成后再行判决,也可以驳回投资方的诉讼请求,待程序补救完成后再行起诉。经审查,目标公司依法完成减少注册资本程序的,法院可以判决目标公司回购股权,向投资方支付回购款。

九、对投资方要求目标公司履行金钱补偿义务的审查

《九民纪要》第5条第3款规定:"投资方请求目标公司承担金钱补偿义务的,人民法院应当依据《公司法》第35条关于'股东不得抽逃出资'和第166条关于利润分配的强制性规定进行审查。经审查,目标公司没有利润或者虽有利润但不足以补偿投资方的,人民法院应当驳回或者部分支持其诉讼请求。今后目标公司有利润时,投资方还可以依据该事实另行提起诉讼。"如果投资方与目标公司签订的对赌协议约定,在目标公司估值过高时,表明投资方投入的资金与取得的股份不等价,目标公司多收取了投资方投资款,应当返还;或者投资方与目标公司约定,在目标公司实际完成的利润低于承诺时,目标公司应当补足投资方应当分配的利润额。类似方式即目标公司给予投资方金钱补偿。

在融资对赌的情况下,在投资协议中投资方是目标公司的股东,在对赌协议中投资方是目标公司的债权人。投资方与目标公司在对赌协议中约定,满足条件时目标公司应当给予投资方金钱补偿,投资方既然是公司股东,从公司拿钱,只能是从公司利润中拿,属于目标公司分配利润。这就是《九民纪要》将金钱补偿定义为利润分配的逻辑。投资方请求目标公司承担金钱补偿义务案件,对投资方是否抽逃出资进行审查。这与股权回购案件对是否构成抽逃出资的审查存在不同。我们都知道,投资方要求目标公司给予金钱补偿,投资方在目标公司持有的股份是不变的,在这种前提下如果投资方将投资全部抽回,可能涉及抽逃出资问题。法院对此类案件审查的内容,包括以下方面:(1)投资方和目标公司投融资行为的真实性和投资协议、对赌协议的法律效力;(2)对赌条件是否成就;(3)金钱补偿的金额是不是根据对赌协议约定计算而来，具体要看以下内容：一是投资差额的形成原因是不是目标公司夸大净资产，或者利润差额是不是目标公司虚构盈利能力对目标公司高估值造成的（通常是这样）。二是目标公司融资时对公司的估值方法与现在的估值方法是不是一致的。比如，审查投资差额，应当看投资协议确定的目标公司估值方法、注册资本、投资方持股比例，计算金钱补偿差额时按照与融资时相同的方法对目标公司估值等等。三是金钱补偿的金额是不是根据对赌协议约定计算而来。这一点非常重要。如果投资方与目标公司直接约定金钱补偿金额，而该补偿金额等于或者高于投资额，可能涉嫌抽逃出资。四是用以计算金钱补偿数额的基础数据来源。五是其他因素。

《公司法》第166条是关于公司税后利润分配的规定，我们可以用一个公式来表达《公司法》第166条的具体含义：

公司当年可分配利润额＝年初未分配利润余额＋公司当年税后利润－亏损－法定公积金－任意公积金。

《九民纪要》第5条第3款规定法院依据《公司法》第166条关于利润分配的强制性规定进行审查，法院审查的重点是看目标公司“是否提取了10%的法定公积金”和“弥补以前年度亏损”，这两项是《公司法》强制性规定目标公司必须提取或者弥补的。对于目标公司是否提取任意公积金，《公司法》第166条第3款规定“公司从税后利润中提取法定公积金后，经股东会或者股东大会决议，还可以从税后利润中提取任意公积金”。可见，《公司法》将是否提取任意公积金的权利赋予了股东会或者股东大会。法院在认定目标公司可分配利润金额的时候，是不是应该从公司当年税后利润中扣除任意公积金，取决于公司股东会或者股东大会的决议。但这里有一个问题，如果股东会或者股东大会决议与公司章程发生冲突怎么办？这主要包括两种情形。第一种情形是公司章程没有规定提取任意公积金，而股东会或者股东大会决议提取任意公积金的；第二种情形是公司章程规定提取任意公积金，而股东会或者股东大会决议不提取任意公积金。根据《公司法》第22条的规定，这样的股东会或者股东大会决议属于“公司决议瑕疵”范畴。法院应当释明股东可以自决议作出之日起60日内，请求人民法院撤销。如果股东不行使撤销权或者行使撤销权失败的，应当按照股东会或者股东大会决议提取任意公积金。法院按照上述公式计算目标公司可分配利润额，然后看该利润额是不是足够支付投资方要求的金钱补偿金额，据此作出判决。

但存在以下情形需要具体分析处理。第一,如果目标公司无利润,现金流也不足,法院驳回投资方的诉讼请求,争议可能不大;但如果目标公司账面体现为盈利,但现金流不足,没有足够的现金履行金钱补偿义务,法院该如何裁判?对于该类案件有些法院有可能将利润解释为现金流体现的利润,如果现金流不足,法院以此为由驳回投资方的诉讼请求。也可能不考虑现金流是否充足问题,按照《九民纪要》的规定,只要账面利润额充足,即判决支持投资方的诉讼请求,至于目标公司有没有钱履行金钱补偿义务,留待执行程序解决。如果目标公司无利润,但现金流充足,按照《九民纪要》的规定,应当驳回投资方的诉讼请求。这样做是否合理我们将在下文中作深入讨论。第二,需要判断没有明确审查的是账面利润,还是实际利润。现实中财务虚假问题非常普遍,特别是对于那些谋求上市的公司,情况可能更严重。从有利于投资方、惩罚弄虚作假的角度出发,判决以账面利润为依据更为合理。

目标公司承担金钱补偿义务是否需要股东会或者股东大会决议呢?依据《九民纪要》关于"对赌协议"的效力及履行和第 5 条第 3 款的规定,因投资方请求目标公司承担金钱补偿义务,如果不构成抽逃出资则不涉及债权人利益保护问题,重点审查目标公司的利润额,以此来决定判决结果:第一,目标公司有利润且足够补偿投资方的,判决支持投资方的诉讼请求。第二,目标公司虽有利润但不足以补偿投资方的,部分支持投资方诉讼请求,驳回其他部分诉讼请求,今后目标公司有利润时,投资方还可以依据该事实就未支持的部分另行提起诉讼。第三,目标公司虽有利润但不足以补偿投资方的,驳回投资方的诉讼请求,今后目标公司有利润时,投资方还可以依据该事实另行提起诉讼。第四,目标公司没有利润的,驳回投资方诉讼请求,今后目标公司有利润且足以补偿时,投资方还可以依据该事实另行提起诉讼。

从《九民纪要》第 5 条第 3 款规定文字表述上看,目标公司利润额的多少是投资方的诉讼请求能否得到法院支持的决定性因素,与目标公司有没有相关的股东会或者股东大会决议无关。只看利润额,不看现金流,即使目标公司有大量的现金流,但是没有利润,投资方的诉讼请求也不会得到支持。这种规定是侧重于保护投资方的利益,还是倾向于保护目标公司的利益,抑或兼顾了股东之间的利益平衡,可能在个案中结论有所不同,但总体上对保证目标公司持续经营还是有利一些。

《九民纪要》第 5 条第 3 款和《公司法司法解释(四)》第 14 条、第 15 条都涉及利润分配问题，那么我们在实践中如何看待《九民纪要》与《公司法司法解释（四）》的关系呢？《公司法司法解释（四）》第 14 条规定："股东提交载明具体分配方案的股东会或者股东大会的有效决议，请求公司分配利润，公司拒绝分配利润且其关于无法执行决议的抗辩理由不成立的，人民法院应当判决公司按照决议载明的具体分配方案向股东分配利润。"第 15 条规定："股东未提交载明具体分配方案的股东会或者股东大会决议，请求公司分配利润的，人民法院应当驳回其诉讼请求，但违反法律规定滥用股东权利导致公司不分配利润，给其他股东造成损失的除外。"从《公司法司法解释（四）》的规定看，公司分配利润应当由股东会或者股东大会作出决议，如果公司没有作出关于利润分配的决议，股东起诉要求分配利润的法院应当驳回其诉讼请求。但是，对于投资方依照对赌协议要求目标公司给予金钱补偿的，《九民纪要》第 5 条第 3 款规定，"投资方请求目标公司承担金钱补偿义务的，人民法院应当依据《公司法》第 35 条关于'股东不得抽逃出资'和第 166 条关于利润分配的强制性规定进行审查。经审查，目标公司没有利润或者虽有利润但不足以补偿投资方的，人民法院应当驳回或者部分支持其诉讼请求。今后目标公司有利润时，投资方还可以依据该事实另行提起诉讼。"《九民纪要》认为，投资方依据对赌协议要求目标公司给予金钱补偿，本质上是公司对投资方的一种利润分配。可以看出《九民纪要》和《公司法司法解释（四）》关于"股东"诉讼要求公司分配利润的裁判规则是不同的。

有最高人民法院法官认为，投资方请求目标公司承担金钱补偿义务，投资方既然是公司股东，从公司拿钱，只能是从公司利润中拿。而从公司的利润中拿，相当于分利润，需要股东会作决议。在目标公司不召开股东会就分红作决议的情况下，投资方不能够起诉，要求目标公司履行，因为这属于公司内部治理范围。而《九民纪要》第 5 条第 3 款对法院作出判决只设定了两个条件，即"是否构成抽逃出资""目标公司的利润额"，并没有规定须经股东会或者股东大会决议。从《九民纪要》规定看，投资方要求目标公司金钱补偿，不需要股东会或者股东大会决议，法院也无须审查目标公司股东会或者股东大会决议。

《九民纪要》这一规定实质上赋予了法院一项特别权利，即在投资方依照对赌协议要求目标公司给予金钱补偿案件中可以直接决定目标公司分配利润。

对于一般股东要求公司分配利润的诉讼,最高人民法院司法解释以“须股东会或者股东大会作出决议”为决定性条件。如果公司有股东会或者股东大会决议,法院支持股东的诉讼请求。对于有限责任公司,如果没有股东会决议,法院应当“召集”股东进行表决。如果目标公司股东会或者股东大会已经就此作出决议,但目标公司利润额不足,法院如何判决。《九民纪要》第5条第3款规定给了我们这样一种认识,即在投资方依据对赌协议要求目标公司给予金钱补偿案件中,公司意志被法院剥夺了。目标公司无意思表示应当分配,说明目标公司有意思表示也不在法院考虑范围之内。公司可分配利润数额是决定法院判决结论的唯一因素。如果目标公司有股东会或者股东大会决议,只是减少法院判决风险的因素,但不是法院支持投资方诉讼请求的因素。如果目标公司没有足够的可分配利润向投资方提供金钱补偿,法院仍然可以驳回投资方的诉讼请求。

在不涉及债权人利益的前提下,投资方的债权人地位“高于”股东地位、合同法“大于”公司法,我们可以将这一认识看成《九民纪要》审理投资方请求目标公司履行金钱补偿义务的裁判规则所包含的理念。《九民纪要》作出与《公司法司法解释(四)》不一样的规定,有条件、有限度地突破了公司自治,可以根据不同的案件区别适用。

十、对投资方要求目标公司履行股份补偿义务诉讼的思考

股份补偿,是指投资方与目标公司在对赌协议中约定,在目标公司未达到承诺的业绩目标时,应当对目标公司价值予以减值调整,在投资方投资金额不变的前提下,根据目标公司新的估值计算投资方应获得的股份,要求目标公司以让渡股权的方式给予投资方补偿。

2012年11月,最高人民法院在海富投资案中,认定投资方与目标公司签订的对赌协议无效,法院遇到此类案件因能够认定对赌协议无效而不再继续往下审理。《九民纪要》改变了判例结论,认定投资方与目标公司签订的对赌协议有效。此类案件将成为一种新型案件,司法实务界如何应对此类案件成为需要深入考虑的问题。鉴于可查询的案例不多,为解决这个问题,笔者尝试对法院审理此类案件审查的内容进行判断。笔者认为,法院审查的内容主要包括案件事实、法律关系及其合法性、投资方诉讼请求是否成立等方面。对案件事实的审查包括审查目标公司的融资行为、投资方的投资行为、投资方投资是否实际到位和目标公司增资后的股东名册、出资证明书或者股权

证、章程修改、注册资本工商变更登记等情况。审查投资协议、对赌协议的法律效力,确定投资方与目标公司之间的法律关系及合法性。对投资方诉讼请求是否成立进行审查,包括:(1)对赌条件是否成就。对赌协议约定的对赌条件,以及该条件是否已经成就。这是投资方要求目标公司履行对赌义务的前提,该前提未成就,投资方要求目标公司履行股份补偿义务的诉讼请求将不会得到支持。(2)投资方投资金额与股权比例的关系。审查目标公司融资时的估值方法和价值金额,投资方投资金额、股权比例与股权投资协议和对赌协议的一致性,评估投资方与目标公司对赌和对赌条件设计方式、合理性、公平性。(3)股份补偿的方式和计算方法。股份补偿的方式应与对赌协议约定为准,且应当与投资方投资时公司估值方法保持一致,与投资方取得股份计算方法保持一致性。(4)投资方诉讼主张中对目标公司具体估值数额、依据的数字及数字来源,双方对目标公司估值是否存在争议。(5)股份补偿是一次性补偿,还是分几个年度多次补偿。如果投资方与目标公司在对赌协议中约定是采取一次性补偿的方式,补偿股份数量按照下列公式计算:

当期每股价格=当期目标公司估值额÷目标公司股本总数。

投资方应得股份数量=投资方投资额÷当期每股价格。

股份补偿数量=投资方应得股份数量-投资方已得股份数量。

如果投资方与目标公司在对赌协议中约定是采取分年度股份补偿的,每年补偿股份数量按照下列公式计算:

当期每股价格=当期目标公司估值额÷目标公司股本总数。

投资方应得股份数量=投资方投资额÷当期每股价格。

当年股份补偿数量=(投资方应得股份数量-投资方已得股份数量)÷年限。

如果双方在对赌协议中已经明确计算方法的,按照约定的计算方法执行。

如果投资方与目标公司的控股股东、实际控制人、管理层以股份补偿的方式对赌,控股股东、实际控制人、管理层对赌失败后,法院可以直接判决他们给予投资方股份补偿。投资方与目标公司对赌,目标公司对赌失败后,按照对赌协议的约定给予投资方股份补偿,那么目标公司补偿给投资方的股份来源就成为案件的关键之一。按照《公司法》的规定,目标公司一般不允许持有本公司股份,那么目标公司给予投资方股份补偿,其股份有哪些来源呢?

无非是库存股、他人为公司代持的股份、回购本公司股份。一般地，库存股是目标公司履行股份补偿义务之前，通过回购、接受赠与等方式取得，存放于公司尚未再出售或是注销的股份；代持有些是公司设立时预留的股份，或者已经支付出资或者认购款而记载在他人名下的股份；通过回购的方式取得的股份，是目标公司支付了对价购买所得。在财务上库存股不属于公司资产（目标公司持有的其他公司的股份亦属此性质），只是一项权益，公司转让库存股按销售价与购买价的差额体现为公司利润。目标公司将股份补偿给投资方，本质上是一种转让行为，可能是零对价，也可能是按照约定的折价转让，公司因此损失的成本和减少的收益，都会记入目标公司的成本或者损失，相应地抵销公司利润。从这个角度理解，目标公司给予投资方的股份补偿，等同于金钱补偿。

既然投资方要求目标公司承担股份补偿义务等同于金钱补偿，应当类推适用《九民纪要》第5条第3款的规定，重点审查目标公司是否有足够的股份补偿投资方，以此来决定判决结果。

目标公司虽然没有股份，或者虽有股份但不足以补偿投资方的，目标公司愿意回购股份且能够回购取得股份的，投资方与目标公司可以调解的方式结案。如果目标公司没有股份，也不能取得股份，投资方可以变更诉讼请求，要求目标公司承担违约责任。违约责任是不是能够全面维护投资方的利益，关键要看对赌协议中违约责任条款的设计。

目标公司补偿投资方股份，只是股份在目标公司、其他股东、投资方之间“转让”，这种转让可能引起目标公司股权结构变化，也可能引起股东结构变化，但不会引起目标公司注册资本总额发生变化，故不涉及公司注册资本的变更，也不涉及减少注册资本程序。如果目标公司没有库存股份，也没有代持股份，也不能回购股份，那么目标公司能否通过增资的方式取得股份呢？公司在增发股份时由公司自己认缴出资，未见法律有明确规定，从《公司法》规定公司不得持有本公司股份的规定来看，公司持有自己的股份只适用法定的例外理由和例外途经，除此之外公司无法取得自己的股份，目标公司通过增资的方式取得本公司的股份存在法律上的障碍。现实中很少出现目标公司以增资的方式取得股份，然后将这些股份补偿给投资方的情形。如果是这样，也仅是在目标公司取得股份的环节引起注册资本的变更。在目标公司取得本公司股份之后，在补偿投资方股份环节并不导致目标公司注册资本的变更，补偿完成后也不需要注册资本变更登记。

十一、注册资本未变更登记，投资方要求目标公司回购股权如何处理

《九民纪要》第5条第1款解决了投资方与目标公司对赌协议的法律效力问题，将原来司法判例认定的无效调整为有效。第2款规定了投资方与目标公司“股权回购”对赌的裁判规则，“投资方请求目标公司回购股权的，人民法院应当依据《公司法》第35条关于‘股东不得抽逃出资’或者第142条关于股份回购的强制性规定进行审查。经审查，目标公司未完成减少注册资本程序的，人民法院应当驳回其诉讼请求。”目标公司增资后完成注册资本变更登记，是目标公司减少注册资本的前提性程序，未增资则无减少注册资本。

从上述规定来看，《九民纪要》对股权回购案件设定的司法裁判前提是：投资方与目标公司签订的对赌协议有效、目标公司增资后完成了注册资本变更登记。那么，目标公司在融资完成后未就本次增资进行注册资本变更登记，在对赌协议约定的对赌机制触发之后，投资方依据对赌协议要求目标公司履行股权回购义务。对于此类案件如何处理呢？正如我们在前文所说的，《九民纪要》对审理股权回购对赌案件的司法裁判前提是对赌协议有效、目标公司完成减少注册资本变更登记。按照这样的认识，尽管名义均为“投资方请求目标公司回购股权”，但因为目标公司增资后未完成注册资本变更登记，不具备《九民纪要》规定“投资方请求目标公司回购股权”应当具备的前提，目标公司未变更注册资本登记，投资方要求目标公司回购股权不具备适用《九民纪要》股权回购裁判规则的条件，对于这类案件如何处理，《九民纪要》并未涉及。实践中，我们也遇到过这样的案件。

2016年1月，目标公司融资。2016年4月，投资方与目标公司签订股权投资协议，协议中对赌条款约定如果目标公司在2016年12月31日前不能完成新三板挂牌，目标公司回购投资方全部股权，年化8%。投资方将资金交付目标公司，但目标公司未作注册资本变更登记。目标公司在约定的期限内未完成新三板挂牌，投资方起诉要求目标公司履行股权回购义务。目标公司以投资方与目标公司对赌无效为由进行抗辩。2019年9月，投资方与目标公司就股权回购纠纷，在杭州两地法院三个案件开庭审理，法院庭审之后没有判决，在《九民纪要》发布之后，法院判决目标公司败诉。法院认为投资方与目标公司签订的投资协议书及协议中的对赌条款合法有效，目标公司融资后没有就增加注册资本进行变更登记，不涉及因平衡债权人利益而遵从减少

注册资本程序的问题,判决目标公司依据对赌条款的约定回购投资方股份。目标公司不服。2020 年 6 月 10 日,杭州市中级人民法院二审判决驳回上诉,维持原判,理由与一审判决相同。

我们可以把这样的裁判理念推而广之。在投资方与目标公司股份增发协议被解除或者被认定无效时,只要目标公司在融资后没有就增资进行注册资本变更登记,均可以依据合同关系判决目标公司返还投资款。这种裁判理念最高人民法院在邬招远、韩梧丰、肖龙与上海占空比电子科技有限公司、毅智集团有限公司、宁波梅山保税港区定威投资管理合伙企事业(有限合伙)、张翌公司增资纠纷再审案[(2019)最高法民申 1738 号]也得到了印证。

在《九民纪要》发布之前,一审法院受海富投资案再审判决的影响,杭州市中级人民法院无法认定投资方与目标公司对赌协议有效,所以迟迟没有作出判决。在《九民纪要》发布之后,法院认定投资方与目标公司签订的投资协议及其中的对赌条款合法有效有了明确的依据。法院认定股权回购成立,接下来重点审查的是目标公司履行回购义务上的法律障碍和债权人利益上的平衡。法院以目标公司"没有进行工商变更登记,不影响债权人利益"为由,排除了《公司法》的适用,不要求目标公司履行减少注册资本程序,而直接按照合同关系判决目标公司履行股权回购义务。

《九民纪要》明确规定的只有"投资方请求目标公司回购股权"和"投资方请求目标公司承担金钱补偿义务"两种情形。前者涉及平衡投资方与债权人利益,后者关乎投资方与股东的利益即股东与股东之间的关系。投资方诉讼请求目标公司回购股权,一审判决排除了"投资方请求目标公司回购股权"裁判规则的适用,那么能不能类推适用"投资方请求目标公司承担金钱补偿义务"裁判规则呢?这涉及很多问题。

第一,投资方是不是目标公司的股东。关于股东身份的确定,在公司内部和外部存在不同的标准。外部人主要以工商登记为准,内部人主要以股东名册为准。目标公司融资完成后没有进行注册资本变更登记,对外部人来说投资方不是目标公司股东,据此在法律上不得对抗善意第三人,只是强调了具体案件中"投资方与第三人一对一的关系认定",并不完全以此否认投资方的股东身份。在目标公司内部投资方是目标公司股东,这不应该有什么异议。

第二,投资方从目标公司拿钱属于什么性质。法院以目标公司"没有进行工商变更登记,不影响债权人利益”为由,排除了公司法的适用,不要求目标公司履行减少注册资本程序,直接按照合同关系判决目标公司履行股权回购义务。那么投资方从目标公司拿钱属于什么性质,是借贷关系吗?如果不是借贷关系,应当是什么关系,法院裁判考虑哪些因素呢?目标公司以股权融资的方式引入投资方投资,双方签订的协议是股份增发协议,在公司内部投资方是股东,说明投资方与目标公司不是资金借贷关系,双方签订协议也能够证明是股权投资关系。因此,投资方与目标公司是投资关系。最高人民法院杨永清法官认为:“既然是公司股东,从公司拿钱,只能是从公司利润中拿。”这就要审查目标公司有没有利润和利润的多少,据此确定法院的裁判结论。

十二、对投资方签订对赌协议的建议

根据《九民纪要》的规定,投资方与目标公司、控股股东、实际控制人、管理层签订的对赌协议均属有效。但合同有效和合同履行是有区分的,按照《九民纪要》确定的投资方与目标公司对赌的裁判规则,投资方与目标公司对赌协议的履行,无论是股权回购,还是金钱补偿,都非常困难。这就要求投资方在投资的时候,在签订对赌协议的时候要更加慎重。

1. 做好尽职调查。现在很多投资方不会做投资尽职调查,尽职调查报告不合格。他们太重视目标公司和控股股东、管理层的说法和承诺,太重视对赌协议对自己利益的维护功能,不太重视或者说不会去验证目标公司披露的融资信息。《九民纪要》作出这样的规定,对投资方来说也是一种警醒。投资方尽职调查的重点是“项目前景 + 管理团队”,二者同等重要。不能用对赌降低尽职调查的质量,也不能用对赌代替对目标公司的不信任。我们对海富投资案件中的对赌指标进行的测算,众星公司承诺 2008 年实现利润 3000 万元,但实际只完成利润 2.68575 万元,众星公司利润高估 1117 倍。这种高估值首先是目标公司在融资时向投资方提供虚假财务记录,作虚假信息披露,战略过度夸张,其目的是实现高估值融资。站在投资方的立场,海富公司尽职调查严重不合格,没有识别出众星公司高估值是虚假的,以至于投资失败。对赌是减少或者避免损失、降低投资风险的一种方法,对赌的胜利恰恰证明投资方投资决策的失败。

2. 实行分期融资制度。在美国私募股权投资和风险投资实务中并不存在“海富投资案”中所争议的估值补偿条款,即在目标公司对赌失败时给予投资方现金补偿。投资方应对目标公司估值不确定性的基本途径是“分期融资机制”。在分期融资机制下，投资方将一个固定额度的投资分为若干轮次，每一轮都确定目标公司应达到的目标（称为里程碑事件），可能是一定的经营指标，也可以是一个状态，比如取得某项重大技术突破、专利、上市等。投资方是否进行下一轮投资，要根据对上一轮指标完成情况的评估或者是否达到约定的状态来确定。这样的投资制度，可以与目标公司战略进行资金匹配，控制目标公司资金利用节奏，同时能够保证投资方在发现目标公司不值得继续投资时，以较小的投资成本抛弃不成功的项目。投资方在尽职调查之后，一旦决定投资，建议采取分期投资制度，这样即能做到持续督促目标公司，也有利于降低投资风险。

3. 债转股投资机制。与“分期融资机制”的原理基本相同，只是投资方按照约定一次性将资金支付给目标公司，但约定计入注册资本部分是当期投资额，其余金额为目标公司向投资方借款，如果目标公司达到约定的目标，投资方所投入的资金即目标公司的借款一次或者分期转为投资。如果目标公司不能完成约定的目标，投资方支付给目标公司资金仍为目标公司向投资方借款，目标公司负有按照约定的期限、利息偿还本息的责任。

4. 在对赌主体上优先选择与目标公司控股股东、实际控制人、管理层对赌。既然投资方与目标公司、控股股东、实际控制人、管理层签订的对赌协议均属有效，投资方与目标公司签订的对赌协议同时受合同法和公司法的双重调整，在对赌协议履行上存在减少注册资本、股东会或者股东大会决议等公司法规定的程序上的巨大差异，这种差异足以影响投资方收回投资目标的实现。投资方与目标公司控股股东、实际控制人、管理层签订对赌协议，在效力认定和履行上均适用合同法的规定，没有公司法规定的减少注册资本、利润分配决议程序。所以，投资方应当优先与目标公司控股股东、实际控制人、管理层对赌。

如果投资方与目标公司签订对赌协议，应当要求目标公司控股股东、实际控制人、管理层提供连带责任担保。担保责任包括先于目标公司履行股权受让义务，或者规定在目标公司不履行减少注册资本程序、利润分配程序，或者履行减少注册资本、利润分配等决议程序等程序而未获得其股东会或者股东大会审议通过，或者目标公司没有利润或者利润不足时，控股股东、实际控制人、管理层应当履行对赌协议约定的义务。试想一下，如果海富公司与众星公司对赌，没有要求迪亚公司担保，在当时的情况下判决对赌协议无效，海富公司无法得到投资补偿，即使在《九民纪要》规则之下，判决对赌协议有效，海富公司也无法得到 1998.2095 万元的胜诉判决，其诉讼请求会被法院驳回，按照众星公司的经营状态可能无法收回投资。

5. 设定目标公司不履行减少注册资本法定程序的违约责任。对赌协议是在投资方与目标公司之间建立起来的一种特殊合同，投资方投入资本，作为对价投资方得到一个可以参与公司治理运营、分得公司利润、公司价值提升带来的收益。目标公司对赌失败，通常是他们没有给投资方提供在股权交易中应当得到的真实、全面的信息，或者提供了过量的虚假信息，而且在提供虚假信息之后，对赌失败之后不履行自己的义务，给投资者造成经济损失，这种损失包括投入的资金和预期收益。从合同法的角度讲，目标公司应当承担违约责任，赔偿其违背诚信原则、“虚假陈述”给投资方造成的经济损失。本质上，目标公司没有实现对赌方式设定的目标即构成违约，回购投资方股份或者给予投资方金钱补偿，也是对其违约行为承担的违约责任。为保证目标公司积极消除《九民纪要》规定的或者将来法律设定的资本规制障碍，投资方可以与目标公司约定目标公司应当履行减少注册资本、利润分配等决议程序，且保证能够通过股东会或者股东大会审议。在目标公司未履行减少注册资本、利润分配等决议程序，或者履行减少注册资本、利润分配等决议程序而未获得其股东会或者股东大会审议通过时，目标公司构成违约，应当承担违约责任，违约金额相当于估值调整的差额或者金钱补偿金额。对于股权回购额的违约责任，因为涉及投资方要求目标公司承担责任之后，仍然保留在目标公司的股权，所以笔者认为违约责任金额应当是投资额减去计入目标公司注册资本后的余额，这样能够减少法院裁判案件的障碍。

十三、对目标公司签订对赌协议的建议

《九民纪要》给了投资方一个明确的警示，告诉投资方资金投入容易，但退出很难。投资方在对赌方式选择上没有太多的余地，投资时只能更加谨慎，在决定对赌时在选择对赌主体上多作文章。不难预见，《九民纪要》的出台会增加公司融资的难度，投资方对目标公司的要求将会更高。

我们在前文中对投资方签订对赌协议提出一些建议，现在对目标公司签订对赌协议也给出几点建议：

1. 目标公司控股股东、实际控制人、管理层做好作为对赌主体或者为公

司对赌提供担保的准备。《九民纪要》尽管因固守传统的资本法定原则，存在着保护投资方利益不足的问题，但无疑提高了投资方投资的谨慎度和对目标公司及目标公司控股股东、实际控制人、管理层的要求，对目标公司的产业、战略、团队、经营能力、经营业绩及这些因素的真实性要求更高，对目标公司控股股东、实际控制人、管理层提供担保的意愿和实际担保能力要求更高。投资方投资标准的提高，标志着符合条件的目标公司会变少，无疑会大大缩小目标公司的范围。面对投资方提出的高标准，目标公司融资的自我评价标准也会提高，因为融资成功的可能性降低，很多公司会自动减少或者否决融资决策。目标公司一旦决定融资，首先要考量自己公司股权融资的合理性和可行性，同时目标公司控股股东、实际控制人、管理层要做好作为对赌主体或者为公司对赌提供担保的准备，包括心理准备、财产准备和对财产共有人的说服工作。

2.避免以虚假手段融资。目标公司对赌失败皆因虚假信息、高估公司价值和不恰当的战略目标所致，而高估公司价值和不恰当的战略目标常常是虚假的内容之一或者是基于虚假基础之上的结果。公司资金短缺，急需取得投资方的资金是目标公司融资作假和欺诈的关键诱因。“圆谎”需要加倍的努力，很多时候即使加倍努力也无法达到他们承诺的目标。当融资时的诺言被时间变成谎言的时候，目标公司需要对赌失败的代价。

对于公司来说，资金短缺的原因很多，有的是公司发起人对公司规模设计与资金实力不匹配，他们的资金实力不能支撑公司战略的实施；有的是发起人想速富，没有“积跬步至千里”耐心，也不遵循公司成长规律，盲目跃进；有的是公司投资决策不合理，不专注于公司主营业务，既有资金被严重浪费；有的是公司多元化经营造成，有的是因为不合时机的追求上市，为扩张规模、整合效益规模造成的。无论是哪种原因导致的资金不足，公司还有没有前途，具体情况只有目标公司自己的清楚，起码他们比投资方更清楚，这就是所谓的信息不对称。

投资方提高投资标准，要求目标公司控股股东、实际控制人、管理层做好作为对赌主体或者为公司对赌提供担保的准备，在实际效果上可能会起到减少目标公司控股股东、实际控制人、管理层通过虚假财务报表、虚假陈述，欺骗投资方投资现象的发生，对于那些没有前途的公司，与其融资维持，不如保持现有规模运营，有些公司明知公司不能再维持，可能决定尽早解散清算，因此自动解散清算的公司数量可能会有所增加。

3. 保持契约精神。不以虚假手段融资是目标公司诚信的重要表现。同时,在目标公司、控股股东、实际控制人、管理层对赌失败时,主动履行对赌义务,更是契约精神的具体体现。

目标公司融资之后,尽管凭借《九民纪要》的规定可以合法占有、使用投资方的资金。但是,我们应当注意到,合法只是官方评价,官方评价的合法只是投资方要求收回投资在司法上没有得到支持,不会通过法院执行程序强制目标公司退还投资款。但是,合法并不一定代表公平,也不一定代表正义,因为这种表面上的合法意味着目标公司可以放弃契约精神,可以不履行对赌协议约定的义务。不履行合同义务的行为属于不诚信行为,由此产生的商业领域和投资领域评价与官方评价的不同,目标公司、控股股东、实际控制人、管理层会在"圈内"受到责难。目标公司这次融资就成为"一锤子买卖",因为得到这一次融资,以后再有资金困难,可能不会再有人伸出援助之手了。

4. 慎重签订对赌协议。对赌协议本身是双方协商的结果,不是投资方强加给目标公司的。有人说目标公司处于弱势地位,投资方是强势的,这种说法没有辩证地认识问题。第一,目标公司在资金需求上有心理弱势,但在信息上有优势。对于那些经营业绩不好、前景不好的公司而言的,因为急需资金"救命",在资金需求的心理上他们是弱势的,对投资方提出的条件容易宽泛地接受,但是在公司经营信息上他们是强势的,所以敢于作出"不靠谱的估值"和"不靠谱的承诺"。第二,目标公司投资前是弱势的,投资之后是强势的。如果说目标公司是弱势的,那也只是暂时的,一旦他们取得资金,立刻就变成强势的。第三,对于经营业绩好、前景好的公司,他们一直都是强势的,投资方一直是弱势的。

公司治理运营、股权融资、对赌都是复杂的事情,现实中也是考虑时间、操作时间都很长的一件事情,对赌协议中的条款都经过多轮次沟通和协商。目标公司和投资方不论是谁处于强势,谁处于弱势,双方签订的对赌协议都是自愿的。目标公司在融资时都应当恰当地作出定位,签订对赌协议时应当认真地思考,谨慎地抉择。根据以往经验,尤其在经营业绩、上市时间、控制权转让等方面对赌时要格外留心。至于该不该签订对赌协议,没有统一的标准,只能根据公司情况具体判断。当然,现实中有些公司股权融资也不是完全理智的,"不得不""就得这样"的时候也不少。这和对赌没有关系。

如果目标公司愿意与投资方对赌,可能选择股权回购、金钱补偿,而公司控股股东、实际控制人、管理层即不愿意直接与投资方对赌,也不愿意为目标公司对赌提供担保,但投资方的选择可能与此正好相反。对赌协议的核心条款是要把双方的意思表达得准确而又清晰,双方的权益和风险要公平,对对赌协议启动的条件、时间等约定的要明确。目标公司和投资方要的是双赢,目标公司想取得公司发展资金,投资方想取得投资收益,投资方想为自己的投资设定合理的保证,目标公司想把融资的代价降到最小,关键是要设定合理的对赌"筹码"。如果投资方在对赌协议中设定违约责任,目标公司要考虑一些负责条款,特别是对于战略规划设想之外的因素对公司业绩、上市(比如 2012 年中国证监会财务大核查)造成实质性影响的,可以免除目标公司的违约责任或者获得延期。

第十五章　公司意思形成和意思表示

不论对公司法人的法律性质持有何种观点,公司不是生物意义上的人是不容否认的。法律赋予公司民事权利能力和民事行为能力,目的是让公司成为交易主体,从事商事行为,这就需要公司有自己的意志。如何将自然人的意志转化成公司的意志,而且保证这种公司意志是正义的、公平的,唯有充分遵循公司治理规则。

一、公司意思的形成

公司人格独立和股东有限责任是现代公司法的两大基本原则,被称为公司法的基石。人格独立要求公司具有权利能力、行为能力,而权利能力和行为能力则基于公司意思能力,须有意思形成能力和意思表示能力。

1. 公司意思形成机关。公司属于法律拟制主体,属于人的集合,其意志源于公司成员形成的合意。根据《公司法》第 37 条规定的股东会职权和第 46 条对董事会职权的规定可以看出,股东会是公司决策的权力机关,董事会是公司常设的业务执行机关,两者是公司意思形成机关。

2. 公司意思形成程序。《公司法》第 38 条至第 43 条规定了有限责任公司股东会和临时股东会会议召集程序和表决方式。《公司法》第 100 条至第 107 条规定了股份有限公司股东大会、临时股东大会召集程序和表决方式。对于有限责任公司股东会会议是否由股东按照出资比例行使表决权,允许公司章程另有规定。股东会的议事方式和表决程序,除本法有规定的外,由公司章程规定。《公司法》第 48 条规定,董事会决议的表决,实行一人一票。第 111 条规定,董事会会议应有过半数的董事出席方可举行。董事会作出决议,必须经全体董事的过半数通过。董事会决议的表决,实行一人一票。董事会的议事方式和表决程序,除上述规定之外,可以由公司章程规定。

这是《公司法》对公司意思形成机关形成公司意思的程序性规定。对于公司意思形成除公司法规定外还要看公司章程。在公司治理实践中,股东会或者股东大会议事规则、董事会议事规则,对股东会或者股东大会、董事会召集程序、表决方式也有明确的规定，因为不像公司章程一样法律要求登记公示，因此被认为是公司决议的内部文件。股东会或者股东大会议事规则、董事会议事规则经常被视为公司章程有关议事规则的细则，所以股东会或者股东大会、董事会在公司意思形成时，应当遵循公司法、公司章程，乃至股东会或者股东大会议事规则、董事会议事规则。公司法和公司章程对债权人意义重大，股东会或者股东大会议事规则、董事会议事规则在股东与股东、股东与公司具有重要意义。

二、公司意思形成的错误

公司意思形成错误，也称公司决议瑕疵，是指股东会或者股东大会、董事会的决议内容或者决议程序违反了法律、行政法规和公司章程规定。对于公司决议意思形成错误，按照不同的标准可作不同的分类。

根据错误（瑕疵，下同）程度不同，可以将公司决议分为严重错误、一般错误、显著轻微错误。公司决议严重错误包括严重程序错误和严重内容错误。股东会决议严重程序错误，是指股东会议召集程序、表决方式违反法律、行政法规或公司章程规定，决议根本不具备成立的要件，决议应当不成立。公司决议严重内容错误，是指公司决议的内容违反法律、行政法规强制性规定，决议应当无效。公司决议一般错误包括一般程序错误和一般内容错误。公司决议一般程序错误，是指股东会或者股东大会、董事会的会议召集程序、表决方式违反法律、行政法规或者公司章程，但尚不足以导致公司决议不成立的情形。公司决议一般内容错误，是指决议内容违反了公司章程的规定。一般程序错误和一般内容错误，其法律后果是可能导致决议被撤销。公司决议显著轻微错误，是指股东会会议召集程序或者表决方式仅有轻微错误，且对决议未产生实质影响的情形。对于显著轻微错误，法院裁量驳回。[1]

根据违反的规范不同，可以分为违反法律、行政法规的错误和违反公司章程的错误。公司决议在内容和程序上可能是违反了法律、行政法规的规定，也可能是违反了公司章程的规定。

根据是否可逆转的不同，分为可治愈的错误和不可治愈的错误。可治愈的错误，是指公司决议错误可治愈，经治愈后决议为有效决议。错误治愈制度（瑕疵治愈制度）只适用于公司决议存在一般错误的情形。不可治愈错

---

〔1〕 安凤德主编：《公司案件疑难问题裁判精要》，法律出版社2021年版，第175－179页。

误,是指公司决议内容错误违反法律、行政法规规定而无效和程序存在严重错误致使决议不成立的情形。公司决议的不可治愈性错误,可以表现为内容错误,也可以表现为程序错误。对于不可治愈的错误,表明公司决议具有不可逆转性,学者称为“不可逆转的缺陷”,在内容错误上不论公司采取何种补救措施均不得作出与此内容相同的决议。对于程序错误,须重新履行股东会召集程序、另行召开股东会会议,对审议事项作出决议。尽管在内容表现为可以作出内容相同的决议,但前次错误程序已经被全面否定。

根据造成的法律后果不同,可以分为决议不成立的错误、决议可撤销的错误、决议无效的错误。《公司法司法解释(四)》第 5 条规定了股东会或者股东大会决议不成立的五种情形。《公司法》第 22 条第 2 款和《公司法司法解释(四)》第 4 条规定,股东会或者股东大会的会议召集程序、表决方式违反法律、行政法规或者公司章程,或者决议内容违反公司章程的,股东可以向法院申请撤销公司决议。《公司法》第 22 条第 1 款规定,公司股东会或者股东大会的决议内容违反法律、行政法规的无效。

公司意思形成错误,在公司法上表现为股东会或者股东大会、董事会决议的无效、可撤销和不成立。《公司法》第 22 条规定了公司决议无效制度,但没有列举具体情形。合肥市中级人民法院法官在解析谢安、刘家祥诉安徽兴达化工有限公司股东会决议无效案时列举了股东会决议无效的常见事由,包括:(1)无权处分股权的股东会决议无效;(2)侵犯股东优先购买权的决议无效;(3)违法修改公司章程的股东会决议无效;(4)违法向股东分配利润的股东会决议无效;(5)超越股东会职权的股东会决议无效;(6)滥用资本多数决原则的股东会决议无效。请求确认股东会或者股东大会、董事会决议无效,公司股东、董事、监事都是适格的原告。根据《公司法》第 22 条第 3 款的规定,公司根据股东会或者股东大会、董事会决议已办理变更登记的,法院判决宣告该决议无效后,公司应当向公司登记机关申请撤销变更登记。法院判决要求重新作出股东会或者股东大会决议、董事会决议的,公司应当重新召开股东会或者股东大会会议、董事会会议,对相关事项作出符合法律、行政法规规定的决议。涉及变更事项的,公司根据股东会或者股东大会会议、董事会会议重新申请变更登记。《公司法司法解释(四)》第 6 条规定,股东会或者股东大会、董事会决议被法院判决确认无效或者撤销的,公司依据该决议与善意相对人形成的民事法律关系不受影响,民事法律关系仍然有效。

《公司法》第 22 条第 2 款规定的撤销事由有两个：(1)召集程序、表决方式违法或者违反章程规定。对于哪些内容属于召集程序和表决方式，《公司法司法解释(四)》(征求意见稿)第 7 条曾作出规定："公司法第二十二条第二款所称的'召集程序'和'表决方式'，包括股东会或者股东大会、董事会会议的通知、股权登记、提案和议程的确定、主持、投票、计票、表决结果的宣布、决议的形成、会议记录及签署等事项。"在正式出台的解释中没有此规定，但征求意见稿对召集程序和表决方式范围的界定可以作为参考。(2)决议内容违反公司章程。股东会或者股东大会、董事会决议的内容违反公司章程的，可以撤销。根据《公司法司法解释(四)》第 2 条和第 3 条的规定，请求撤销股东会或者股东大会、董事会决议的原告是在起诉时具有公司股东资格的股东，被告是公司，其他利害关系人可以列为第三人。股东会或者股东大会、董事会决议被法院判决撤销的，公司依据该决议与善意相对人形成的民事法律关系不受影响。

三、公司意思未形成

股东会或者股东大会、董事会是公司意思形成机关。公司意思未形成是指股东会或者股东大会决议、董事会决议不成立。依据《公司法司法解释(四)》第 5 条的规定，股东会或者股东大会、董事会决议不成立主要有以下几种情形。

第一，公司未召开股东会或者股东大会会议。传统上，股东须以会议的方式集中行使股东权利，《公司法》第 37 条第 2 款规定，对股东会职权范围内的决议事项，股东以书面形式一致表示同意的，可以不召开股东会会议，直接作出决定，并由全体股东在决定文件上签名、盖章。《公司法司法解释(四)》第 5 条又将"可以不召开股东会或者股东大会而直接作出决定"的权力赋予了公司章程。除公司法规定的"(全体)股东以书面形式一致表示同意的"和公司章程规定的情形之外，股东会或者股东大会均须召开会议。未召开股东会或者股东大会会议的，决议不成立。

第二，股东会或者股东大会会议、董事会会议未对决议事项进行表决。对于股东会或者股东大会、董事会职权范围内的事项，公司法和公司章程如果没有特别规定，应当以会议的方式由股东或者董事集体表决，这种方式是基于法人人格拟制理论之下，将自然人的意思转变为公司意思的具体要求。如果股东会或者股东大会、董事会会议通知中明确列举的审议事项未经会议上股东或者董事表决即形成决议，既违反了股东会或者股东大会会议、董事会会议设立的宗旨，也违反了法律规定，该决议不成立。

第三，出席会议的股东或者董事人数或者股东所持表决权不符合公司法或者公司章程规定。《公司法》第43条规定，有限责任公司股东会会议作出修改公司章程、增加或者减少注册资本的决议，以及公司合并、分立、解散或者变更公司形式的决议，必须经代表三分之二以上表决权的股东通过。这就对出席会议股东所持表决权数量提出了要求，少于三分之二的公司决议不成立。《公司法》第103条、第121条规定，股份有限公司股东大会作出决议，必须经出席会议的股东所持表决权过半数通过。股东大会作出修改公司章程、增加或者减少注册资本的决议，以及公司合并、分立、解散或者变更公司形式，上市公司在一年内购买、出售重大资产或者担保金额超过公司资产总额30%的决议，须经出席会议的股东所持表决权的三分之二以上通过。“出席会议的股东所持表决权的三分之二”，在客观上可能低于全体股东表决权的三分之二，为了防止决议被少数股东控制，公司章程规定出席会议的股东人数，可以弥补该规定的不合理之处。《公司法》第111条规定，董事会决议的表决，实行一人一票。董事会会议应有过半数的董事出席方可举行。如果出席董事会会议的董事未达半数，会议形成的决议不成立。

第四，会议的表决结果未达到公司法或者公司章程规定的通过比例。对于股东会或者股东大会会议，主要强调公司意思形成应当符合资本民主要求，贯彻资本多数决原则。对于董事会会议符合人的民主，依人的多数决为原则。

第五，导致决议不成立的其他情形。比如，与前述股东会或者股东大会会议、董事会会议未对决议事项进行表决相对应的，股东会或者股东大会会议、董事会会议对于未在会议通知中列明的事项作出决议，该决议通常也不成立。

四、公司意思形成不能

公司意思形成不能主要是指《公司法》第182条和《公司法司法解释（二）》第1条规定的公司僵局。

从《公司法司法解释（二）》规定来看，公司意思形成不能是指公司股东会或者股东大会、董事会两个意思形成机关的持续性状态。股东会或者股东大会会议无法召开，或者虽然能够召开但无法作出有效决议，这构成股东会或者股东大会意思形成不能。如果公司董事长期冲突,包括不能召开会议,或者虽然召开会议但不能形成有效决议,这构成董事会意思形成不能。

股东会或者股东大会意思形成不能状态持续两年以上的,董事会长期冲突(长期也可以借鉴两年的规定),且无法通过股东会或者股东大会调解、更换董事(深层是股东之间长期冲突)等方式解决的,形成公司僵局,符合条件的股东可以请求解散公司。

五、公司意思表示与公司意思不一致

1. 意思表示不一致。民法上,把真正的意思与对外表示的意思出现分歧称为意思表示瑕疵。我国台湾地区规定了心中保留、虚伪表示、错误、欺诈、胁迫五种类型的意思表示瑕疵。我国《民法典》第 146 条至第 151 条规定了通谋虚伪意思表示、重大误解、欺诈、胁迫、显失公平五种意思表示瑕疵。

意思表示瑕疵分为意思与表示不一致和意思表示不自由。有的学者对我国《民法典》规定的五种意思表示瑕疵作了分类,他们认为欺诈、胁迫属于意思表示不自由,通谋虚伪意思表示、重大误解、显失公平属于意思与表示不一致。还有的学者将这种区分细划为意思形成瑕疵与意思表示瑕疵。

意思与表示出现不一致,可能造成交易主体地位的不平等和交易安全被破坏。意思与表示不一致产生的原因主要有三个方面:一是表意人单方故意造成意思与表示的分歧,二是表意人与相对人双方故意造成意思与表示的分歧,三是无意识的意思瑕疵,仅因单纯的表示上的错误,也称偶然不一致。表意人单方故意造成意思与表示的不一致,是单独虚伪意思表示,又称真意保留。表意人与相对人双方故意造成意思与表示的不一致,是通谋虚伪意思表示。《民法典》第 146 条规定通谋虚伪意思表示无效,法院裁判的时候按照以虚假的意思表示隐藏的民事法律行为的法律规定处理。对于真意保留因相对人明知与否,法律效果不同。原则上,该意思表示有效;若相对人明知则该意思表示无效。《民法典》第 504 条(原《合同法》第 50 条)对此作了规定,“法人的法定代表人或者非法人组织的负责人超越权限订立的合同,除相对人知道或者应当知道其超越权限外,该代表行为有效,订立的合同对法人或者非法人组织发生效力”。《九民纪要》第 17 条进一步明确了这一规则。

2. 法定代表人越权担保行为属于单独虚伪意思表示,根据相对人是善意还是恶意确定合同的效力。公司是一个法律拟制的主体,公司意思的形成是其成员通过组织程序和规则来完成的。公司意思形成之后通过代表机关或

者代理人对外作出意思表示，可能出现意思表示与意思形成不一致。《公司法》第16条："公司向其他企业投资或者为他人提供担保，依照公司章程的规定，由董事会或者股东会、股东大会决议；公司章程对投资或者担保的总额及单项投资或者担保的数额有限额规定的，不得超过规定的限额。公司为公司股东或者实际控制人提供担保的，必须经股东会或者股东大会决议。"该条明确了公司向其他企业投资、为他人提供担保、为公司股东或者实际控制人提供担保的，公司意思形成机关是董事会或者股东会、股东大会。

《九民纪要》第17条明确了公司担保行为不是法定代表人单独决定的事项，须由公司股东会或者股东大会、董事会等公司机关作出决议。法条设计的理念是为了限制法定代表人的权利，限制其对外代表公司为意思表示行为。公司对法定代表人的权利限制属于公司内部规定，法定代表人未经授权擅自为他人提供担保的，构成越权代表，属于单独虚伪意思表示，法院应当根据《民法典》第504条（原《合同法》第50条）关于法定代表人越权代表的规定，区分订立合同时债权人是否善意分别认定合同效力：债权人善意担保则合同有效，债权人恶意担保则合同无效。

第十六章　公司僵局

公司僵局是实践经常发生的一种现象，是公司治理领域中的一个重要问题。股东会是公司的权力机关，董事会是公司的决策机关，这两个机关共同组成公司的意思形成机关。公司意思机关能够形成有效的决议，是公司有效运行的一个标志，也是公司治理有效的一种体现。如果股东会、董事会同时或者其中一个运行机制出现问题，不能形成有效决议，表明公司股东、董事矛盾已经不可调和，公司治理和运营已经陷入僵局，需要司法介入破解这种僵局。

一、公司僵局概述

公司僵局是有限责任公司固有的缺陷。从公司性质来看，有限责任公司是人合性兼资合性公司，因有限责任公司享有独立的法人资格，所以其资合性是根本，人合性为补充。当公司的资合要素与人合要素关系协调时，即股东相互之间的合作良好、稳定时，有限责任公司治理低成本的优势就能得到体现。但当公司资合要素和人合要素发生冲突时，由于制度安排前者优先，公司僵局就可能出现。[1]

通常，公司僵局是指公司在存续运行中，由于股东、董事之间矛盾激化而处于僵持状况，导致股东会、董事会等公司机关不能按照法定程序和公司章程规定的程序召开会议，或者虽然能够召开会议但不能作出有效决议，从而使公司长时间陷入无法正常运转，甚至瘫痪的状态。

二、公司僵局的认定

（一）公司僵局的认定标准

《公司法》第 182 条和《公司法司法解释（二）》第 1 条具体规定了公司僵局。简单地说，《公司法》第 182 条规定了公司经营管理发生严重困难股东可以请求法院解散公司。《公司法司法解释（二）》第 1 条第 1 款规定了公司经

---

〔1〕 参见徐向艺主编：《公司治理前沿问题研究》，经济管理出版社 2012 年版，第 51 页。

营管理发生严重困难的情形，包括：第一，公司持续两年以上无法召开股东会或者股东大会；第二，公司持续两年以上不能作出有效的股东会或者股东大会决议；第三，公司董事长期冲突，且无法通过股东会或者股东大会解决；第四，经营管理发生其他严重困难。

从《公司法司法解释（二）》第 1 条第 1 款规定来看，股东之间的积极对抗和消极对抗都是造成公司僵局的原因，股东非对抗性意志因素不成立公司僵局，所以因股东争夺控制权、决策意见分歧、失去信任、因失望对公司失去兴趣而引发的公司意思形成不属于公司僵局情形，对于股东股权存在争议、股东被限制人身自由造成的公司意思形成不能，不属于公司僵局范畴。

另外，公司股东、董事通过举报对方刑事犯罪的方式排除对方，对方不构成犯罪的，应当直接认定成立公司僵局，不受连续两年、长期、重大损失等条件限制，也无须要求通过其他方式解决的前置条件。法院可以根据被举报人意愿，强令举报人收购被举报人股份，或者强制其被举报人或者其他股东转让股份。通过股权转让仍不能解决的，判决解散公司。

（二）公司僵局的排除情形

公司僵局形成的成因是公司意思形成不能，下列情形不属于公司意思形成范畴，《公司法司法解释（二）》第 1 条直接将其排除在公司僵局之外：（1）股东知情权、利润分配请求权等权益受到损害的；（2）公司亏损、财产不足以偿还全部债务的；（3）公司被吊销企业法人营业执照未进行清算的；（4）其他非公司股东会或者股东大会、董事会决策系统出现的问题，或者虽然已经出现问题但不足两年，或者不影响公司存续的，也不会给股东利益造成重大损失的其他情形。

（三）理解公司僵局的几个要点

《公司法》第 182 条和《公司法司法解释（二）》第 1 条规定了公司僵局成立的几个要点，这需要我们能够正确理解。

1. 对公司经营管理发生严重困难的理解。判断公司经营管理发生严重困难应当从公司股东会或者股东大会、董事会的运行状态进行综合分析，侧重点是公司自治机制、决策机制失灵，无法就公司经营管理作出有效决策。不能简单地理解为公司资金不足、经营亏损。换一个角度说，公司经营管理发生严重困难是公司意思形成机制失灵，而不是经营行为失效和经营效果不佳。

2. 董事冲突的时间界定。股东会或者股东大会僵局要求持续两年以上，董事会僵局要求“长期冲突”。对于两年的规章规定相对容易确定，而长期冲突的时间如何确定，法律并没有具体规定。上海市高级人民法院《关于审理有限公司解散纠纷案件的若干意见》(2008 年)第 2 条规定，“(四)因董事僵局导致董事会连续一年以上无法召开，或者董事行使表决权陷入僵局，无法达到法定的多数而持续不能作出有效董事会决议的，并且股东不能打破僵局，损害或者可能损害公司利益的”。

3. 公司董事长期冲突，且无法通过股东会或者股东大会解决。公司僵局可以分为股东会僵局和董事会僵局。公司董事长期冲突，从结果上表现为公司长期无法召开董事会，即使能够召开董事会也无法作出有效决议，由此便产生董事会僵局。因公司董事由股东会或者股东大会选举产生，股东会或者股东大会选举出来的董事可能是股东，也可能是非股东，如果仅仅因为董事之间存在冲突，股东会或者股东大会可以通过更换董事解决冲突；如果因为股东冲突连带产生董事冲突，公司董事的长期冲突无法通过公司股东会或者股东大会解决。

4. 通过其他途径不能解决。在法院判决之前，需要考虑股东诉讼在向法院提起诉讼之前是否寻求其他途径解决公司僵局，这些途径包括股东之间的和解，董事之间和解，一方股东收购另一方股东的股份、另一方股东退出公司，第三方调解。如果不能寻求其他方法解决，法院将驳回诉讼请求。如果股东在诉讼之前曾寻求其他途径解决，但未能如愿，法院调解也不能化解公司僵局，法院才可能判决解散公司。

5. 公司继续存续会使股东利益受到重大损失。公司股东会或者股东大会、董事会决策机制失灵，是在过去产生的，现在仍然存在的，将来注定会一直存在的，在这种情况下公司继续存续下去，未产生盈利的公司将不会产生盈利，股东无法收回投资；已经产生盈利的公司可能会将盈利损失殆尽，股东可能无法取得投资回报，甚至无法收回投资。这种损失既可以是现实存在的，也可以是将来可能发生的，而且在审判人员的心里可能是确信的。

三、公司僵局产生的原因

(一)公司僵局形成的制度原因

一项制度在创设的初期都是对原有制度缺陷的弥补和完善，都是对消极因素的遏制，对积极因素的激发和价值发挥。但制度也是有寿命的，随着制度的落实和在实践中地运用，这项制度的价值将被充分利用，其缺陷也会被逐步发现，同时当人们熟练地运用制度之后，也会人为地创制一些制度的漏洞并运用以谋取利益。公司制度是公司这种组织形式兴起的原因，也是产生公司僵局的根源。在中国公司法之下，存在有限责任公司、股份有限公司。在有限责任公司中存在一般有限责任公司和一人有限公司、国有独资公司、中外合资公司。在股份有限公司中又有上市公司和非上市股份有限公司之别。从现实情况看，一般有限责任和非上市股份有限公司发生公司僵局的概率相对较高，这当中既有国家设立的公司制度的原因，也有股东自治创立的公司制度的原因。

1. 同股同权、一股一票和资本多数决原则。在股东平均分配股权，或者股权特别分散的股权结构中，任何一方股东或者少数股东的联合都不能取得股东会或者股东大会上的多数，当股东意见出现分歧时，容易形成公司僵局。

2. 多数表决权。通常对于股东赋予多数表决权是有界限的，一般只赋予其对一般事项的决定权，不会赋予其特别事项决定权，即表决权在 51% 至 67%。当公司大股东失信，对公司特别事项决议容易形成僵局。

3. 一票否决权。股东或者董事享有一票表决权，当享有一票否决权的股东、董事对其他股东、董事持反对意见时，对其他股东或者董事的意见均表示否决，公司容易形成僵局。如果在一个公司中享有一票否决权的股东、董事不止一个时，僵局更容易发生。

4. 股权转让困难。股东通过转让股权退出公司，既是防止公司僵局发生的方法，也是解决公司僵局的方法之一。《公司法》以有限责任公司“人合性”为由，对股东转让设置了条件和权利，增加了股东转让股权的难度。有限责任公司不与资本市场对接，没有股权定价机制，加上股权纠纷的存在，更加排斥了股权受让主体。股东在遭遇大股东压制时，因为不能退出，只能选择对抗，容易形成僵局。在股份有限公司中也存在类似情形。

（二）公司治理行为的原因

公司的实际治理行为，常常会导致公司意思形成不能，因此造成公司僵局。主要包括：

1. 股东争夺控制权。在控制权思维指导下，一方对另一方或者几方的意见，不论是否正确都会表示反对，而自己一方又没有足够多的表决权可以控制股东会或者董事会，从而不能在自己一方的主导下作出有效决议；或者明知对方缺少自己的表决权，股东会或者董事会均不能作出有效决议，所以拒绝出席股东会或者董事会。

2. 决策意见分歧。股东之间不存在权利之争，也不存在信任危机，只是对公司重大事项持不同意见，既不能通过表决权多少解决，也无法通过沟通说服对方，各方僵持不下。

3. 失去信任。一方或者多方股东对掌握公司经营权的股东失去信任，不论该股东的意见是否正确，其他股东均不予以认可。

4. 股东对股权存在争议。当股东死亡发生继承时，继承人之间就被继承人持有的公司股权无法达成一致意见，从而引起诉讼纠纷时，因为无法确定谁是公司股东以及股权比例，公司无法召开股东会，即使召开股东会继承人也无法行使表决权。

5. 股东被限制人身自由。当股东、董事因涉及刑事犯罪被限制人身自由，而又无法委托他人代理行使股东权利，或者公司章程禁止股东委托他人代为行使表决时，股东、董事无法参加股东会会议或者董事会会议。

6. 因失望对公司失去兴趣。一些公司因为股东失去威信，或者虽经共同努力公司经营仍不见起色，或者公司从事的产业没有希望而一些股东仍在坚持，或者股东对公司管理层及用人原则已经失望，诸如这些情形，对公司大股东、管理层和公司前景失去希望时，这些股东对公司的事情不再有兴趣，公司股东会或者股东大会、董事会他们都不愿意参加，致使出席公司股东会或者董事会的人数不符合《公司法》、公司章程的要求，无法召开会议，或者即使能够召开会议也无法作出有效决议，也会造成公司僵局。

四、容易产生公司僵局的表决权制度和股权结构

从《公司法司法解释(二)》的规定来看，公司僵局表现了公司意思形成不能，即股东会或者股东大会、董事会无法召开，或者虽然能够召开但不能作出有效决议。《公司法》第 103 条第 2 款规定，股东大会作出决议，必须经出席会议的股东所持表决权过半数通过。股东大会作出修改公司章程、增加或者减少注册资本的决议，以及公司合并、分立、解散或者变更公司形式的决议，必须经出席会议的股东所持表决权的三分之二以上通过。如果决议未满足出席股东大会的股东所持表决权过半数或者三分之二以上通过，则股东大会无法作出有效决议。对于有限责任公司，如果拒绝参加会议，致使股东的表决权达不到公司章程要求的标准或者三分之二以上，股东会会议也不能作出有效决议。股份有限公司董事会会议应有过半数的董事出席方可举行。董事会作出决议,必须经全体董事的过半数通过。如果出席会议的董事未过半数,或者虽然出席会议的董事已过半数但未达到全体董事过半数,董事会不能作出有效决议。

《公司法》对股份有限公司和有限责任公司股东会、董事会决议作出了不同的规定。《公司法》第 43 条规定有限责任公司股东会对一般事项决议没有具体规定"过半数"通过,将这项权利赋予给了公司章程,董事会的议事方式和表决程序也由公司章程规定(第 48 条)。

股东会或者股东大会、董事会是公司的意思形成机关,如果股东会或者股东大会、董事会出资人数不够、表决权数量不够均不能作出有效决议,说明公司意思形成不能,这种状态持续到足够长的时间,即被视为公司出现经营僵局。在人和上,公司僵局首先表现为股东、董事理念和利益上的冲突无法调和;在机制上,则表现为股权结构和表决权设计存在着问题。

(一)容易引发公司僵局的股权结构

在公司股东会或者股东大会实行"一股一票""同股同权""资本多数决"表决权制度下,下列类型的股权结构容易引发公司僵局:

1. 股权平均型股权结构。比如:公司有两个股东,持股比例各为50%;公司由三个股东组成,股东股权比例各占 33.33%;公司由四个股东组成,股东股权比例各占 25%;以此类推。

如果股东间就公司重大事项发生分歧,各不相让、难以调和时,股东会即可能难以召开,即使召开也无法达成有效决议。比较典型的是真功夫的联合创始人蔡某标和潘某海持有公司股权比例相同,在共同经历了创业早期的艰难之后,因为对企业未来的发展方向持有不同的看法,其中又掺杂着家族情感的变异,双方由昔日的联合创业者变成了利益敌对方。因为双方的股权份额相当,这导致他们之间的冲突难以在不影响公司发展的条件下自行解决。另一个具有代表性的案例是上海博华基因芯片技术有限公司僵局案。该公司注册资本为4000 万元,上海三毛企业(集团)股份有限公司出资 2000 万元,占注册资本的 50%;上海博星基因芯片有限责任公司等关联三方合计出资 2000 万元,占注册资本的 50%。因为股东之间的矛盾,股东会和董事会难以召开,公司处于僵局状态,致使公司经营管理发生严重困难,虽经多次诉讼,但仍难以解决,公司价值已经消失怠尽。

2. 公司大股东股权不足50%，又失去其他股东支持。公司的大股东持有的股份没有超过半数，也不拥有过半数以上的表决权，又得不到其他股东的支持和拥护，这种情况下常常是公司大股东已经失去了人心，他之所以还能够呆在领导者的岗位上，大多是因为公司原来一直由他掌控和领导，把公司做成一个烂摊子，没有人愿意接手，同时大股东又可能非常喜欢权利，不愿意放权。他失去人心就得不到支持，尽管他可能拥有高于34%的股权，对公司重大事项享有一票否决权，却作不出有效的决议，公司因此陷入经营僵局。

(二)容易引发公司僵局的表决权制度

在讨论容易引发公司僵局的股权结构，是在公司股东会或者股东大会实行"一股一票""同股同权"的基础上展开的，现在讨论容易引发公司僵局的表决权制度，既可能是坚持了上述原则，也可能突破了上述原则。

1. 公司有一个或者一个以上的人享有"一票否决权"。一票否决权是改变资本多数决原则的一项表决权制度设计，当享有一票否决权的人与公司大股东、管理层发生意见分歧时，或者意在抢夺公司控制权时，对于其他股东或者董事同意的意见，他都表示反对，致使股东会或者董事会无法作出有效决议。

2. 董事会成员的数量为双数。《公司法》规定有限责任公司董事会成员为3人至13人(第44条)，股份有限公司董事会成员为5人至19人(第108条)。通常董事会成员为单数，一般不会选择双数，当有董事辞职时，可能出现双数。董事会决议的表决，实行一人一票。如果在董事会决议时双方意见不一，僵持不下，一般很能作出有效决议。

五、公司僵局破解方法

《公司法》第182条规定，当公司处于僵局状态时，持有公司表决权10%以上的股东可以请求法院解散公司。这也是解决公司僵局的一种方式，解散意味着公司主体资格消灭，不能再为经济运行做出贡献，而且会给社会整体经济带来损失。从经济效率角度上看，预防僵局的形成更具有价值。

破解公司僵局的方法基于三个目标：一是不产生或者尽量不产生公司僵局的方法，重点是在制度上预防；二是当公司经营僵发生时，有解决机制，避免经营状况较好的公司因经营僵局而被解散；三是对于经营状况不好无法维持的公司，或者虽然经营状况较好但股东拒不妥协的公司，尽快结束营业进行清算，对股东和债权人利益作出更好的维护。公司僵局是公司自治问题，解决僵局的办法也更多的是公司自治。现实中，公司发生僵局之后，公司通过自治自己解决的可能性变得很小，一个重要的原因是公司没有设定解决僵局的程序和机制。法律上只给出一种诉讼解散公司的破解方法，没有规定其他方法，这也就为公司设定破解程序和方法提供了空间，公司股东可以通过对股权结构、公司章程等自治性方法进行前瞻性设计，避免公司僵局的出现。

1. 一股独大，不设置平均股权结构。在公司股东会或者股东大会实行"一股一票""同股同权""资本多数决"表决权制度下，一股独大的股权结构一般不会产生公司僵局。有些公司股东签订一致性行动协议，也考虑了这样的因素。

2. 慎用一票否决权。一票否决权不是决定权，而是否定决议通过的权利。慎重一票否决权，尽量不设置一票否决权，禁止给予多个股东或者董事一票否决权，否则一旦出现纠纷决议很难通过。

3. 竞价收购对方股权。也称墨西哥枪战/荷兰式拍卖条款（the Mexican shoot - out/Dutch auction），该条款适用于50%对50%股权结构形成的公司僵局情形。双方以密封的形式各自报价，开封后以报价高者为胜，胜者有权按照对方报价收购对方股份。〔2〕当公司经营出现僵局而双方都不让步时，可以竞争收购对方股权。这种方法不存在大股东与小股东的差别，大股东可以收购小股东的股权，小股东也可以收购大股东的股权，但这种收购有时间限制。

当公司经营出现僵局而双方都不让步时，双方还可以确定一个股权价格和增加比例，约定在某一个时限到来时，能够筹足收购资金的股东收购对方股权。如果双方在规定的时限内都筹集到了足够的资金，则按照下一个增长的股权价格收购对方股权。

4. 德州枪战条款（the Texas shoot - out）。该条款适用于50%对50%股权结构形成的公司僵局情形。该条款赋予一方股东在特定条件下的报价权利，即要求对方按照自己的报价收购自己的股份，如果对方拒绝收购，则对方应当按照相同的价格向报价方出让全部股份。〔3〕

5. 阻遏条款。股东约定，当公司发生僵局时，由股东约定的第三方对公

---

〔2〕 转引自俞智渊：《公司僵局的预防与破解》，法律出版社2014年版，第102页。

〔3〕 转引自俞智渊：《公司僵局的预防与破解》，法律出版社2014年版，第102页。

司股份进行估价,估价作出后提出解散的一方应当按照某一高于该估价的价格购买对方所有的股份。[4]

6. 公司分立。当公司僵局发生,股东各方僵持不下时,可以考虑公司分立,意见不同的各方分别成为不同公司的股东,以此消除决策对立。

7. 任命监管人。可以借鉴美国有些法院的做法,在有限责任公司出现僵局时任命监管人。《特拉华州普通公司法》第 352 节规定:"……该股票不上市公司的业务是由股东们经营的,但股东们是意见不一致的,如果股东们的意见相持不下形成僵局,公司的业务因而遭受或是即将遭受不可弥补的损害,而对于这一僵局,在组成公司证明文件中,组织细则中,或股东们之间的任何协议中的任何救济条款都不能化解,则衡平法院可以按任何一位股票不上市公司的股东的申请为公司指定一个或多个人作为公司的财产保管人。"监管人的工作是使企业持续下去,而不是对企业进行清算。监管补救措施在美国"受到了尖锐的批评,事实上极少使用"。批评意见为:首先,监管措施是以法院控制的管理层取代了所有者控制的管理层,这显然违反了公司的委托代理理论。其次,监管措施带来的成本较高。包括诉讼费和失去的机会。最后,监管人的保守性不可能为公司开拓新的机会。最重要的是,监管人不大可能一劳永逸地解决所有者之间的根本冲突。但通过任命财产管理人或保管人,并以法院文件的形式向其移交权利,就使面临解散诉讼的公司,一方面可以防止公司财产的非正常减损,另一方面可以保障公司营业的继续。因此,我国在面对公司僵局时,无论将来构建何种制度都必须重视保全涉案公司的财产和维持其营业。

我国《公司法》尚未规定管理人介入制度,但是公司章程可以约定,在公司僵局持续至特定的情形下,将由确定的管理人暂时接管公司运营,此时管理层应向临时管理人移交权力。这样不但可以防止公司财产的非正常减损,而且可以保障公司营业的继续。如果实际管理人拒绝移交权力,则股东可以提起诉讼,此时应列公司为被告,临时管理人为第三人。

8. 临时董事制度。《美国特拉华州普通公司法》第 353 节规定:(a)不管在组成公司证明文件中,组织细则中,或股东们之间的任何协议中有着相反的规定,如果董事们对公司业务和事务有对立的意见,并且这一对立的结果

---

〔4〕 转引自俞智渊:《公司僵局的预防与破解》,法律出版社 2014 年版,第 102 页。

使董事会不能形成有所作为所必需的多数票意见，其无所作为的结果是在各方面都无法为股东们的利益处理公司的业务和事务，那么法院就可以为该股票不上市公司指派一位临时董事。可见，在董事层面出现僵局的情况下，法院可以通过任命中立的“临时董事”来打破僵局。这些董事不像破产管理人或监管人，对企业并没有广泛的权力。他们拥有公司按常规选出的董事的全部权利和权力，包括有权得到董事会的会议通知并在会上参与表决。临时董事应具有一定的资格条件。《特拉华州普通公司法》第353节(c)规定：“一位临时董事应当是一位无偏见的人，他既不是一位股东，也不是一位该公司的债权人或该公司任何一家子公司或与其相关联的公司的债权人，其他的职务资格可以由法院规定……”申请法院任命临时董事应符合一定的要求。任命临时董事的目的是为陷入僵局的公司提供一种比任命破产管理人或非自愿解散更简便、灵活、更少对立的解决办法。任命临时董事的措施可以促使和刺激相互争斗的股东达成某种妥协。因而当股东间达成妥协，僵局被打破时，临时董事的使命就结束了。临时董事仅能解决微不足道的分歧，一旦矛盾重重，分歧很深时，临时董事很难协调各方的利益。在我国任命临时董事的措施在目前应慎重。最主要的原因是我国的职业董事、经理市场还不发达，合适的董事的找寻比较困难，而草率地任命不太合格的临时董事很显然于事无补，在有些情况下还可能加深矛盾和分歧。

美国的临时董事属于第三方表决。在非上市公司中可以将此项目制度引入股东会、董事会，当公司股东会、董事会意思形成不能时，由公司事先确定的第三方进行表决，公司股东、董事同意以第三方表决意见为准。

9. 独立董事制度。在股东会将权力充分授权给董事会的情形下，设置独立董事并由独立董事作出最终的决断将有助于避免公司僵局的产生。独立董事制度目前在上市公司中得到了充分的运用，在非上市公司中，一些公司也可以引入了独立董事制度，这从制度上可以起到避免公司僵局产生的作用。独立董事不但在股权对等的股权结构中可以适用，在单个股东的持股比例为33.4%的公司中同样适用；一些小股东所担心的多年不分红，大股东通过关联交易及高薪回报方式转移利润等情形，通过独立董事制度也能得以缓解。例如，2011年9月15日，上海复星集团与保德信合资设立了一家中外合资的寿险公司，双方股权比例各占50%。合资公司设9名董事，双方各委派3名，另3名为独立董事。这种设计的目的之一是防止出现公司僵局。

10.第三方调解。在公司出现经营僵局时,《公司法》和相关司法解释要求须“通过其他途径不能解决的”,股东诉讼解散公司,法院才能审理裁决,这实质上设定了前置程序,但并没有明确“其他途径”,司法判例中公司所在园区组织、社区组织、政府部门、有权威的人,从中调和股东、董事矛盾,都被视为股东、董事已经做了“通过其他途径解决”的努力。但园区组织、社区组织、政府部门都不是公司治理运营专业人员,可能不具备专业知识和技能,调和只是以常人理念上的人情说和,并不是法律上、公司治理运营专业上的是非判断,权威性不足,调和效果不一定好。政府和法院应当鼓励企业协会、咨询公司、律师事务所等中介机构,成立公司僵局调解中心,为公司股东、董事提供专业性服务。

11.仲裁。在公司出现僵局时,股东或者董事愿意提请仲裁。在国外用仲裁方法解决公司僵局比较常见,但国内仲裁在两个方面存在限制:一是要求双方或者各方必须达成仲裁协,二是我国仲裁范围一般是合同纠纷及其他财产权益纠纷,而几乎不对与人身有关联的纠纷进行仲裁。成立由公司治理、企业管理、律师、会计师等专业人员组成的公司僵局仲裁机构,或者将该职能赋予现在的商事仲裁机构,这需要在法律上作出规定。

12.诉讼解决。这是股东穷尽其他救济途径之后的方法。在公司出现经营僵局之后,股东、董事通过诉讼之外的其他方法都不能解决僵局问题,符合条件股东可以提起诉讼,请求解散公司。法院审理解散公司诉讼案件,应当注重调解。当事人协商同意由公司或者股东收购股份,或者以减资等方式使公司存续,且不违反法律、行政法规强制性规定的,法院应予支持。当事人不能协商一致使公司存续的,法院应当及时判决。

法律设定“通过其他途径解决”的诉讼前置程序,这是司法的一种态度。公司自治是公司法人人格独立的重要原则和体现,司法不得轻易介入公司自治范畴,不得轻易干涉公司内部事项。所以,前置程序是阻止司法轻易干预公司自治的闸门,只有完成前置程序司法介入公司自治,受理、审判公司解散纠纷才是正当的。

六、股东以公司僵局为由提起解散公司诉讼的法律程序

审理公司解散之诉,应当坚持以下几个原则:主体维持原则、竭尽其他救济原则、利益平衡原则。主体维持原则,也称公司(企业)维持原则,是指在法院审理公司解散案件时,只要能够通过其他手段解决公司面临的纠纷,应

该维持公司的存续;只有在不解散公司就无法解决现有的公司纠纷时,法院才可基于请求权人的请求依法解散公司。竭尽其他救济原则,公司司法解散是解决公司纠纷的终极路径,但不一定是最优的解决方案,只要公司能够通过其他替代性救济措施解决现有纠纷,并且还有继续从事合法经营的希望,法院就不应当轻易地强制解散公司。利益平衡原则,《公司法》的目标并非单纯地实现公司股东的利益最大化目标,而是实现《公司法》上的各种利益关系主体之间的利益平衡,司法不应当借口公司股东利益最大化目标的实现而牺牲公司其他利益关系主体的利益。[5]

对于股东以公司僵局为由提起解散公司之诉的法律程序,需要将《公司法》第182条和《公司法司法解释(二)》第1条结合起来认识。

1. 以公司僵局为由提起解散公司诉讼的主体。《公司法》第182条规定"持公司全部股东表决权百分之十以上的股东,可以请求法院解散公司"。《公司法司法解释(二)》第1条规定"单独或者合计持有公司全部股东表决权百分之十以上的股东"可以提起诉讼。《公司法》第182条的规定容易被人们认为是一个人持有10%以上的股份才是适格的主体,《公司法司法解释(二)》第1条规定可以是两个或者两个以上有股东联合。实践中按照《公司法司法解释(二)》的规定执行。

2. 通过其他途径不能解决。《公司法》第37条规定,决定公司解散、清算是公司股东会的职权,是公司自治事项,是否解散公司由股东自己来决定,而且必须经三分之二以上表决权通过,司法权不轻易介入公司自治,只有在穷尽公司内外部救济手段之后才能介入。出于这样的考虑,法律设定严格的股东诉讼解散公司的程序和条件:第一,严格设定公司僵局成立的情形;第二,在股权比例上对提起诉讼的股东设定条件;第三,在结果上须为公司存续使股东利益将受到重大损失;第四,通过内部程序已经无法解决;第五,通过公司外部其他途径也不能解决。只有这些条件具备、程序完成,司法权才能介入解决公司僵局。

2012年4月9日,最高人民法院发布的"林某清诉常熟市凯某实业有限公司、戴某明公司解散纠纷案",因公司经营僵局,法院判决解散公司。原告

---

〔5〕 安凤德主编:《公司案件疑难问题裁判精要》,法律出版社2021年版,第329页、第332-333页。

林某清诉称:常熟市凯某实业有限公司(以下简称凯某公司)经营管理发生严重困难,陷入公司僵局且无法通过其他方法解决,其权益遭受重大损害,请求解散凯某公司。2009 年 12 月 8 日,江苏省苏州市中级人民法院作出(2006)苏中民二初字第 0277 号民事判决,驳回林某清的诉讼请求。宣判后,林某清提起上诉。江苏省高级人民法院于 2010 年 10 月 19 日作出(2010)苏商终字第 0043 号民事判决,撤销一审判决,依法改判解散凯某公司。二审法院认为:《公司法》第 182 条将"公司经营管理发生严重困难"作为股东提起解散公司之诉的条件之一。判断"公司经营管理是否发生严重困难",应从公司组织机构的运行状态进行综合分析。公司虽处于营利状态,但其股东会机制长期失灵,内部管理有严重障碍,已陷入僵局状态,可以认定为公司经营管理发生严重困难。对于符合《公司法》及相关司法解释规定的其他条件的,法院可以依法判决公司解散。

七、法院调解公司回购股东股份的合法性

《公司法司法解释(二)》第 5 条规定:"人民法院审理解散公司诉讼案件,应当注重调解。当事人协商同意由公司或者股东收购股份,或者以减资等方式使公司存续,且不违反法律、行政法规强制性规定的,人民法院应予支持。当事人不能协商一致使公司存续的,人民法院应当及时判决。经人民法院调解公司收购原告股份的,公司应当自调解书生效之日起六个月内将股份转让或者注销。股份转让或者注销之前,原告不得以公司收购其股份为由对抗公司债权人。"对于公司僵局,股东起诉请求解散公司案件,《公司法司法解释(二)》第 5 条规定了三种解决方式:

1. 当事人协商由公司收购股份。在诉讼中,作为原告的股东与公司协商,由公司收购其股份,原告退出公司,并终结诉讼。公司收购股份后应当自调解书生效之日起 6 个月内将股份转让或者注销。转让,是指转让给其他股东或者新的投资人,公司注册资本不变。注销则涉及注册资本的减少,需要履行偶发减资程序,进行工商登记变更。

2. 当事人协商由其他股东收购股份。公司僵局在形式上表现为公司股东会或者股东大会、董事会不能召开或者虽然能够召开但无法作出有效决议,但本质上还是股东之间存在争议。在争议无法解决时,不得已才采取解散公司的方式解决。如果争议一方将原告一方股东的股份收购之后,公司就不存在了争议的另外一方,公司僵局被打破,解散诉讼即告终结。

3. 公司以减资的方式收购股份。公司以减少注册资本的理由收购原告股东的股份，股份收购之后既不转让，也不用来吸引其他投资者，而是直接注销。注销则涉及注册资本的减少，需要履行偶发减资程序，进行工商登记变更。

在《公司法司法解释（二）》第 5 条规定的三种解决方式中，“当事人协商由其他股东收购股份”，是公司与原告之间的自愿行为，只要不存在违法事由，应当是有效的。“公司以减资的方式收购股份”，符合《公司法》第 142 条规定的事由，也是合法的。“当事人协商由公司收购股份”，其合法性值得研究。司法解释说“经人民法院调解公司收购原告股份的，公司应当自调解书生效之日起六个月内将股份转让或者注销”。此语表明，在当事人协商收购原告股东股份时，并未确定是注销还是转让，如果已经确定了注销就应当以减少注册资本为由收购股份，这样符合《公司法》第 142 条第 1 款第 1 项的规定。如果收购之后是为了对外转让（此时原股东不愿意购买），其收购理由不符合《公司法》第 142 条的规定，法院调解书的合法性可能会受到质疑。

鉴于上认识，在公司僵局股东诉讼公司解散案件中，如果公司与原告股东协商回购其股份，公司以减资的方式收购股份，这种事由是合法的。如果公司其他股东能够收购原告股东股份，也是一种合法、合理的方法。

第十七章　股东有限责任

股东有限责任是纯属一个经济学概念,意味着股东的有限投资风险。在法律上,股东的有限责任意味着股东的有限清偿责任。因为公司法人独立人格的存在,股东的有限责任是股东对公司的直接责任,对公司债权人的间接责任,在公司法人人格被否认时,股东需对公司债权人承担直接责任,这种情形被称为股东有限责任的例外。

一、股东的有限责任

有限责任,是指债务人以法律规定的财产范围对债务承担责任。有限责任并不是公司法独有的,它可以是基于双方当事人的合意产生,比如《民法典》第 833 条规定,"货物的毁损、灭失的赔偿额,当事人有约定的,按照其约定";可以是法庭限制合同中的赔偿数额;还可以通过法律规定限制赔偿数额,比如《邮政法》第 47 条规定的"(二)未保价的给据邮件丢失、损毁或者内件短少的,按照实际损失赔偿,但最高赔偿额不超过所收取资费的三倍;挂号信件丢失、损毁的,按照所收取资费的三倍予以赔偿"。

有限责任可分为物的有限责任和人的有限责任。物的有限责任,是指债务人仅以特定的财产为负担责任的限度。比如继承人对于被继承人的债务负担的清偿责任,仅以所继承的财产为限。《民法典》第 1159 条、第 1161 条规定,分割遗产,应当清偿被继承人依法应当缴纳的税款和债务,继承人以所得遗产实际价值为限清偿被继承人依法应当缴纳的税款和债务。人的有限责任,也称量的有限责任,是指债务人仅以一定的最高财产额为承担责任的限度。如公司股东以其投入的财产数额为限对公司债务承担责任。《公司法》第 3 条第 2 款规定,"有限责任公司的股东以其认缴的出资额为限对公司承担责任;股份有限公司的股东以其认购的股份为限对公司承担责任"。

有限责任是相对于无限责任的一个概念,合伙人对合伙债务除了投入的资金或者资产之外,还要以个人财产承担责任,而公司股东不必以个人财产对公司债务负责。有限责任是专属于投资者的,而不是公司的,公司作为独立的法人必须像其他经济实体一样对自己的所有债务负责。

二、股东有限责任与公司无限责任

在法律上,有限责任与无限责任是一组相对应概念。有限责任,是指责任人以其部分财产承担责任。无限责任,是指责任人以其所有的全部财产承担民事责任。区分有限责任还是无限责任的核心标准是:是否以责任人的全部财产承担责任。所谓全部财产,是指已经取得的财产和将来取得的财产。界定有限责任还是无限责任的标准是财产数额,不是债务数额。责任人是以其出资额承担责任,还是以出资额和其个人其他财产共同承担责任,二者之间的差额才是有限责任与无限责任在数量上的区别。

注册资本的重要价值之一是保护债权人利益。股东有限责任的限额,包括单个股东有限责任限额和全体股东有限责任界额两个角度。单个股东以其实际出资额或者承诺的出资额为限,对公司的债务承担责任;全体股东以每个股东的限额之和为限,对公司的债务承担责任。股东认缴出资额或者实际出资额,是全体股东承诺的责任限额,体现为公司注册资本。所以,有限责任是股东的责任限额,不是公司的责任限额,公司以其全部财产对公司的债务承担责任,公司承担的是无限责任。当公司经营失败产生损失时,股东是以出资额为限承担责任,公司财产不足清偿部分由债权人承担,这也是债权人的经营风险之一,这种风险转移机制也被很多学者诟病。

我们可以用经济学的方法对上述问题作重复性论述。上述讨论中出现了三个数字:一是公司全体股东出资额,即公司注册资本;二是公司财产数额;三是公司债务数额。股东出资额和公司财产数额都是针对公司债务数额的责任范围,只是责任主体不同,股东以出资额对公司债务承担责任,被称为股东的有限责任;公司以其全部财产对公司的债务承担责任,被称为公司的无限责任。当公司资产大于公司债务数额的时候,谈论股东有限责任几乎没有实际意义。当公司资产小于公司债务数额,特别是导致公司破产清算的时候,股东有限责任才有实际价值。

三、股东承担有限责任的条件

股东有限责任制度,实质上是法律为股东设定的一项风险与收益不对等的投资制度。人们总是想以数量少的投入博取巨额利益,以确定的投入得到不确定的回报。这种制度正好满足了人们的愿望,同时也极大地激发了人们的欲望。当公司经营好的时候,股东以确定的投入取得源源不断的回报。当公司经营失败的时候,巨大的损失将转嫁给债权人承担,股东只承担他投入的那部分损失。股东适用有限责任制度须满足两个条件:一是要求股东和公司人格彼此独立。公司成员(股东)从无限责任到有限责任,伴随公司法人的非独立责任到独立责任的演进而确立发展起来,没有公司法人人格独立就不会股东有限责任。公司具有了独立人格,才能脱离对股东身份的依赖,成为法律上独立的主体,才能独立拥有财产、享有权利、承担义务,独立承担民事责任。股东与公司彼此人格独立,主要是强调股东和公司在法律上是两个人,各自对自己的行为负责。只有确立了公司法人独立人格才能确定股东有限责任,所以有限责任是公司法人独立人格的产物。二是要求公司与股东财产彻底分离。无限责任制度表明合伙人与合伙组织在人格上一体的,在财产上存在混同。合伙人对投入合伙组织财产仍然享有直接的所有权,合伙组织对合伙人投入的财产不享有所有权,无法承担独立责任。合伙人对合伙组织的债务承担无限清偿责任。无限责任不适应经济发展对资本需求的要求,所以才创立了有限责任制度。“公司人格独立和股东有限责任是以严格贯彻公司财产与股东财产的分离原则为前提的。”〔1〕公司独立人格是公司独立享有财产所有权的前提,而拥有独立的财产才能独立承担民事责任。这种财产上的独立即股东财产与公司财产彻底分离,各自对自己的财产享有所有权,各自承担责任。

《九民纪要》第 10 条、第 11 条、第 12 条规定了适用公司法人人格否认制度的三种情形,即人格混同、过度支配与控制、资本显著不足。这三种情形关注的重点是股东与公司的人格是否彼此独立问题,在股东与公司人格独立的视角下包含着股东与公司的财产分离问题。

四、股东有限责任在《公司法》中的体现

股东有限责任在公司法的立法精神、法律条文中都有深刻的体现,我们从法律规定的角度举例说明一下有限责任在《公司法》中的体现。

(一)股东有限责任与股东出资财产的法律选择

股东的有限责任限额是股东的出资额,包括在公司设立时已经实际出资的和承诺在公司成立之后的某个期限到来时出资的财产,这些都是公司财产。公司须以股东出资的财产和在运营过程中形成的财产对债权人承担责

---

〔1〕 朱慈蕴:《公司法人格否认法理研究》,法律出版社 1998 年版,第 67 页。

任，这就要求股东出资能够转变成公司财产，在公司对债权人清偿时能够变成债权人财产。为满足这样的要求，《公司法》第 27 条、第 28 条规定，股东出资的财产须可以用货币估价并可以依法转让，并应当按期足额缴纳公司章程中规定的各自所认缴的出资额。

对公司经营有价值的财产和可以作为出资的财产是有分别的，我们经常把这两种财产混淆，认为对公司有价值为什么不能作为出资呢？比如，人脉关系、劳动力。这当中的关键是不能用货币估价，并不能转让。作为劳动力是有价值的，也可以用货币估价，所以可以确定工资数额，也可以进行股权激励，但这都是公司内部的行为，对外不可转让，无法用来对债权人清偿，不能作为出资。

（二）股东有限责任与公司增加注册资本、减少注册资本制度

《公司法》规定，增加注册资本和减少注册资本都需要遵守法定程序，在表决方式上均需要三分之二以上通过。但在具体程序上存在不同。公司增加注册资本对债权人是有利的，因为提高了有限责任限额，利益平衡的重点是股东与股东之间。对于决定认缴增资的股东增加了自己有限责任限额；对于不认缴增资的股东，其股权比例稀释，分红权和表决权均受到影响。所以，增加注册资本，重点要求公司内部决议程序合法、符合公司章程要求。

既然股东承担的是有限责任，股东出资总额为公司注册资本，公司注册资本就是股东对债权人承担责任的限额承诺。这一限额的变化，也就是股东承诺责任限额的变化，涉及公司债权人的利益。公司减少注册资本，股东承诺的责任限额降低了，影响了债权人的利益，法律因此设定了严格的程序，重点是公告和通知程序。因此，尽管《公司法》实行注册资本认缴制，但法律并未因此放松对公司减少注册资本的管制。公司增加注册资本和减少注册资本完成变更登记才有效。

（三）股东有限责任与表决权制度

按照风险、责任与权利相一致原则，公司股东的表决权按照出资数额或者比例确定。一个承担有限责任的法律主体，通常法律不会为其设定无限的权利。《公司法》第 42 条规定："股东会会议由股东按照出资比例行使表决权；但是，公司章程另有规定的除外。"第 103 条规定："股东出席股东大会会议，所持每一股份有一表决权。"学者认为表决权的多少与股东剩余索取权（分红权）有关，因为公司剩余利润的多少与表决机制、决策的合理性和公司

经营效益密切相关。

股东表决权与出资数额或者股权比例直接相关，通常与有限责任连接得并不紧密。其实这是一个问题在初始时和在结局时的不同看法。股东出资是公司设立时股东对公司的一种贡献，并因此取得股东身份、享有包括表决权在内的股东权利。当公司清算时则表现为有限责任，有时也表现为出资比例。

现实中，决策权与责任不一致的情形很多，比如赋予股东多数表决权（AB股结构）、限制股东表决权、无表决权股份、一票否决权等。

（四）股东有限责任与资本多数决原则

资本多数决原则是资本主义民主政治在商业领域的适用。通常，股东表决权源于股东身份，股东身份源于出资，公司注册资本是由股东出资组成的，注册资本按照股东出资额分为不同比例或者股票数量，股东会是公司的最高决策机关，决策权是股东表决权的集合。按照“一股一票”“同股同权”的原则，股东出资比例或者股票数量与表决权的大小是一致的。从股东会职权上看，股东会决议事项涉及全体股东利益，如果决策正确，公司获得利益，表决权越多的股东获得的利益越大；如果决策错误，公司价值降低甚至经营失败，投资越多的股东损失也就越大。既然是全体股东的事项就应当由股东集体决定，既然涉及股东公共利益，应当坚持多数决原则。

投资和资本多数决原则是一种决策机制，也是一种公司治理机制。资本多数决原则的价值在于用一个合理高效的方法去统一众多股东的意志，使其成为公司意志。因此，资本多数决被视为“少数服从多数”的民主原则。累积投票制、双层股权结构、限制表决权股份、一票否决权等特殊表决权结构，破坏了“一股一票”“同股同权”“风险与权利、责任一致”原则，是一种扭曲的资本多数决原则，在学者看来都可能极大地提高代理成本，如果设计不好都可能诱使大股东利用控制权谋取私人收益，或者造成公司僵局、解散和破产清算。

（五）股东有限责任与剩余财产分配权制度

有限责任、法人人格独立、永远存续，被一些学者称为现代公司的三大基本特征，只有这样股东才能实现以有限责任博取无限收益。

剩余索取权和剩余财产分配权，在公司治理上是股东的两项重要权利。前者指分红权，即公司盈利后在依法弥补亏损、提取法定公积金、任意公积金、纳税之后还有剩余利润的，股东享有此项权利。剩余财产分配权，是公司经营失败后产生损失，按照破产法等法律规定清偿之后还有剩余财产的，股东有权要求对剩余财产进行分配。

从法律上讲，公司成立、股东缴清出资、股东地位取得之后，股东无须向公司或者公司债权人承担任何责任。在正常经营的时候，谈股东的有限责任没有丝毫意义。只有当股东非法操纵公司、滥用公司法人人格和有限责任，导致公司法人人格被否认，或者当公司解散破产时，有限责任对股东才具有现实意义。所以，公司在走向破产清算时，股东有限责任的价值体现的最为典型。

（六）股东有限责任与公司经营风险的转移

当公司经营失败的时候，必须有人承担公司经营失败的损失。我们看一看都由哪些人承担损失呢？《破产法》第 113 条规定："破产财产在优先清偿破产费用和共益债务后，依照下列顺序清偿：（一）破产人所欠职工的工资和医疗、伤残补助、抚恤费用，所欠的应当划入职工个人账户的基本养老保险、基本医疗保险费用，以及法律、行政法规规定应当支付给职工的补偿金；（二）破产人欠缴的除前项规定以外的社会保险费用和破产人所欠税款；（三）普通破产债权。"再有剩余才分配给股东。

按照上述规定的顺序，用公司的剩余财产清偿，不能得到清偿的相当于和公司股东一起承担了公司经营损失。但股东的损失是其出资额，这是股东的有限责任。普通破产债权排在倒数第二位进行清偿，往往到这时公司已经没有剩余财产了，债权人的债权就成为损失。所以，有的学者说股东因有限责任将自己公司的经营风险转嫁给了公司债权人，有限责任给股东带来的好处，被债权人所遭受的损失抵销了。我们在前面讲过，从公司与公司债权人的角度讲这是对的，这也是股东有限责任、公司法人人格独立的设计愿意。

（七）股东有限责任与公司所有权和监督权的分离

有限责任对公司法制度创造了更多的空间，比如监督机关和监督制度。因为股东承担有限责任，降低了监督的必要性，使得所有权与监督权分离成为一种可能，公司法设置监督机关有了制度空间。同时，因为有限责任，小股东除了委托监事监督之外，还可以自行进行监督代理人的经营行为。但是监督是有成本的，当监督成本相对较高，监督收益小于监督成本时，监督就成了得不偿失的事情，股东就会放弃监督。股东的监督成本，不仅体现为股东个人的负担,同时也体现为公司的成本增加,股东减少监督,相应地会减少公司监督成本。我们不是鼓励股东放弃监督,而是股东监督成本与监督收益的平衡关系考虑。股东频繁的监督对于公司来说不一定是好事,可能会破坏公司的正常秩序。

五、股东有限责任的例外

股东有限责任的例外,即突破股东有限责任,股东对公司债务与公司承担连带责任,与公司共同清偿债务。有限责任公司成立后,股东与公司是两个独立的人,股东以出资为限对公司承担有限责任,公司以自己的财产对外独立承担责任,但在特殊情况下,股东除了以自己认缴的出资承担出资责任外,还可能为公司承担连带责任。

1. 公司法人人格否认时股东与公司的连带责任。《公司法》第 20 条规定:"公司股东应当遵守法律、行政法规和公司章程,依法行使股东权利……不得滥用公司法人独立地位和股东有限责任损害公司债权人的利益。……公司股东滥用公司法人独立地位和股东有限责任,逃避债务,严重损害公司债权人利益的,应当对公司债务承担连带责任。"股东滥用公司法人独立地位,是指公司股东以无诚意或者欠缺诚意从事市场交易,或者违反法律关于利润分配的规定从公司取得财产,意图由公司对债权人独立承担清偿责任,从而损害公司债权人利益的行为。法律赋予公司法人独立地位,规定公司具有独立人格、独立财产,能够独立承担责任,股东滥用公司法人人格就是公司人格不独立、财产不独立,股东与公司人格不分、财产和利益不分,对债权人的责任分离。股东滥用有限责任与股东滥用公司法人地位是一个意图下的行为,公司名下的经营行为产生的责任由公司承担,公司无力清偿债务时股东只以出资为限承担责任,对公司债权人不承担责任。公司法人人格否认之后,也就否认了股东有限责任,由股东对公司债权人直接承担责任。

2. 股东怠于履行清算义务时与公司的连带责任。公司是法律拟制的人,但根本不同于自然人,它可以要看股东意愿而随时生,也可以根据股东意愿随时死。股东决议解散公司时间在取得公司死亡的效果,在死亡之前要进行清算。清算的目的是结束公司经营行为、处理资产、清理公司债权债务,这是对股东的一种交代,同时也是对员工、债权人、政府的一种交代。股东对自己的投资行为、治理行为、经营行为的失败或者自愿结束公司经营,清算重点保护的是利益相关者的利益,不再是股东的利益。通常情况下公司决定清算,越早进行清算,公司对资产的消耗越少,对债权的保护越有利,法律因此要求股东及时清算。《公司法司法解释(二)》第 18 条规定,有限责任公司的股东、股份有限公司的董事和控股股东未在法定期限内成立清算组开始清算,导致公司财产贬值、流失、毁损或者灭失,债权人主张其在造成损失范围内对公司债务承担赔偿责任的,人民法院应依法予以支持。有限责任公司的股东、股份有限公司的董事和控股股东因怠于履行义务,导致公司主要财产、账册、重要文件等灭失,无法进行清算,债权人主张其对公司债务承担连带清偿责任的,人民法院应依法予以支持。上述情形系实际控制人原因造成,债权人主张实际控制人对公司债务承担相应民事责任的,人民法院应依法予以支持。

另外,股东与公司承担连带责任并不一定都是股东有限责任的例外。《公司法司法解释(二)》第 22 条规定的股东未足额缴纳出资的连带责任,仍然要求股东在出资额范围内承担连带责任。《公司法司法解释(二)》第 22 条规定:"公司解散时,股东尚未缴纳的出资均应作为清算财产。股东尚未缴纳的出资,包括到期应缴未缴的出资,以及依照公司法第二十六条和第八十一条的规定分期缴纳尚未届满缴纳期限的出资。公司财产不足以清偿债务时,债权人主张未缴出资股东,以及公司设立时的其他股东或者发起人在未缴出资范围内对公司债务承担连带清偿责任的,人民法院应依法予以支持。"需要注意的是,该连带责任仍然坚持了股东有限责任原则。股东承担连带责任重点强调股东责任范围,即在未缴纳出资的范围内承担责任。

六、股东之间的连带责任

在公司法理论上,股东之间是合伙关系。根据《公司法》和司法解释的规定,股东之间承担连带责任包括以下几种情形:

1. 因其他股东、发起人出资不足承担连带责任。《公司法》第 30 条、第 93 条规定,公司成立后,发现作为设立公司出资的非货币财产的实际价额显著低于公司章程所定价额的,应当由交付该出资的股东补足其差额,公司设立时的其他股东、发起人承担连带责任。股份有限公司成立后,发起人未按照公司章程的规定缴足出资的,应当补缴;其他发起人承担连带责任。

2. 因协助其他股东抽逃出资承担连带责任。《公司法司法解释(三)》第 14 条第 2 款规定,股东抽逃出资,公司或者其他股东请求其向公司返还出资本息、协助抽逃出资的其他股东对此承担连带责任。

3. 股权受让人的连带责任。《公司法司法解释(三)》第 18 条规定,有限责任公司的股东未履行或者未全面履行出资义务即转让股权,受让人对此知道或者应当知道,公司请求该股东履行出资义务,受让人对此承担连带责任。

4. 发起人对公司不能成立返还认股人股款的连带责任。《公司法》第 94 条规定,股份有限公司发起人,在公司不能成立时,对认股人已缴纳的股款,负返还股款并加算银行同期存款利息的连带责任。

5. 股东对公司未设立产生的费用和债务的连带责任。《公司法》第 94 条和《公司法司法解释(三)》第 4 条规定,股份有限公司发起人,在公司不能成立时,对设立行为所产生的债务和费用负连带责任。部分发起人承担责任后,有权请求其他发起人分担,其他发起人按照约定的责任承担比例分担责任;没有约定责任承担比例的,按照约定的出资比例分担责任;没有约定出资比例的,按照均等份额分担责任。

6. 股东对公司未设立给他人造成损害的连带责任。《公司法司法解释(三)》第 5 条规定,发起人因履行公司设立职责造成他人损害,公司未成立,全体发起人对受害人承担连带赔偿责任。公司或者无过错的发起人承担赔偿责任后,可以向有过错的发起人追偿。

七、股东的补充赔偿责任

股东的补充赔偿责任主要涉及债权人追究瑕疵出资股东对公司债务的补充赔偿责任的问题。《公司法司法解释(三)》第 13 条第 2 款规定:"公司债权人请求未履行或者未全面履行出资义务的股东在未出资本息范围内对公司债务不能清偿的部分承担补充赔偿责任的,人民法院应予支持;未履行或者未全面履行出资义务的股东已经承担上述责任,其他债权人提出相同请求的,人民法院不予支持。"该条规定了未履行出资义务、未全面履行出资义务股东,即瑕疵出资股东对公司债务承担补充赔偿责任,其责任范围是股东"未出资本息范围内",仍然坚持了股东有限责任原则。《公司法司法解释(三)》第 26 条规定:"公司债权人以登记于公司登记机关的股东未履行出资义务为由,请求其对公司债务不能清偿的部分在未出资本息范围内承担补充赔偿责任,股东以其仅为名义股东而非实际出资人为由进行抗辩的,人民法院不予支持。"该规定中显名股东承担补充赔偿责任的理由和范围,仍然是瑕疵出资和瑕疵出资范围,支持债权人对公司登记事项公示的依赖利益,显名股东以其仅为名义股东而非实际出资人为由,主张不承担补充赔偿责任的,法院不予支持。

八、公司被吊销法人营业执照股东的清算责任

吊销企业法人营业执照，是公司登记机关依法对违法的企业法人作出的一种行政处罚。企业法人被吊销营业执照后，应当依法进行清算，清算程序结束并办理工商注销登记后，该企业法人归于消灭。

我国吊销营业执照的理由可归纳为以下主要方面：

1. 虚假注册。即以各类虚假文件（含虚假注册资本证明等）骗取注册的情形。这几乎是所有的吊销营业执照类型所共同采用的理由。《公司法》第198条规定："违反本法规定，虚报注册资本、提交虚假材料或者采取其他欺诈手段隐瞒重要事实取得公司登记的，由公司登记机关责令改正，对虚报注册资本的公司，处以虚报注册资本金额百分之五以上百分之十五以下的罚款；对提交虚假材料或者采取其他欺诈手段隐瞒重要事实的公司，处以五万元以上五十万元以下的罚款；情节严重的，撤销公司登记或者吊销营业执照。"无论是个人独资企业、合伙企业、公司以及其他各类企业，凡以虚假注册或者欺骗手段骗取营业执照，并情节严重时，皆有可能被吊销营业执照。

2. 无故不开业或者停业。《公司法》第211条和《公司登记管理条例》第62条规定：公司成立后无正当理由超过6个月未开业的，或者开业后自行停业连续6个月以上的，由公司登记机关吊销营业执照。

3. 不申请注销。已经破产或者解散清算结束后却不办理注销登记的，对此名存实亡的企业，可以吊销其营业执照。

4. 逃避年检。企业年检制度，意在年度审视企业经营状况并就此备案公示，这是国家管理企业并维持企业经营秩序的必要手段，多数国家的企业法律皆有类似的制度。企业若是以虚假手段通过年检或者干脆不参加年检，将有可能受到吊销营业执照的处罚。除《个人独资企业登记管理办法》外，其他企业登记规定皆以此作为吊销营业执照之由。实践掌握的标准是，当一企业连续两年未参加年检时，将被吊销其营业执照。

5. 滥用执照。执照颁发的对象是特定的，执照上面的内容亦是经过特定审视而特别加以记载的，且执照本身原则上不得作为谋利的手段，任何伪造、涂改、出租、出借、转让营业执照的行为，皆实质破坏执照颁发的秩序，皆有可能引发营业执照之吊销。

6. 非法经营。具体又可分为两类情形：一是超越经营范围的越权经营，

这在《公司登记管理条例》《企业法人登记管理条例》中均有规定;二是违反各类法律法规经营,以此作为吊销营业执照的理由,在多部法律法规中皆有各不相同的规定,因为具体非法经营的情形显然是各不相同的。比如《产品质量法》第49条至第53条以及第56条规定了可以吊销营业执照的六种非法经营情形;《消费者权益保护法》第51条规定了九种可以吊销营业执照的情形。《环境保护法》《反不正当竞争法》《价格法》也包含因非法经营而吊销营业执照的规定。

7.危害国家安全和社会公共利益。《公司法》第213条规定:"利用公司名义从事危害国家安全、社会公共利益的严重违法行为的,吊销营业执照。"

企业法人营业执照被吊销之后,在法律上属于限制民事行为能力人,其主体资格涉及营业资格和诉讼资格两个方面。第一,营业资格不存在。企业法人被吊销营业执照后至其清算程序结束被工商部门注销前,企业法人的营业资格不存在,不能再对外开展经营业务。第二,清算资格和诉讼主体资格仍然存在。企业法人被吊销营业执照后至其清算程序结束被工商部门注销前,仍可以自己名义或清算组名义(已成立清算组)从事清算范围内活动,包括起诉、应诉等,程序上具有民事诉讼主体资格。另外,凡被吊销营业执照的企业法人自行组织清算,债权人可以企业清算组为被告起诉;凡由其上级主管部门或开办单位负责清算的,债权人可以被吊销营业执照的企业法人和其上级主管部门或开办单位为共同被告起诉;凡被吊销营业执照的企业法人能组织而不组织清算的,或者因企业法人组成人员下落不明,无法通知其参加诉讼的,债权人(原告)可单独以该法人或者其上级主管部门或开办单位作为被告提起诉讼。

九、股东怠于清算的法律责任

清算义务人,是指法人解散后依法负有启动清算程序的主体,其义务在于根据法律规定及时启动相应的清算程序以终止法人。清算人,在我国通常被称为清算组,是指具体负责清算事务的主体,其义务在于依照法定程序进行清算。《民法典》第70条第2款规定:"法人的董事、理事等执行机构或者决策机构的成员为清算义务人。法律、行政法规另有规定的,依照其规定。"《公司法》第183条规定,公司因公司章程规定的营业期限届满或者公司章程规定的其他解散事由出现而解散,股东会或者股东大会决议解散,依法被吊销营业执照、责令关闭或者被撤销而解散,公司经营僵局法院判决解散的,应当在解散事由出现之日起 15 日内成立清算组,开始清算。有限责任公司的清算组由股东组成,股份有限公司的清算组由董事或者股东大会确定的人员组成。

有的学者认为,《公司法》第 183 条仅规定了有限责任公司的清算组由股东组成,但并没有规定“清算义务人”。在《民法总则》施行前,一般都理所当然认为公司全体股东是清算义务人。在《民法总则》施行后,对此问题又起了争议。《民法总则》第 70 条(《民法典》第 70 条)规定,法人解散的,除合并或者分立的情形外,清算义务人应当及时组成清算组进行清算。法人的董事、理事等执行机构或者决策机构的成员为清算义务人。法条规定法人董事、理事以及执行机构或者决策机构的其他成员是清算义务人,从公司治理的角度上看,强调的是享有公司控制权和经营权的人是公司清算义务人,全体股东并非都是清算义务人。《民法典》生效后,对于有限责任公司的清算义务人有三种观点。

第一种观点认为,有限责任公司的清算义务人是公司董事,而不应包括股东。主要理由是《民法典》的规定。

第二种观点认为,根据我国现状,无论如何不能将股东排除在清算义务人之外。如果规定只有董事是清算义务人,那么实践中还会出现事实董事的问题,即有的股东没有董事身份,但却以股东身份直接负责公司经营,那这种人是不是不应该排除在清算义务人之外?

第三种观点认为,由于《公司法》第 183 条对此问题没有明确规定,而《公司法司法解释(二)》第 18 条已经对此作出了规定,目前暂按司法解释来确定清算义务人。

我们认为,上面三种观点都有一定道理,但倾向于第三种观点,主要考虑是《民法总则》和之后的《民法典》将此问题留给了《公司法》,但《公司法》恰恰没有规定,而《公司法》修改很可能会在今后较短时间内完成,为避免我们现在对此作出的解释与修改后的公司法不一致,采纳第三种观点是一种更为妥当的选择,即现阶段仍然按《公司法司法解释(二)》第 18 条的规定来执行,即有限责任公司的清算义务人包括公司股东,但应当对《公司法司法解释(二)》第 18 条第 2 款的规定作正确的解读,避免理解不正确,从而导致不应当承担责任的股东承担责任,不仅法律效果不好,而且社会效果也很不好。

那么,如何正确理解《公司法司法解释(二)》第 18 条第 2 款的规定,就成为现实中比较关键的问题。目前司法实践中,大量公司解散后应当清算而不清算,甚至故意借解散之机逃废债务,严重损害债权人利益并危害社会经济秩序。该条通过对清算义务人及其应清算而不清算民事责任的界定,旨在强化清算义务人依法清算的法律责任,建立一个健康、有序的法人退出机制。实践证明,该条规定的制定在实施后的一段时期内起到了应有的效果,推动了公司解散后清算义务人及时启动清算程序,保护了公司债权人的合法权益。但是我们也要注意到,关于有限责任公司股东清算责任的认定,一些案件的处理结果不适当地扩大了股东的清算责任。特别是实践中出现了一些职业债权人,从其他债权人处大批量超低价收购僵尸企业的“陈年旧账”后,对批量僵尸企业提起强制清算之诉,在获得法院对公司主要财产、账册、重要文件等灭失的认定后,根据《公司法司法解释(二)》第 18 条第 2 款的规定,请求有限责任公司的股东对公司债务承担连带清偿责任。有的法院没有准确把握上述规定的适用条件,判决没有“怠于履行义务”的小股东或者虽“怠于履行义务”但与公司主要财产、账册、重要文件等灭失没有因果关系的小股东对公司债务承担远远超过其出资数额的责任,导致出现利益明显失衡的现象,出现了一些极端案例,如出资几百万的小股东,最后承担了上亿元的债务。这种情况已经引起全国人大和最高人民法院的重视。鉴于此,《九民纪要》对该条款应当如何正确理解进行了规范,同时对这类案件的诉讼时效进行了明确。

1. 怠于履行清算义务的认定。《公司法司法解释(二)》第 18 条第 2 款规定的“怠于履行义务”,是指有限责任公司的股东在法定清算事由出现后,在能够履行清算义务的情况下,故意拖延、拒绝履行清算义务,或者因过失导致无法进行清算的消极行为。股东举证证明其已经为履行清算义务采取了积极措施,或者小股东举证证明其既不是公司董事会或者监事会成员,也没有选派人员担任该机关成员,且从未参与公司经营管理,以不构成“怠于履行义务”为由,主张其不应当对公司债务承担连带清偿责任的,法院依法予以支持。审判实践中,在判断是否“怠于履行义务”这个标准时,应当从司法政策上对本条第 2 款规定的小股东进行倾斜保护。

2. 因果关系抗辩。有限责任公司的股东举证证明其“怠于履行义务”的消极不作为与“公司主要财产、账册、重要文件等灭失,无法进行清算”的结果之间没有因果关系,主张其不应对公司债务承担连带清偿责任的,法院依法予以支持。在假设股东“怠于履行义务”的前提下，出现哪些情况才能证明与“公司主要财产、账册、重要文件等灭失，无法进行清算”没有因果关系呢？比如，有证据证明公司经营过程中公司财务室发生了火灾，公司账册和重要文件已烧毁，此事已向公安机关报案。又如，小股东有证据证明，公司主要财产、账册、重要文件均由大股东及其所派人员掌握、控制，即使其“怠于履行义务”，也与“公司主要财产、账册、重要文件等灭失，无法进行清算”无关。

《九民纪要》第 15 条规定，在司法政策上，要注意改变唯结果论的倾向。对于股东提出的其“怠于履行义务”的消极不作为与“公司主要财产、账册、重要文件等灭失，无法进行清算”的结果没有因果关系的抗辩事由，要按照证据规则认真审查。抗辩成立的，即使出现“公司主要财产、账册、重要文件等灭失，无法进行清算”的结果，股东也不应就公司债务承担连带清偿责任。

公司债权人以《公司法司法解释（二）》第 18 条第 2 款为依据，请求有限责任公司的股东对公司债务承担连带清偿责任的，诉讼时效期间自公司债权人知道或者应当知道公司无法进行清算之日起计算。《九民纪要》第 16 条规定：“公司债权人请求股东对公司债务承担连带清偿责任，股东以公司债权人对公司的债权已经超过诉讼时效期间为由抗辩，经查证属实的，人民法院依法予以支持。”

第十八章　公司法人人格否认

公司法人人格独立为股东承担有限责任提供了基本前提,股东享受法律给予有限责任制度的优惠,须尊重公司法人独立地位。当股东滥用公司法人独立地位和股东有限责任,对公司债权人造成损害,在必要时须否认公司法人人格,要求滥用公司法人人格和股东有限责任的股东直接对公司债权人承担责任,这是对股东不正当行为的一种事后矫正机制。

一、公司法人人格独立

公司法人人格,是指公司作为法人,在法律上能够独立享受权利和承担义务。公司法人人格独立,是指公司具有独立于其成员的法律人格,在法律上是具有民事权利能力和行为能力的独立的"人"。

公司法人人格独立包括以下三层含义:第一,独立人格。公司独立于其成员,即公司法人与组成公司的股东互相分离,各以自己的名义独立参与民事活动,享受权利和承担义务。第二,独立财产。公司法人拥有独立的财产,能够独立享有民事权利和承担民事义务。第三,独立承担责任。公司法人以其拥有的全部财产,独立地对债权人承担民事责任。《民法典》第 57 条、第 60 条和《公司法》第 3 条,明确地规定了公司法人人格独立。

公司法人人格独立和有限责任被称为现代公司法的两大基石,构成公司制度的核心,其他一些制度都是在两大基石之上建立和存在的。1897 年英国衡平法院对萨洛蒙诉萨洛蒙有限公司案(Solomon v. Solomon & Co. Ltd.)的判决,正式确认了公司独立法人人格。

二、公司程式

股东享有有限责任的制度恩惠,须尊重公司的独立人格,而公司的独立人格在实践中具体体现为公司程式,即股东须按照法律和公司章程的规定治理运营公司。在不同的法律和治理模式之下,公司程式存在区别,从我国《公司法》看,公司程式主要表现为以下几个方面:

1. 公司有治理组织。上市公司是公司治理的标准型公司,公司有股东大会、董事会、监事会、经理。非上市股份有限公司是上市公司的简化,有限责任公司是非上市股份公司的简化,一人有限责任公司是有限责任公司的简化。公司治理机关从股东大会简化到股东会,从董事会简化到不设立董事会,不设监事会,只设执行董事和监事,再简化到不设股东会(一人有限公司、国有独资公司、中外合资公司、外商独资公司),不设董事会(一人有限责任公司)。公司治理组织的简化须为法律规定的那些公司,对于普通公司禁止公司治理组织简化。公司治理机关简化到某一个职位或者某一个人之后,这个人就是公司治理机关的化身,在公司治理中不再是简单的自然人。但是,无论如何简化都不代表可以忽视公司治理组织。

2. 选举董事、监事,组建董事会和监事会。集中管理是公司的特征之一。所谓的集中管理,是指管理权集中于董事会。董事会由股东会或者股东大会选举的董事组成。股东在完成公司设立之后,将公司交由董事会接管,由董事会负责管理和运营。如果没有选举董事,也构成对公司程式的违反。选举监事组建监事会,尽管在控制和管理角度理解这并不是主要的,但可验证股东对公司程式是尊重还是违反。如果在公司治理运营过程中股东取消董事会,直接接管公司,凭此一点足以成立公司法人人格否认,由股东对公司债权直接承担责任。

3. 召开组织会议。股东和董事均以会议的方式行使权利,参加公司股东会或者股东大会会议、董事会会议,在会议上对审议事项投票表决。股东会或者股东大会会议、董事会会议的核心功能是将股东、董事的个人意志转换成公司意志,所以公司须按照法律和公司章程规定召开股东会或者股东大会会议、董事会会议,为股东和董事提供权利行使机会。

4. 公司意志独立。公司股东会或者股东大会、董事会是公司意思形成机关,按照公司组织职能分工和表决程序、表决方式对审议事项作出决议,从而形成公司意思。会议召集程序和表决方式、决议内容须符合法律规定,符合公司章程的规定。遵守这些程序性规定,能够防止大股东将自己的意志强行变为公司意志,或者通过表面的程序合法,用自己的意志代替公司意志。

5. 会议记录。对于会议记录应当作广义理解,包括会议通知、会议议题、签到、会议议程、主持人和股东发言、会议表决、决议等能够证明股东会或者股东大会会议、董事会会议合法依规召开,并形成有效决议的所有记载,不能只理解为会议现场主持人和股东发言记录。

6. 会计记载。对股东与公司、母公司与子公司而言,公司的会计记载能够证明股东财产与公司财产界线是否清楚,是否存在混同。对姐妹公司而言,会计记录能够证明子公司之间是否存在财产混同。另外,会计记载还能够证明股东与公司、母公司与子公司、子公司之间是否存在利益转移。

7. 独立经营,独立创收。公司法人人格独立包括独立的经营行为,比如独立签订合同、独立应诉、独立起诉,有自己独立的管理团队和工作人员,子公司对外不宣称以母公司的名义经营,股东不把公司工具化,子公司之间不以一个公司的利益为核心开展经营活动,等等。如果没有独立的经营行为,容易导致公司人格混同。

8. 资本充足。资本是否充足并不是公司注册资本与国家规定的资本最低限额的比较,而是在公司成立时公司注册资本与公司业务经营需要资金的比较。公司注册资本能够满足公司建设和开业的资金需要,表明公司资本充足,股东对商业经营存有诚意,否则为公司资本不足,说明股东对公司债权人、对市场缺少诚意。

三、公司法人人格否认制度

公司法人人格否认,是大陆法系的一种叫法,英美法上称为“刺破公司面纱”,是指为防止法人独立人格的滥用和保护公司债权人的利益,就具体法律关系中的特定事实,否认法人的独立人格与成员的有限责任,责令法人的成员或者其他相关主体对法人债权人或者公共利益直接负责的一种法律制度。[1]

揭开公司面纱制度主要来源于判例法,美国揭开公司面纱的判例是1905年美国诉密尔沃基冷藏运输公司案(U. S. v. Milwaukee Refrigerator Transit Co.)。美国法院桑伯恩(Sanborn)法官在本案中首开“公司法人格否认”之先河。他说:“就一般规则而言,公司应该被看作法人而具有独立的人格,除非有足够的相反的理由出现;然而,公司的法人特性如被作为损害公司公共利益、使非法行为合法化、保护欺诈或者为犯罪的抗辩工具,那么,法律上则应将公司视为无权利能力的数人组合体。”[2]而揭开公司面纱的概念是在1912年提出来的,此后揭开公司面纱概念被广泛接受。

---

〔1〕 朱慈蕴:《公司法人格否认法理研究》,法律出版社1998年版,“序”第4页。
〔2〕 转引自朱慈蕴:《公司法人格否认法理研究》,法律出版社1998年版,第78页。

美国公司法人人格否认法理的形成和发展大致分成三个阶段：第一阶段是 19 世纪末至 20 世纪 10 年代。在这一阶段中美国法人人格否认判例集中在利用公司规避法律、回避契约义务、诈害第三人这三种类型上。第二阶段是将公司工具化理论（形骸理论）时期。第三阶段从 1939 年开始，主要标志是美国法院在审理“泰勒诉标准石油电气公司案”中创立了“深石原则”，对母子公司之间的法人人格否认作出判例。[3]

四、公司法人人格否认制度下股东的责任形式

公司法人人格否认制度是在股东滥用公司法人人格和有限责任的情形下，为平衡股东、公司、公司债权人之间利益关系而创设的。

公司法人人格和股东有限责任都是人为创造的法律制度，目的是用公司法人独立人格，将股东出资财产与股东其他个人财产分离、股东与公司分离、股东财产与公司财产分离、股东责任与公司责任分离，构建了一套由股东直接面对公司，公司面对债权人，股东不直接面对债权人的交易和交易责任体系。从经济学的角度考虑，这是一种收效与风险不对等的制度设计。股东以确定的、有限的财产投入博取巨大的收益，公司因经营失败产生的巨大损失，可以通过破产程序转嫁给债权人承担。也就是说股东以确定的风险博取不确定的（可能有可能无，可能多也可能少）收益，不承担不确定的风险。这种制度就为股东围绕利益最大化，滥用公司法人人格提供了内心激励。股东滥用公司法人人格的心理路径是股东与公司利益不分离、责任分离。即股东滥用公司法人人格，在利益上达到公司利益与股东一体化，在责任上公司责任与股东责任分离。公司取得的利益归股东，公司经营风险和责任由公司承担，最终由归债权人承担。公司法人人格否认制度，就是将公司的风险和责任与股东一体化，滥用公司法人人格的股东取得了与公司一体化的利益，也要与公司一体承担公司的风险和责任。股东这样做的结果会损害公司债权利益，这是公司法人人格和股东有限责任制度的负面价值。

在利益上达到公司利益与股东一体化，是股东滥用公司法人人格的真正目的，在责任上公司责任与股东责任分离是表象，透过表象看到公司利益流动的本质是公司法人人格否认制度的功能。为平衡公司股东与公司债权人之间的利益，创立了公司法人人格否认制度。公司法人人格否认制度的核心

---

[3]　参见朱慈蕴：《公司法人格否认法理研究》，法律出版社 1998 年版，第 81－82 页。

是为了“制止”股东滥用公司法人人格给债权人造成损害，及至后来只要滥用公司法人人格的行为给债权人造成利益损害的行为，包括股东、母公司、子公司、关联公司，都以公司法人人格否认制度来规制。

在公司法人人格否认后，公司与股东不再互相独立，股东对公司的债务承担责任。对于股东承担什么责任，有三种立法例，一是由公司背后的股东对公司的债务承担无限清偿责任，公司无须承担责任；二是由股东承担补充清偿责任，即先以公司财产清偿，不足部分由股东承担清偿责任；三是股东与公司承担共同责任，债权人可以在股东和公司之间择一求偿，也可以要求公司和股东连带清偿。

《公司法》第 20 条规定，公司股东滥用公司法人独立地位和股东有限责任，逃避债务，严重损害公司债权人利益的，应当对公司债务承担连带责任。可见，我国《公司法》采取第三种立法例，即股东与公司承担共同责任。在法律上将公司与股东视为同一体，股东与公司共同承担连带责任。

五、公司法人人格否认与股东出资期限利益

公司法人人格否认和股东出资期限利益是两个不同的问题，前者意在否认股东的有限责任，要求股东对公司债务承担无限责任。而股东出资期限利益仍然遵守了股东的有限责任。公司法人人格否认的基础是股东滥用法人人格和股东有限责任，本质上属于违反公司法规定的行为，而股东出资期限利益是符合公司法规定的合法行为，股东出资期限利益被剥夺的前提是：(1)公司破产；(2)股东决议解散公司；(3)公司作为被执行人的案件，人民法院穷尽执行措施无财产可供执行，已具备破产原因，但不申请破产的；(4)在公司债务产生后，公司股东会或者股东大会决议或以其他方式延长股东出资期限的。公司法人人格否认是“个别性地”否认法人人格，而股东出资期限利益是一直尊重公司法人人格。二者在事实上都涉及股东的财产，但公司法人人格否认下涉及的是股东非出资财产，乃至股东全部财产，对公司债权人承担无限责任；而股东出资期限利益在范围上仅仅指向股东出资财产，在此范围内对公司债务承担有限责任。公司法人人格否认只是观念上的，不是客观上的公司法人人格不存在，法院不能以此为由剥夺股东出资期限利益，因为这并不符合公司法人人格否认制度的本意。

公司法人人格否认与股东出资期限利益在通常情况下相去甚远，但因资本显著不足被否认公司法人人格时，将对股东出资期限利益产生影响。股东以借贷的方式向公司提供资金,其借贷资金被视为投入公司的注册资本,这会产生两个方面的问题:第一,如果股东出资期限并未届满,认定股东的借款是出资,是不是影响了股东出资的期限利益。尽管这种方式在于调整股东与债权人之间的关系,但是这种判决是真心还是假意,也就是说当我们解决完了股东与债权人之间的关系回到公司内部之后,认定股东以借贷的方式投入公司的资金是股东出资,是真的还是一种临时性的说法?股东还有权利向公司主张返还吗?如果是真的,在股东出资期限还未届满时,这种做法相当于否定了股东的出资期限利益,此种情形下股东无权要求公司偿还借款。如果是假的,法院判决就成了在虚构事实上作出的结论。第二,部分股东"提前出资",如何平衡其他股东的出资关系。对于设立时一人有限公司,或者事实上的一人有限公司,这种情形就归入了第一个问题当中。如果是具有两名股东以上的有限责任公司,其中一个股东或者一部分股东以借贷的方式向公司提供资金,该投入的资金被法院认定为向公司出资,那么同样是在出资期限未届满的情况下,该部分出资股东有权利要求其他股东按比例分担这部分出资吗?或者按比例出资吗?我们在前文"股东出资控制机制"中已经涉及这个问题,笔者认为股东有此项权利,毕竟公司资本显著不足不是一个股东的事情,而是全体股东的事情。

另外,还有一个问题也需要考虑,资本显著不足是注册资本与公司经营业务需要的资本数额之间的差额,就是公司被法院认定资本显著不足之后,标志着股东出资不足,那么公司注册资本需要变更吗?

公司法人人格否认制度,是沿着客观事实去追寻一种假象,公司法人人格被否认只是一种假象,但公司资本显著不足却是真实存在的。对于我们提出的问题如何解决,需要通过司法判例或者立法、司法解释来进一步明确。

六、公司法人人格否认制度的适用原则

公司人格独立和股东有限责任是公司法的基本原则。否认公司独立人格,由滥用公司法人独立地位和股东有限责任的股东对公司债务承担连带责任,是股东有限责任的例外情形,旨在矫正有限责任制度在特定法律事实发生时对债权人保护的失衡现象。《九民纪要》指出,在审判实践中要准确把握《公司法》第 20 条第 3 款规定的精神。

第一,只有在股东实施了滥用公司法人独立地位及股东有限责任的行为,且该行为严重损害了公司债权人利益的情况下,才能适用。损害债权人利益，是指公司财产不足以清偿公司债权人的债权。股东滥用公司法人人格损害债权人利益，股东对债权人承担的是一种侵权责任。按照侵权责任理论，须有损害行为和有损害结果，且损害行为与损害结果之间存在因果关系。

第二，只有实施了滥用法人独立地位和股东有限责任行为的股东才对公司债务承担连带清偿责任，其他股东仍然承担有限责任。在公司法人人格否认制度下，股东应当区分为积极股东和消极股东。所谓积极股东，是指积极参与股东治理和经营管理的股东。所谓消极股东，是指那些只为公司提供资本的股东。按照侵权理论，没有实施侵权行为的人通常无须承担责任，法院在揭开公司面纱时，只要求积极股东对公司债务承担责任，消极股东一般不对公司债务承担责任。

第三，公司法人人格否认不是全面、根本、永久地否定公司的法人资格，也不是从根本上否认公司法人的民事权利能力和民事行为能力。从股东承担责任形式的表现上看，公司法人人格否认制度将公司法人人格独立和股东承担有限责任这两大公司法律制度基石作了全部否定。但是，这种否定并不是从根本上的否定，仅仅是的特殊情形下，股东不把公司当法人对待的个案中法官裁判时的“将计就计”，目的是戳穿股东的表面意图，让股东在其真正目的下承担责任，突破股东对公司债务不承担责任的一般规则，例外地判令其承担连带责任。“面纱在个案审判时揭开，判决之后即行关闭”“面纱在法庭上由法官揭开，法庭之外面纱总是关闭的”。所以，法院在个案中否认公司人格判决的既判力仅仅约束该诉讼的各方当事人，不当然适用于涉及该公司的其他诉讼，不影响公司独立法人资格的存续。如果其他债权人提起公司人格否认诉讼，已生效判决认定的事实可以作为证据使用。

《公司法》第 20 条第 3 款规定的滥用公司法人独立地位行为，实践中常见的情形有人格混同、过度支配与控制、资本显著不足等。在审理案件时，需要根据查明的案件事实进行综合判断，既审慎适用，又当用则用。实践中存在标准把握不严导致这一例外制度被滥用的现象，同时也存在因法律规定较为原则、抽象，适用难度大，而不善于适用、不敢于适用的现象，均应当引起高度重视。

七、公司法人人格否认制度适用情形

公司法人人格否认通俗地说就是公司法人人格由独立变成不独立，不独立就无法独立承担责任，就要求造成公司法人人格不独立的股东与公司一起承担责任。美国法院揭开公司面纱大致有以下几种情形:(1)代理或工具。股东对公司过多地控制,公司完全沦为股东的代理或工具。但是,仅仅有以下几种情况并不能揭开公司面纱:一是公司的所有股票在一位股东手中;二是公司的董事或高级管理人员由其母公司董事或高级管理人员兼任;三是公司的资金或营业开支要靠母公司"临时"预先支付;四是公司在其业务中使用其母公司的名称;五是公司的资产不足以清偿债权人的债权。(2)虚假公司。是指形同虚设的公司(相当于皮包公司),股东设立公司纯粹是为了逃避个人责任。(3)为不合法目的设立公司。(4)母子公司。母公司控制操纵子公司,通过子公司开展业务。(5)专业服务公司。是指律师、会计师等专业人士设立的公司,专业人士以公司名义为客户提供服务,因其疏忽无害的过错给客户造成损失的,股东应当承担赔偿责任。(6)资本不足。通常是指公司注册资本不能满足公司经营业务需要,这种严重不足是股东造成的,比如抽逃出资、过度分配利润;或者压榨子公司,致使子公司无法获取利润。对于封闭公司,遇到下列情况,法院会揭开公司面纱:一是公司没有按照公司程式运作,比如公司的资金与股东资金没有分开,没有按照公司内部规则选举董事和管理人员,没有行使定期召开董事会等公司特权;二是公司没有开展业务所需要的足够资本金;三是股东利用公司进行欺诈。〔4〕 朱锦清归纳了公司法人人格否认的"3+1"标准,即三个必要条件加两类案情中的一类。三个必要条件为:债权人是不自愿的,股东是积极的,公司是封闭的。两类案情为:资本不足、主体混同。如果符合了三个必要条件,又具备了两类案情中的一类,应当刺破公司面纱。〔5〕 根据《九民纪要》第10条、第11条、第12条的规定,下列三种情形可以适用公司法人人格否认制度。

(一)人格混同

认定公司人格与股东人格是否存在混同,最根本的判断标准是公司是否具有独立意志和独立财产。《九民纪要》将公司财产、利益与股东财产、利益混同且无法区分,作为认定人格混同最主要的表现形式。主要因素包括:(1)股东无偿使用公司资金或财产,不作财务记载的;(2)股东用公司的资金偿还股东的债务,或将公司的资金供关联公司无偿使用,不作财务记载的;

〔4〕 朱伟一:《美国公司法判例解析》,中国法制出版社2000年版,第42-45页。
〔5〕 朱锦清:《公司法学(修订本)》,清华大学出版社2019年版,第163页。

(3)公司账簿与股东账簿不分,致使公司财产与股东财产无法区分的;(4)股东自身收益与公司营利不加区分,致使双方利益不清的;(5)公司的财产记载于股东名下,由股东占有、使用的;(6)人格混同的其他情形。

我们的司法判例,在出现人格混同的情况下,往往同时出现以下混同:公司业务和股东业务混同;公司员工与股东员工混同,特别是财务人员混同;公司住所与股东住所混同。法院在审理案件时,关键要审查是否构成人格混同,而不要求同时具备其他方面的混同,其他方面的混同往往只是人格混同的补强。

(二)过度支配与控制

公司控制股东对公司过度支配与控制,操纵公司的决策过程,使公司完全丧失独立性,沦为控制股东的工具或躯壳,严重损害公司债权人利益,应当否认公司人格,由滥用控制权的股东对公司债务承担连带责任。实践中常见的情形包括:(1)母子公司之间或者子公司之间进行利益输送的;(2)母子公司或者子公司之间进行交易,收益归一方,损失却由另一方承担的;(3)先从原公司抽走资金,然后再成立经营目的相同或者类似的公司,逃避原公司债务的;(4)先解散公司,再以原公司场所、设备、人员及相同或者相似的经营目的另设公司,逃避原公司债务的;(5)过度支配与控制的其他情形。

控制股东或实际控制人控制多个子公司或者关联公司,滥用控制权使多个子公司或者关联公司财产边界不清、财务混同,利益相互输送,丧失人格独立性,沦为控制股东逃避债务、非法经营,甚至违法犯罪工具的,可以综合案件事实,否认子公司或者关联公司法人人格,判令承担连带责任。

需要说明的是,公司法人人格否认制度下的控制,并不仅是股东对公司治理权的控制,同时需要考察股东对公司经营管理权的控制。

(三)资本显著不足

资本显著不足,是指公司设立后在经营过程中,股东实际投入公司的资本数额与公司经营所隐含的风险相比明显不匹配。股东利用较少资本从事力所不及的经营,表明其没有从事公司经营的诚意,实质是恶意利用公司独立人格和股东有限责任把投资风险转嫁给债权人。资本显著不足是一个模糊性的概念,什么时候算是不足一直是学者的疑问。我们认为在下列情况下,可以认定资本显著不足:(1)公司设立时,注册资本与公司经营需要的资金相比显著不足;(2)公司减少注册资本之后,注册资本与公司经营需要的资金相比显著不足;(3)公司合并、分立后,注册资本与公司经营需要的资金相比显著不足;(4)公司对主营业务作出重大调整时,注册资本与公司经营需要的资金相比显著不足;(5)公司与股东签订合同后,抽逃出资导致注册资本与公司经营需要的资金相比显著不足。

八、正向、反向、横向刺破公司面纱

对于公司法人人格否认制度,我们需要从以下两个方面作进一步的理解和把握:一是对自然人股东和机构股东的区分;二是该项制度的核心和重点是法人人格否认,股东承担无限责任只是制度创立的目的和实施的结果。在决定是否揭开公司面纱时,法院还要区分自然人股东与机构股东。一般来说,法院更愿意揭开机构股东控制下的公司的面纱。在机构股东中,母子公司、姐妹公司之间债务承担问题,法院重视程度相对较高。对于机构股东控制下的公司揭开面纱有两种学说。第一种学说是规范母子公司的"单一经济实体说"(single economic entity)。该学说将下列四种情形视母子公司为"单一经济实体",揭开子公司面纱,母公司对子公司的债务直接承担责任:(1)在母公司与子公司业务混同、财产混同等母公司严重忽视子公司的公司形式;(2)母子公司共同经营同一项业务,子公司资本严重不足;(3)子公司为了母公司的利益经营;(4)母公司使社会错误地相信子公司只是其一个分公司或者事业部的。第二种学说是规范姐妹公司的"企业责任说""企业整体说"。如果一个股东为了减少责任,将一个公司分解为几个、十几个甚至几十个独立的单元,分别成立公司,这些公司经营一项同一业务,在揭开公司面纱时法院可以将这些公司视为一个整体性的单个公司,以这些公司全部财产对某一个公司的债权人承担责任。此时,法院无须去追究股东的个人责任。[6]

根据被揭开面纱的公司与承担责任公司的关系,可以将揭开公司面纱的情形做如下分类。

(一)正向刺破公司面纱

正向刺破公司面纱,是指股东滥用公司法人独立地位损害公司债权人的利益,在特定案件中否认公司法人的独立人格与股东的有限责任,责令股东对公司债权人直接承担责任。《九民纪要》第10条规定的构成人格混同需要

---

〔6〕 苗壮:《美国公司法制度与判例》,法律出版社2007年版,第42-44页。

综合考虑的因素,属于正向刺破公司面纱的情形。

在正向刺破公司面纱中需要注意企业集团的统一管理与人格混同的区别。在公司集团中,控制公司对其下属公司的人员、组织机构和业务进行统一管理是一种常态,集中统一管理是一个公司集团的重要法律特征。包括:(1)公司集团在整个集团层面决定人员的管理和机构的设置,制定统一的业务规范,建立统一的财务管理制度,对资金进行统一调度和使用,实施统一的生产经营计划,并统一考核。(2)集团公司向下属公司直接派遣管理人员,管理人员的待遇和考核由集团公司负责。(3)集团公司对经营资源进行整体配置,以提高集团整体经济效益和市场竞争力。

实践中应当把集团公司统一管理的特征与人格混同区别对待,不能简单地以人员、组织机构和业务进行统一管理即认定为母子公司人格混同。只要管理在合法的范围内不构成权利滥用,不能认定为人格混同,只有当这种管理超出了必要的限度,导致公司之间的业务无法区分、人员无法区分,以致第三人无法确定某一业务是母公司业务还是子公司业务、人员是母公司人员还是子公司人员时,才能认定集团公司侵犯了子公司的人格独立性,才能适用法人人格否认制度。

（二）反向刺破公司面纱

反向刺破公司面纱,是指股东滥用公司法人独立地位损害股东债权人的利益,在特定案件中否认公司法人的独立人格,责令公司对股东债权人直接承担责任。

反向刺破公司面纱,是基于股东与公司人格混同基础上对正向刺破公司面纱的扩张适用。正向刺破公司面纱与反向刺破公司面纱的区别主要是债务人的不同,正向刺破公司面纱中的债务人是公司,反向刺破公司面纱中的债务人是股东。前者的目的是股东为公司债务承担连带责任,后者是公司为股东债务承担连带责任。《九民纪要》第11条规定,公司控股股东对公司过度支配与控制,母子公司之间进行利益输送,母子公司之间进行交易,收益归一方,损失却由另一方承担的。类似情形,可以反向刺破母公司面纱,要求子公司对母公司的债务承担连带责任。沈阳市中级人民法院在沈阳惠天热电股份有限公司与沈阳市第二市政建设工程有限公司、沈阳新东方供热有限责任公司债务纠纷案[(2010)沈民二终字第264号]中,依反向刺破公司面纱规则,判决股东惠天公司与其子公司新东方公司给付工程款承担连带责任。

法院认为惠天公司持有新东方公司51%的股份，二者在人员、业务管理、资金方面存在人格混同情形，具体表现为新东方公司董事长杨某同时又是惠天公司的董事，就涉诉工程对外发包时无论是在新东方公司成立之前或成立之后，惠天公司代理人文某均在合同发包方处署名，表明在人员、业务管理方面，惠天公司与新东方公司已无法区分；在合同履行方面，无论新东方公司成立前或成立后，惠天公司均存在支付工程款的事实，而且对于市二建公司以惠天公司为付款人所开具的发票及收据，惠天公司照收不误，未提出任何异议。据此可以推定，本案在合同的订立、履行以及结算方面，反映不出新东方公司的独立意思表示，其与惠天公司之间存在人员、经营管理、资金方面的混同，说明新东方公司法人格已形骸化，实际是惠天公司的另一个“自我”。由于存在股东与公司间人格混同，股东须对公司债务承担责任，自不待言，而公司也须为股东债务承担责任，也应是《公司法》第20条有关法人格否认规定的应有之义。结合本案事实，二审判决新东方公司对其股东惠天公司的债务承担连带责任。

对于反向刺破公司面纱还有另一种含义，即允许债权人请求否认公司法人人格，要求股东承担无限责任，那么也应当允许股东要求否认公司法人人格，要求确认公司与股东是同一体，公司财产就是股东财产，以此来对抗政府扣押执行公司财产。

（三）横向刺破公司面纱

关联公司的人员、业务、财务等方面交叉或混同，导致各自财产无法区分，丧失独立人格的，构成人格混同，严重损害债权人利益的，关联公司对外部债务承担连带责任。有人称之为刺破姐妹公司面纱、刺破兄弟公司面纱。《九民纪要》第11条规定的因公司控制股东对公司过度支配与控制而否认公司人格的情形中，子公司之间进行利益输送；子公司之间进行交易，收益归一方，损失却由另一方承担；先从原公司抽走资金，然后再成立经营目的相同或者类似的公司，逃避原公司债务；先解散公司，再以原公司场所、设备、人员及相同或者相似的经营目的另设公司，逃避原公司债务。类似这些情形可以依据横向刺破面纱制度追究其他子公司的连带责任。2013年1月31日，最高人民法院发布指导案例15号［江苏省高级人民法院（2011）苏商终字第0107号］：徐工集团工程机械股份有限公司诉成都川交工贸有限责任公司等买卖合同纠纷案，对关联公司人格混同，严重损害债权人利益的，依人格否认制度,判决关联公司相互之间对外部债务承担连带责任。法院认为:本案中,三个公司虽在工商登记部门登记为彼此独立的企业法人,但实际上相互之间界限模糊、人格混同。具体表现为:(1)三个公司人员混同。三个公司的经理、财务负责人、出纳会计、工商手续经办人均相同,其他管理人员亦存在交叉任职的情形,川交工贸公司的人事任免存在由川交机械公司决定的情形。(2)三个公司业务混同。三个公司实际经营中均涉及工程机械相关业务,经销过程中存在共用销售手册、经销协议的情形;对外进行宣传时信息混同。(3)三个公司财务混同。三个公司使用共同账户,资金及支配无法证明已作区分;三个公司与徐工机械公司之间的债权债务、业绩、账务及返利均计算在川交工贸公司名下。因此,三个公司之间表征人格的因素(人员、业务、财务等)高度混同,各自财产无法区分,已丧失独立人格,构成人格混同。公司人格独立是其作为法人独立承担责任的前提,当关联公司的财产无法区分,丧失独立人格时,就丧失了独立承担责任的基础。川交工贸公司承担所有关联公司的债务却无力清偿,又使其他关联公司逃避巨额债务,严重损害了债权人的利益。依照《公司法》第20条第3款的规定,川交机械公司、瑞路公司对川交工贸公司的债务应当承担连带清偿责任。

九、公司法人人格否认举证责任分配

公司法人人格否认案件经常发生在所有权与控制权同一的封闭公司当中,所有权与控制权分离的大公司和上市公司中,因为股东与公司保持了较好的独立性,几乎不存在公司法人人格否认问题。在封闭公司中,因被告公司不同举证责任分配也不同。

普通公司实行"谁主张谁举证"原则。如果被告是普通公司,诉讼中实行"谁主张谁举证"原则。由公司债权人(原告)承担初步举证责任,证明被告公司的股东具有滥用公司法人独立地位和股东有限责任的行为,以及对股东的主观故意提供初步证据,只要债权人能够证明股东有出资不足或者虚假、公司资本严重不足、财产及业务混同、股东与公司之间存在大量交易等行为即可,然后举证责任转至被告公司股东。被告公司股东如果不能证明其不具有《公司法》第20条第3款规定的情形,则可能导致公司法人人格否认。

一人有限责任公司实行举证责任倒置原则。如果被告是一人有限责任公司,则实行"举证责任倒置"原则。《公司法》第63条:"一人有限责任公司的股东不能证明公司财产独立于股东自己的财产的,应当对公司债务承担连带责任。”在刺破一人有限责任公司面纱时，实行举证责任倒置原则，由作为被告的一人有限责任公司的股东承担举证责任，举证证明股东财产与公司财产是独立的，否则股东承担连带责任。

有限责任公司组织形式的创立，首先考虑的并不是筹集资金功能，而是将有限责任制度的恩惠提供给中小公司的投资人。从举证责任上看，普通公司的股东承担的是有限责任，特殊情形下承担无限责任；一人有限责任公司股东承担的是无限责任，在股东能够举证证明的情形下才承担有限责任。

十、次级债权理论

“次级债权”理论，又称债权居次规则，是指在存在控制与从属关系的关联企业中，为了保证从属公司债权人的正当利益免受控制公司的不法侵害，规定在从属公司的破产或者重组时，控制公司对从属公司的债权，不论其有无别除权或者优先权，均应次于从属公司的其他债权人受清偿。

次级债权理论是公司法人人格否认的特殊情形。在控制公司与其从属公司之间，因控制公司对其从属公司信息充分全面，控制公司可能利用其控制性影响力，通过优惠的条件将资金借贷给从属公司，在从属公司经营出现问题时能够提前顺利地获得担保，或者掌控从属公司业务方向，或者滥用从属公司法人人格，不顾公司长远利益分配公司利润。在从属公司破产时，控制公司对从属公司的债权还可能享有优先受偿权，控制公司的这些行为，可能最终损害从属公司其他债权人的利益或者优先股股东权益。为公平、正义之目的，保护其他债权人和优先股股东利益，在审理案件时法院可依据次级债权理论，判定控制公司的债权劣后与从属公司其他债权人的债权受偿。

“次级债权”理论分为自动居次原则与衡平居次原则。

自动居次原则，是指母公司对子公司的债权应一律次于子公司其他债权人，母子公司是否混同及母公司是否有不公平的行为则不需考虑。自动居次原则是兰德教授提出来的，他认为，母公司控制之下的子公司通常是为了整个关系企业之利益而经营的，母公司借款给子公司，也是以发展整个关系企业的目的，所以母公司的借款具有投资性质。当子公司支付不能或者破产时，母公司当然不能与其他债权人一样平等分配，在顺序上应次于其他债权人，甚至不能参加分配。波纳斯教授不同意兰德教授自动居次原则，他认为，从经济角度考虑，子公司从母公司取得贷款即有信息优势、效率优势和成本优势，母公司愿意为子公司提供条件优惠的贷款。如果按照自动居次原则对待母公司对子公司的贷款,则会大大地降低母公司为子公司提供资金支持的意愿,增加子公司破产风险,更容易危及债权人利益。克拉克教授认为,自动居次原则可以使得母公司承担的风险远远大于从子公司得到的利益,即使母公司向子公司借款,一旦借款完成,母公司也会采取非常规手段从子公司中取回,甚至谋取不正当利益。

衡平居次原则(equitable subordination rule),又称深石原则(deep rock doctrine),是指在存在控制与从属关系的关联企业中,为了保障从属公司债权人的正当利益免受控股公司的不法侵害,在从属公司进行破产或者重整时,根据控制股东是否有不公平行为来决定其债权是否应劣后于其他债权人或者优先股股东受偿的原则。衡平居次原则是美国法院在1939年美国法院审理泰勒诉标准电气石油公司(Taylor v. Standard Gas & Electric Co.)案中的涉诉子公司——深石石油公司(Deep Rock Oil Co.)时创立的。法院在审理深石公司重整债权计划时发现,被告母公司标准电气石油公司对深石公司享有巨额债权,这些债权都是业务往来中形成的。在重整计划中被告母公司作出了让步,重整计划得到了地方法院和高等法院的认可。但联邦最高法院认为,如果该重整计划得到批准,对深石公司的优先股股东极为不利,有违公平,所以撤销了重整计划裁定。具体理由是,深石公司在成立之初即资本不足,业务经营完全由母公司控制,且完全是为了母公司利益经营,与母公司或者为母公司利益签订利益输送契约。因此,判决被告对深石公司的债权,应次于深石公司的优先股股东。

衡平居次原则具有很强的合理性,它既保护子公司其他债权人和优先股股东的利益,也兼顾母公司债权的合理性,已成为法院处理母公司对子公司债权的一般原则。目前,自动居次原则已为大多数国家摒弃。因为深石原则的合理性,后来被其他国家和地区所借鉴。我国台湾地区"公司法"第369条之7款规定:"控制公司直接或间接使从属公司为不合营业常规或其他不利益之经营者,若控制公司对从属公司有债权,在控制公司对从属公司应负担损害赔偿范围内,不得主张抵销。前项债权无论有无别除权或优先权,于从属公司依破产法之规定为破产或和解,或依本法之规定为重整或特别清算时,应次于从属公司之其他债权受清偿。"2015年3月31日,最高人民法院公布的典型案例"沙港公司诉开天公司执行分配方案异议案",被认为是衡平居次原则在我国的具体应用。

衡平居次原则主要考虑两个因素:一是母公司对子公司投入的资本是否充足,二是母公司对子公司的控制行为是否有不正当行为、违法行为和不正当利益取得行为。

还需要说明的是,在公司法人人格否认制度中,资本严重不足是实行公司法人人格否认的一种情形,在衡平居次原则中审查的条件也包括资本不足这个因素。尽管这两个制度都是平衡公司股东与债权人利益的,但它们是有区别的。在法人人格否认制度中,如果股东对公司投入的资本严重不足,股东对公司的债权并非债权,而是资本投入,股东就不是公司的债权人,当然不涉及股东与债权清偿顺序纠纷。在衡平居次原则制度中,股东对公司的债权已经被认定为合法债权,只不过因为上述因素的存在,股东的债权须在债权人和优先股股东之后清偿。另外,公司法人人格否认制度适用于公司一般债务清偿的情形,而衡平居次原则通常在公司破产或者重整程序中适用,适用条件比公司法人人格否认制度宽松。

十一、实质合并原则

实质合并原则(substantive consolidation doctrine),也称实体合并原则,是由美国法院在审理关联企业破产案件时,基于衡平而创造的一种使所有债权人全体受益的公平分配财产的救济措施,是美国破产法上的一项重要法律原则。

实质合并原则的确立主要是基于萨姆塞尔诉英派报业(Imperial Paper)和卡勒公司(Color Corp.)案。该案发生在1941年,英派报业将其个人资产转移给他的子公司卡勒公司以达到逃避其个人债务的目的,法官要求卡勒公司将转移的财产返还给英派报业的破产管理人,卡勒公司的债权人随即提交一份申请,要求对公司的财产享有优先受偿的权利。联邦最高法院法官认为,公司债权人也能对这部分转移的财产提出清偿要求,同时将英派报业和卡勒公司的不动产进行实质合并。法院作出这项决定在当时仅仅依据的是欺诈性转移法律。根据该项法律,出于欺诈目的转移的财产将被简单地恢复原状。但将英派报业和卡勒公司的不动产进行实质合并,确定卡勒公司债权人对该不动产享有债权清偿要求,欺诈性转移法并没有规定。该案的发生使得美国有了一项新的救济方式——实质合并。此后,美国法院根据实质合并原则作出了一系列的裁决,使其成为处理集团公司破产的一个重要方法。随后,它很快被其他国家和地区仿效、引进,受到广泛的重视。

有学者将实质合并原则称为合并计算，为控股股东债权请求权延迟制度之一。债权人在公司破产的时候，采取的否定有限责任的法律规则。公司破产主要是指母子公司破产，包括：(1)母公司破产，子公司不破产；(2)子公司破产，母公司不破产；(3)母子公司同时破产。母子公司之间存在控制和被控制关系，当公司进入破产程序时，需要对每个公司的财产范围进行界定。如果母子公司保持了各自的独立性，债权人各自向自己的债务人请求或者执行债权，这是一般情况。在母公司的债权人受到股东屏蔽的影响，不能执行子公司的资产，只能请求母公司的资产；在子公司的债权人受到股东屏蔽的影响，不能执行母公司的资产，只能请求子公司的资产。[7] 现实中，关联企业中的一家子公司可能为了整个集团的最大利益或仅为了个别兄弟公司的利益而牺牲自己的利益，但随之而来的是利益被牺牲的子公司之财产大量减少，而获利的公司财产则不当增加，这意味着不同状况下的公司可用于担保之财产发生变动，从而使债权人面临不同的经营风险。如果按照公司各自独立性，对作出牺牲的子公司的债权人不公平。因此，有必要将破产的各成员公司的财产与债务合并，并且去除掉关联企业间彼此的债权和保证关系，形成破产债权，依债权额比例分配于所有债权人，不再深入追究破产原因是由哪个成员引起的，这就是实质合并原则的基本内涵。

当母子公司各自保持公司独立性时，母子公司对其债权人实行“分别清偿”。当母子公司未保持独立性，母子公司之间出现混同，母公司和子公司的财产就应当视为一个主体，母子公司将债权合并计算、将资产合并计算，实行合并清偿。但是，如果将母公司资产并入子公司，对子公司债权进行清偿，以不损害母公司债权人权益为前提。如果将子公司资产并入母公司，对母公司债权进行清偿，以不损害子公司债权人权益为前提。

实质合并原则是在公司破产时适用的一项制度，尽管公司已经进入破产程序，但公司法人人格还存在。将母公司和子公司的财产合并，本质上否认了两个公司的独立性，属于公司法人人格否认范畴。

这项制度是美国创造的一项制度，我国立法上还未明确规定，但司法实践已经适用该项制度处理关联企业破产问题。2018 年 3 月 4 日，最高人民法院发布的《全国法院破产审判工作会议纪要》（以下简称《破产纪要》）第 6 条

---

〔7〕 邓峰：《普通公司法》，中国人民大学出版社 2009 年版，第 219 - 223 页。

“关联企业破产”一章，对关联实质合并破产的原则和规则作了相对清晰的梳理和界定。

《破产纪要》规定了以单个破产程序为基本原则，以实质合并为例外的破产规则。要求审慎适用关联企业实质合并破产，尊重企业法人人格的独立性，在当关联企业成员之间存在法人人格高度混同、区分各关联企业成员财产的成本过高、严重损害债权人公平清偿利益时，可例外适用关联企业实质合并破产方式进行审理。既要通过实质合并审理方式处理法人人格高度混同的关联关系，确保全体债权人公平清偿，也要避免不当采用实质合并审理方式损害相关利益主体的合法权益。

法院裁定采用实质合并方式审理破产案件的，各关联企业成员之间的债权债务归于消灭，各成员的财产作为合并后统一的破产财产，由各成员的债权人在同一程序中按照法定顺序公平受偿。采用实质合并方式进行重整的，重整计划草案中应当制定统一的债权分类、债权调整和债权受偿方案。

适用实质合并规则进行破产清算的，破产程序终结后各关联企业成员均应予以注销。适用实质合并规则进行和解或重整的，各关联企业原则上应当合并为一个企业。根据和解协议或重整计划，确有需要保持个别企业独立的，应当依照企业分立的有关规则单独处理。

协调审理不消灭关联企业成员之间的债权债务关系，不对关联企业成员的财产进行合并，各关联企业成员的债权人仍以该企业成员财产为限依法获得清偿。但关联企业成员之间不当利用关联关系形成的债权，应当劣后于其他普通债权顺序清偿，且该劣后债权人不得就其他关联企业成员提供的特定财产优先受偿。南京市中级人民法院在审理江苏省纺织工业（集团）进出口有限公司等六家公司破产重整案中，适用实质合并原则处理了六家公司的破产重整，具体表现：一是在程序上进行合并审理，在确认关联企业人格高度混同、资产和负债无法区分或区分成本过高以致严重损害债权人利益的同时，全面听取各方意见后，将关联企业进行实质合并重整。二是合并清理债权债务、整合关联企业优质资源，合并考虑六家公司的债权、债务、优质资源，综合运用“现金清偿 + 以股抵债”进行资产重组，债权人的整体清偿利益得到有效维护。

第十九章　公司监督体系

不论如何给公司治理下定义,不论如何设置公司治理体系和机制,其核心都是建立监督机能,这被称为“公司治理之匙”。

一、公司的监督体系

公司内部监督和外部监督构成完整的监督体系,这样才能实现公司多元监督目标。公司外部监督主要来源于以下几个方面:一是市场监督,包括资本市场、经理人市场、控制权市场的监督;二是法律的强行性规定;三是社会治理机制和治理规范;四是政府经济规制和监管;五是司法裁判对公司治理行为、利益和责任的调整。前三个方面重点在于为公司治理运营设定环境、模式,后两个方面表现为事后的纠错机制,是对前三个方面的落实。

在中国公司法律制度下,监事会或者监事、股东监督构成公司内部监督体系,上市公司和大公司还有独立董事、合规总监。监事会或者监事监督属于股东委托监督,股东监督属于股东自行监督。监督的对象是控股股东、控制股东、实际控制人和公司董事、经理和其他高级管理人员,目的是防止控股股东、控制股东、实际控制人利用控制权谋取私人收益,损害小股东利益,防止公司董事、经理和其他高级管理人员违反信托义务,损害公司利益。

公司内部监督的具体目标是保证公司治理运作的有效性和效率,保证披露的信息特别是财务报告的可信赖性,保证公司行为符合适用的法律和规制规则。

内部监督和外部监督是相互补充的,很多时候又是相互替代的。股东对董事、监事、高级管理人员违反忠诚义务和勤勉义务损害公司利益的诉讼,小股东对控股股东、控制股东和实际控制人利用控制权损害小股东利益的诉讼,依靠的是司法力量,但在本质上还是股东行使监督权,属于内部监督,司法裁判只是衡量股东行使监督权是否正义的认定机关。诉讼和裁判是典型的内部监督与外部监督相互结合、相互补充的监督方式。独立董事是外部人员进入公司内部去监督公司内部人、内部事,也是外部监督与内部监督的结合,不同的是独立董事可能没有股东身份。

合规总监是公司自行设立的内部监督者,巡逻和检查公司内部制度和公司运营行为符合法律、章程的要求,对于有国际业务的公司还要求符合国际规则和他国的法律。

为均衡大股东的权利,法律赋予小股东一些特别的权利,比如提案权、知情权,规定一些特别的制度,比如股东代表诉讼、股权回购请求权,但是小股东因为"羊群效应"、天生懈怠、能力不足、信息不对称等因素影响而发生实质监督的可能性较低,但这毕竟对大股东和经理人形成一种威慑力,这正是法律设置股东监督权的意图。

控股股东对公司的控制权,董事、经理和其他高级管理人员的经营权是公司治理运营实际需要的,从立法的角度考虑是应当得到保护的,不能轻易受到干扰和破坏,所以法律对股东行使监督权是有条件和程度限制的,以提示股东行使权利时的谨慎,减少小股东滥用权利的机会,降低小股东行使权利的频率。

二、公司监督对象和监督主体

从总体上说,有可能损害公司利益、股东利益的主体都是监督对象;利益和秩序受到损害的人和组织都是监督主体(比如利益受到损害的股东,市场秩序受到损害的政府)。从具体情形看,能够损害公司利益的主体通常拥有公司控制权,所以公司控制权主体不同,公司的监督对象也不同。

对于一个具体的公司来说,其监督体系可以从六个层面来认识:第一层是公司监事会或者监事监督。从《公司法》规定上看,公司董事、监事、高级管理人员是监事会的监督对象,监事会是他们的监督主体。在这之下出现分支,产生了不同的监督重点。当公司被控制股东、控股股东、实际控制人控制时,他们可能利用控制权损害小股东的利益,利益冲突表现为大股东与小股东之间的利益,监事会的监督对象是控制股东、控股股东、实际控制人。当公司经理人控制公司的时候,他们可能利用控制权损害公司利益和股东利益,利益冲突表现为全体股东与经理人之间的利益,监事会的监督对象是经理人。第二层是股东监督。当控制股东、控股股东、实际控制人控制时,他们成为小股东的监督对象,小股东成为这些人的监督主体。当经理人控制公司时,经理人是公司全体股东的监督对象,公司全体股东成为经理人的监督主体。需要注意的是,股东监督是基于共益权,是出于公共利益的目的。第三层是政府监督。无论是控制股东、控股股东、实际控制人,还是经理人,只要他们控制公司,他们就会成为政府的监督对象,政府成为他们的监督主体。第四层是独立董事监督。上市公司实行独立董事制度,独立董事作为无利害关系的独立性监督主体,代表股东利益,特别是代表小股东利益监督公司董事和高级管理人员。第五层是市场监督。包括资本市场和经理人市场。尽管我国这两个市场还不发达,但已经体现出一定的监督功能。公司价值的高低、股票价格的波动、经理者口碑的好坏,这些都是对公司控制人、经理人的评价,而这种评价让他们具有了畏惧心理。对于资本市场而言,监督主体是投资人,监督对象是公司控制人、经理人。对于经理人市场来说,公众和雇主是经理人监督主体,经理人是监督对象。第六层是债权人监督。债权人是公司的利益相关者,公司的经营业绩带着债权的利益保障,债权人关注公司的治理行为和经营行为,当公司经营业绩、市场信用不好时,债权人一般不愿意与公司做生意。当公司交不抵债时,债权人可能申请公司破产,从根本上否定大股东、董事、监事、高级管理人员的经营行为。

三、公司高级管理人员中“其他人员”的界定标准

公司董事、监事、高级管理人员是监事会的监督对象,实践中如何认定高级管理人员中“其他人员”是一个难点问题。我们通过一些公司的章程看一下对高级管理人员中“其他人员”的范围是如何规定的,从司法判例中看一下对高级管理人员中“其他人员”的是如何认定的。

1. 公司通过章程确定本公司高级管理人员中“其他人员”的范围,是法律的一种授权,从而成为公司自治事项。因“其他人员”是不是高级管理人员确定发生纠纷时,应当优先适用公司章程的规定。公司章程对高级管理人员中“其他人员”的规定,一般有三种具体形式。第一种形式是公司章程对“其他人员”的职务范围作出明确规定。例如,《方大集团公司章程》(2016 年版)第 11 条规定,其他高级管理人员是指公司的副总裁、财务总监、董事会秘书。《东北证券公司章程》(2016 年版)第 11 条规定,其他高级管理人员是指公司的副总裁、财务总监、合规总监、首席风险官、董事会秘书。第二种形式是公司章程将确定“其他人员”的权利授予董事会,范围以董事会聘任为准。比如《平安银行公司章程》(2014 年版)第 11 条规定,本行章程所称高级管理人员是指行长、副行长、财务负责人、董事会秘书以及由董事会聘任的其他高级管理人员。《申万宏源集团公司章程》(2016 年版)第 11 条规定:“本章程

所称高级管理人员是指公司的总经理、副总经理、财务总监、董事会秘书以及其他经董事会决议聘任的履行高级管理人员职责的人员。”《珠海格力电器公司章程》(2016 年版)第 1.11 条规定:“本章程所称其他高级管理人员是指公司的副总裁、董事会秘书、财务负责人、经董事会聘任的总裁助理。”第三种形式是以实际履行公司章程规定的其他高级管理人员职务来确定。比如,《国元证券公司章程》(2015 年版)第 11 条规定:“本章程所称其他高级管理人员是指公司的副总裁、董事会秘书、财务负责人、合规负责人以及实际履行上述职务的人员。”

2. 对高级管理人员中“其他人员”的司法认定标准。第一,章程标准,此类人员是不是在公司章程规定的高级管理人员范围之内。公司章程优先,公司有规定执行公司章程规定,公司章程无规定或者规定的不明确,按照后述标准执行;第二,法律标准,即劳动法、公司法以及相关的法律法规,是不是将该类人员的职务明确规定为高级管理人员;第三,实质标准,看这些人员从事的工作是不是能够全面接触用人单位的秘密信息,是不是参与公司重大决策;第四,工资标准,看此类人员的工资水平是不是在公司高管层面上。这些规则在法院生效判决中有所体现。

(1)未经公司章程规定及董事会聘任的人员不被视为高级管理人员。重庆市第一中级人民法院在重庆纬联地产顾问有限公司诉被告重庆正合古麦地产顾问有限公司、张某军损害公司利益责任纠纷案民事判决[(2012)渝一中法民初字第 00443 号]中认为,《公司法》第 217 条所称的经理,由公司董事会(股东会)决定聘任和解聘,副经理则由公司董事会(股东会)根据经理的提名决定聘任或解聘。本案中,虽然原告出示的代理服务合同附件及合同审批表等证据中载明被告张某军为原告的副总经理,原告与被告张某军签订的《酬金及业绩激励协议》中载明被告张某军在原告处担任主要管理人员,但当事人提交的工商登记材料中仅注明被告张某军为原告监事,且在被告张某军离职后,原告股东会决议也仅是免除其监事一职,现有证据中并无董事会(股东会)聘任或解聘被告张某军担任原告副总经理的相关决议,也无原告公司章程关于被告张某军担任原告其他高级管理人员的规定,而《公司法》已明确规定董事、高级管理人员不得兼任监事,故原告认为被告张某军属于公司法规定的高级管理人员的证据和理由不充分,本院不予支持。

(2)部门经理并不属于高级管理人员中的“经理”。无锡市滨湖区人民法院在爱韩华(无锡)电子有限公司(以下简称爱韩华公司)与沈某宏、何某等损害公司利益责任纠纷案一审民事判决[(2010)锡滨商初字第0617号]中认为:《公司法》虽规定的公司高级管理人员的忠实义务,但《公司法》规定的高级管理人员应限于《公司法》所定义的经理、副经理、财务负责人,上市公司董事会秘书和公司章程规定的其他人员。《公司法》意义上的经理为具有公司概括授权并具有对外代表权的公司最上层的经理。部门经理仅是公司的部门负责人,在公司中仅能依据公司特定行为行使权利,不享有《公司法》第50条有关公司经理的法定概括授权,因此并非公司的高级管理人员,不是法定忠实义务的主体。本案中,从爱韩华公司向法庭提交的劳动合同书、特聘协议等证据来看,沈某宏、刘某林担任过该公司的部门经理,其余三人均为公司的一般职员,故上述五被告均非爱韩华公司的高级管理人员,因此沈某宏等五被告对爱韩华公司并不负有《公司法》规定的高级管理人员的忠实义务。爱韩华公司基于沈某宏等五被告的公司高级管理人员身份,要求其返还因违反忠实义务而所得收益并要求宏源公司承担连带责任的诉请,并无事实及法律依据,本院不予支持。

(3)兼职会计不属于高级管理人员中的“财务负责人”。杭州市下城区人民法院在翁某松与杭州元象建筑设计咨询有限公司损害公司利益赔偿纠纷案[(2010)杭下商初字第608号]一审民事判决中认为:本案争议的焦点为周某、翁某松身份是否为元象公司的高级管理人员。第一,本案被告周某为元象公司聘用兼职会计,仅凭元象公司交付的凭证作账,并不实际支配公司的财务,元象公司将其以财务负责人列为高级管理人员不适格。第二,被告翁某松并不是元象公司的自然人股东,虽接受元象公司法定代表人吴某莉的口头委托,办理元象公司的部分事务性工作,但元象公司据此认为翁某松为公司实际管理人员而将其列为高级管理人员,同样不适格。元象公司主张周某、翁某松为公司高级管理人员,显属不当。

四、监事会的职权

在公司治理领域,尽管各国监督机制存在着差别,但监督制度不断强化趋势是相同的,其目的不仅是防止恶性事件的发生,还包括积极提高企业业价值的一面。我国《公司法》设立了监事会监督体制,其职权在《公司法》第53条作了明确规定。

（一）检查公司财务的权利

监事会行使检查公司财务权利的方式有以下五种：(1)日常获得公司财务资料。在一个治理规范的公司中，公司的财务资料应当按月送给公司监事，让监事充分了解公司的经营状况和资金使用情况。(2)检查财务状况。监事通过阅读公司财务报表，认为公司财务状况存在问题的时候，可以查阅公司财务资料，以确认怀疑是否存在及存在的具体情况。监事会在查阅公司财务资料后仍不能解决自己的认识或者怀疑时，或者认为自己的财务水平不足以通过查阅获得真实财务状况，而财务人员又拒不将财务情况作客观反映的，监事会可以委托会计师事务所进行审计。(3)约谈财务负责人和会计人员。(4)参加或者列席股东会或者股东大会会议、董事会会议、总经理办公会会议及其他公司重要会议，了解公司的经营状况。(5)召开监事会会议，专门听取财务负责人关于公司财务情况报告。

（二）对董事会编制的公司年度财务报告进行审核并提出书面审核意见

财务报告的真实性，是监事会审核的核心。这关系到公司是不是尊重股东知情权，关系到公司是否符合上市要求，在融资、并购、交易、行政管理等方面具有重要价值。一个称职的监事会，一定是时时了解公司决策和经营行为，关注公司的经营成果，然后结合日常积累的信息和财务专业知识、法律知识、行政管理要求，公司章程要求对董事会编制的公司年度财务报告进行审核。监事会的审核，通常是基于会计师事务所出具的审计报告。比如，《天津银龙预应力材料股份有限公司监事会关于对董事会编制的2015年年度报告之书面审核意见》显示："根据《证券法》第68条、中国证券监督管理委员会《公开发行证券的公司信息披露内容与格式准则第2号——年度报告的内容与格式》(2015年修订)、上海证券交易所《关于做好上市公司2015年年度报告披露工作的通知》、公司《监事会议事规则》等的相关规定要求，公司监事在全面审核了公司2015年年度报告及报告摘要后，发表意见如下：(1)公司董事会、董事及高级管理人员在报告期内执行职务时无违规违法行为，没有发生损害股东利益和股东权益的情况。(2)立信会计师事务所(特殊普通合伙)出具的《天津银龙预应力材料股份有限公司审计报告及财务报表》(2015年1月1日至12月31日止)真实反映了公司的财务状况和经营成果。(3)公司2015年年度报告的编制和审核程序符合法律、行政法规、公司章程、公司内部管理制度的各项规定。报告的内容和格式符合中国证监会和上交所有关规定和要求,所包含的信息能从各个方面真实反映公司2015年度经营管理和财务状况。(4)经核查,参与编制2015年年度报告的人员没有违反保密规定的行为。(5)公司监事保证公司2015年年度报告全文及摘要所披露的信息真实、准确、完整,承诺报告所载资料不存在任何虚假记载、误导性陈述或者重大遗漏,并对其内容的真实性、准确性和完整性承担个别及连带责任。"

我们要注意到,如果是基于审计报告作出的监事会审核意见发生错误,监事会并不因审计机构的专业性和审计报告的存在而免责。

(三)对公司经营异常情况的调查权

《公司法》第54条规定了监事会对公司经营异常情况的调查权。根据《企业经营异常名录管理暂行办法》和公司经营实际,下列情形及与下列情形类似的情形为公司经营异常情况:一是未依照规定期限公示年度报告的,即企业未在每年1月1日至6月30日向工商部门报送上一年度年度报告,并通过企业信用信息公示系统向社会公示。二是未依照规定在责令期限内公示有关企业信息的,即企业未在信息形成之日起20个工作日内,未在工商部门责令的期限内通过公示系统向社会公示其应当公示的即时信息。三是公示企业信息隐瞒真实情况、弄虚作假的。四是通过登记的住所(经营场所)无法联系的。五是公司应收账款增长过快的。六是公司库存增长过快或者长期居高不下的。七是高管变动超过30%的。八是团队核心成员离职比例超过30%的。九是公司经济效益下滑过快的。十是影响公司存续和股东利益的其他情形。

监事会可以自行调查,无须经董事会同意;也可以聘请会计师事务所、律师事务所等中介机构对公司经营出现的异常情况进行调查。调查结论确定后,针对不同的情况和人员,要求董事、董事会、经理和其他高级管理人员纠正;提议召开临时董事会会议,解聘相关高管人员;提议召开临时股东会或者股东大会会议,建议罢免相关董事;对于给公司造成经济损失的高级管理人员,监事会可以代表公司提起诉讼,要求相关人员承担赔偿责任,构成犯罪的,移交司法部门。

(四)对董事、高级管理人员监督权和罢免建议权

《公司法》第53条规定了监事会、不设监事会的公司的监事对董事、高级

管理人员执行公司职务的行为进行监督，对违反法律、行政法规、公司章程或者股东会决议的董事、高级管理人员提出罢免的建议权。监督方式包括：(1)参加股东会会议，列席董事会会议和总经理办公会议，列席公司重大项目论证会议，就公司经营重大事项要求向监事会提交书面材料，以便及时准确掌握公司的动态。(2)与公司高管层进行沟通和交流，了解公司高层心理动态和经营发展思路，特别是要了解一些重要事项的判断、意见、趋势。(3)与集团下属子公司高管团队进行接触和交流，掌握公司股东会议决议、董事会决议实际落实情况。(4)关注公司高管人员的职务行为，关注高管人员公司之外的行为，对违反法律、行政法规、公司章程或者股东会决议的董事、高级管理人员，分别向股东会或者股东大会、董事会、经理提出书面罢免或者解聘建议。监事会提出书面罢免或者解聘建议后，要求股东会或者股东大会、董事会、经理在一定的期限内反馈处理结果，并说明处理理由。(5)接受公司人员的举报和建议、意见。

(五)纠正董事、高管人员损害公司利益行为的权利

《公司法》第53条规定，当董事、高级管理人员的行为损害公司的利益时，监事会、不设监事会的公司的监事有权要求董事、高级管理人员予以纠正。实践中，公司董事、高级管理人员损害公司利益的情形很多，无法一一列举，但总的来说无非是积极的损害行为和消极的不作为行为。结合《刑法》和《公司法》的规定，董事和高管损害公司利益行为包括：(1)挪用公司资金；(2)将公司资金以其个人名义或者以其他个人名义开立账户存储；(3)违反公司章程的规定，未经股东会或者董事会同意，将公司资金借贷给他人或者用公司财产为他人提供担保；(4)违反公司章程的规定或者未经股东会同意，与本公司订立合同或者进行交易；(5)未经股东会同意，利用职务便利为自己或者他人谋取属于公司的商业机会，自营或者为他人经营与所任职公司同类的业务；(6)接受他人与公司交易的佣金归为己有；(7)擅自披露公司秘密；(8)违反公司报销制度，采取虚开发票、利用假发票等方式，利用职务便利侵占公司财产的；(9)利用职务上的便利，索取他人财物或者非法收受他人财物，为他人谋取利益的；(10)违反对公司忠实义务的其他行为。

监事认为董事、高级管理人员的行为损害公司利益时，可以约谈相关董事、高级管理人员，指出存在的问题，并要求予以纠正，明确纠正的时间、金额和具体条件。对于拒不纠正自己行为的董事、高级管理人员，按照规定的方

式和程序提出罢免建议，构成犯罪的移交司法机关处理。

（六）提议召开临时股东会或者股东大会会议的权利

《公司法》第39条规定，监事会或者不设监事会的公司的监事提议召开临时会议的，应当召开临时会议。监事会向董事会或者执行董事提议召开临时股东会或者股东大会会议，应当提交书面意见，就召开临时股东会或者股东大会会议的必要性、目的、原因、议案具体内容、会议时间和地点等提出具体意见，董事会或者执行董事应当召集股东会或者股东大会临时会议。

（七）召集和主持股东会或者股东大会会议的权利

《公司法》第40条规定，董事会或者执行董事不能履行或者不履行召集股东会会议职责的，由监事会或者不设监事会的公司的监事召集和主持。监事会召集临时股东会或者股东大会时须书面通知董事会，要求公司董事会和董事会秘书提供股权登记日的股东名册，配合监事召集、组织召开股东会或者股东大会会议。如果是上市公司，还应当按照规定，向公司所在地证监会派出机构和证券交易所备案。召开股东大会会议，应当于会议召开15日前通知全体股东，公司章程另有规定或者全体股东另有约定的，按照章程规定或者全体股东约定执行。股东大会应当对所议事项的决定作成会议记录，出席会议的股东应当在会议记录上签名。

（八）向股东会或者股东大会会议提案权

《公司法》第53条规定，向股东会会议提出提案是监事会、不设监事会的公司监事的职权之一。所谓提案权，是指符合一定条件的提案主体享有的可以向股东会会议提出建议，要求记载于股东会会议通知，交由股东会讨论决定的权利。

监事会向股东会提交提案的方式可以是书面形式，也可以是口头形式，并遵守下列程序要求：(1)监事会向股东会或者股东大会会议提出提案，应当向公司董事会提出。(2)在股东会或者股东大会召集之前提出提案。监事会在此阶段提出提案的，董事会在发出会议通知的时候，应当将提案记入会议通知当中。(3)在股东会或者股东大会召集之后提出提案。监事会在此阶段提出提案的，董事会召集股东会或者股东大会的通知已经发出，董事会收到监事提案后，应当就监事会提案下发补充通知，将提案列入股东会或者股东大会会议议程。(4)监事会在股东会或者股东大会会议召开期间提出提案，本次股东会或者股东大会会议应当不予以讨论，可以列入下期股东会或者股东大会会议议程。

(九)代表公司诉讼权

在公司的合法权益因公司董事、高级管理人员、公司之外的他人行为受到损害时,公司决策层、管理层懈怠职责,监事会享有代表公司提起诉讼的权利。监事会的职权是对内的,对外不代表公司,只有在特殊情况下才享有对外代表公司的权利,这种权利只是代表诉讼权,并不是经营管理权。

1. 对董事、高管提起诉讼的权利。《公司法》第 53 条规定,监事会、不设监事会的公司的监事依照本法第 152 条的规定,对董事、高级管理人员提起诉讼。对董事、高级管理人员违反法律、行政法规或者公司章程的下列行为,监事可以依程序提起诉讼:(1)损害股东利益的;(2)利用职权收受贿赂或者其他非法收入;(3)侵占公司的财产的;(4)挪用公司资金的;(5)将公司资金以其个人名义或者以其他个人名义开立账户存储的;(6)未经股东会或者董事会同意,将公司资金借贷给他人或者以公司财产为他人提供担保的;(7)违反公司章程的规定或者未经股东会同意,与本公司订立合同或者进行交易的;(8)未经股东会同意利用职务便利为自己或者他人谋取属于公司的商业机会,自营或者为他人经营与所任职公司同类的业务;(9)接受他人与公司交易的佣金归为己有;(10)擅自披露公司秘密;(11)违反对公司忠实义务的其他行为。公司董事会、经理未向法院提起诉讼的,监事会、不设监事会的公司的监事可以对董事、高级管理人员提起诉讼。

2. 对他人诉讼权利。有限责任公司的股东、股份有限公司连续 180 日以上单独或者合计持有公司 1% 以上股份的股东,可以书面请求监事会或者不设监事会的公司监事,就他人侵犯公司合法权益的行为向法院提起诉讼,监事会或者不设监事会的公司监事应当向法院提起诉讼。

五、监事会监督的方式

根据《公司法》第 53 条监事会、不设监事会职权的规定,监事会的监督对象是公司董事、经理和其他高级管理人员。《公司法》第 216 条规定,公司高级管理人员是指公司经理、副经理、财务负责人、上市公司董事会秘书和公司章程规定的其他高级管理人员。

监事会发现董事、经理和其他高级管理人员存在违反法律、行政法规或者公司章程行为,有权以下列方式进行监督:(1)直接向董事会、股东会或者股东大会反映。(2)可以直接向证券监管机构、司法机关及其他国家有关监督机构报告或者提出申诉。(3)当董事、经理和其他高级管理人员违反法律、行政法规、公司章程时,监事有权通知他们停止其行为。(4)随时调查公司的财务状况,审查账册文件,有权要求董事会向其提供情况;有权提请公司审计监察部门进行核实;必要时委托有资格的会计师事务所、审计事务所、律师事务所等专业性机构进行核实、取证,因此发生的费用由公司承担。(5)审核董事会编制的、提供给股东会或者股东大会的各种报表,将审核意见向股东会或者股东大会报告。(6)在公司出现重大问题时,当监事会认为有必要时,可以提议召开临时股东会或者股东大会会议。(7)当公司与董事之间发生诉讼时,代表公司作为诉讼一方处理诉讼事宜。(8)当董事与公司有纷争时,由监事会代表公司与董事进行交涉。(9)当董事、经理和其他高级管理人员的行为损害公司利益时,通过约谈、书面形式直接要求董事、高级管理人员予以纠正。(10)对违反法律、行政法规、公司章程或者股东会或者股东大会决议的董事、经理和其他高级管理人员,向股东会或者股东大会或者董事会提出罢免、解聘建议。(11)将董事、经理和其他高级管理人员移交司法机关,或者直接诉至法院。

六、股东诉讼制度

股东诉讼制度,也称股东权的司法保护,是指股东通过诉讼程序请求司法机关给予保护的法律制度。公司法赋予股东的诉权,在公司法理论上可以作如下分类:一类是股东直接诉讼,也称一级诉讼,是指股东为了自己的利益,以自己的名义对公司或者其他权利侵害人提起的诉讼;另一类是股东间接诉讼,也称二级诉讼,英美法上称为衍生诉讼、派生诉讼,大陆法系称为股东代表诉讼,是指公司怠于通过诉讼追究公司机关成员及其他人损害公司利益之责任或者实现其他权利时,具备法定资格的股东为了公司利益,依法定程序代公司提起诉讼。

股东直接诉讼与间接诉讼是有区别的,主要有以下几个方面:

1. 诉讼主体不同。直接诉讼的原告是股东,被告是公司、公司股东、董事、监事、高级管理人员,第三人不能作为股东直接诉讼的被告。间接诉讼的原告是股东,被告是公司董事、监事、高级管理人员或者他人,公司为第三人。原告主体的条件和范围一直是值得注意的问题。股东直接诉讼,在起诉时具有公司股东资格即可为原告,对持股比例没有要求。在起诉时如果不是公司股东,但其利益受到损害时是公司的股东,即具有原告主体资格。股东间接诉讼,对股东的持股比例和持股时间均有要求,有限责任公司的股东不论持股比例多少均为适格的原告;股份有限公司须连续180日以上单独或者合计持有公司1%以上股份的股东才有原告主体资格。180日以上连续持股期间,应为股东向法院提起诉讼时,已期满的持股时间;规定的合计持有公司1%以上股份,是指两个或者两个以上股东持股份额的合计。有限责任公司与股份有限公司对股东诉讼主体资格的要求表明,在股份有限公司中权利受到保护的只是持股1%以上的小股东,并不是所有的小股东。

2. 股东作为原告的权利基础不同。直接诉讼源于股东为股份所有人即出资人的地位。间接诉讼股东基于股份所有人即出资人地位而产生的公司代表人地位。

3. 维护的利益不同。直接诉讼是股东因自身利益受到损害,为维护股东自己的利益而提起的诉讼。间接诉讼是因为公司的利益受到损害,股东为维护公司的利益而提起的诉讼。尽管维护公司利益也是维护股东自己的利益,但公司的利益并不等同于股东利益,因为公司利益还涉及员工、债权人等利益相关者的利益。所以在股东直接诉讼中,要求原告提出不同于其他股东的受到的损害。

4. 股东诉权类型存在区别。股东直接诉讼多为形成之诉,也有部分是确认之诉,股东的诉讼权利与实体利益是一体的。股东间接诉讼为程序意义上的诉权,股东的诉权与实体利益是分离的,股东享有诉权,而胜诉利益归属于公司。

5. 诉讼涉及的法律关系不同。股东直接诉讼涉及的是股东与公司之间的合同关系,公司章程是一份合同,规定着公司与不同股东以及股东之间的合同关系。股东间接诉讼涉及的是侵权关系,须为董事、监事、高级管理人员执行公司职务时违反法律、行政法规或者公司章程的规定,给公司造成损失的,或者他人侵犯公司合法权益,给公司造成损失的侵权行为。

6. 诉讼程序不同。股东直接诉讼没有前置程序限制,可以直接提起诉讼。为了防止少数股东滥用诉权,防碍公司正常运营,法律对股东间接诉讼设定了前置程序。董事、高级管理人员或者他人损害公司利益的,具有原告主体资格的股东可以书面请求监事会或者不设监事会的有限责任公司的监事向法院提起诉讼;监事损害公司利益的,股东可以书面请求董事会或者不设董事会的有限责任公司的执行董事向法院提起诉讼。监事会、不设监事会的有限责任公司的监事，或者董事会、执行董事收到前款规定的股东书面请求后拒绝提起诉讼，或者自收到请求之日起30日内未提起诉讼，或者情况紧急、不立即提起诉讼将会使公司利益受到难以弥补的损害的，前款规定的股东有权为了公司的利益以自己的名义直接向法院提起诉讼。

7.对股东担保要求不同。股东对公司股东会或者股东大会、董事会的决议内容违反法律、行政法规；股东会或者股东大会、董事会的会议召集程序、表决方式违反法律、行政法规或者公司章程，或者决议内容违反公司章程的，股东请求确认无效或者撤销而提起的直接诉讼，公司可以要求股东提供相应担保。股东间接诉讼法律未授予公司要求股东提供担保的权利。

8.判决的效力范围不同。股东直接诉讼，判决生效后，原告败诉的，判决效力不及于第三人，第三人仍可基于同一理由提起诉讼；原告胜诉的，判决效力对第三人发生法律效力。股东间接诉讼，判决对提起诉讼的股东和其他股东及公司均具既判力，其他股东、公司机关不得基于同一理由再行提起诉讼。

前言中我们提到，在股东直接诉讼中，股东须提出存在与其他股东不同的损害，在美国法院通常将下列情形视为直接诉讼：要求行使投票权，保护优先购股权，防止股权不当摊薄，以及制止不当投票；要求发放股息，保护累计股息；反对公司机制的不正当使用，反对出于不当目的发行股票；要求法院发出禁令，制止公司的越权行为或是未经授权的行为；要求法院阻止公司对小股东的压迫和欺诈行为；要求解散公司，或由法院指定接管人接管公司；反对控股股东借合并、股票回购或其他方式排挤小股东；要求查账，查阅公司记录；要求召开股东会会议；反对控股股东压低小股东的股票价值。[1]

七、股东知情权

在世界范围内，公司治理模式和法律制度出现了趋同趋势，但还没有统一的公司治理模式，不同的国家有自己理想中的公司治理模式。在同一个国家中的每个公司法理模式也存在差别，这既有法律为公司设定了模式选择性的原因，也有公司各自的理念和战略需求不同的原因。但是，不论是什么模式，公正和透明性已经成为全球化的标准。股东知情权是公司治理透明性的基本要求。大股东损害小股东利益，经理人损害股东利益，通常都是通过隐瞒信息、编造虚假信息、虚假披露信息做到的。政府监管的越是严格，信息披

[1] 朱伟一：《美国公司法判例解析》，中国法制出版社2000年版，第236－237页。

露的义务越重。信息披露对监督大股东、保护小股东利益具有非常重要的价值，同时也是公司价值高低的一个标志。政府对上市公司规定了严格的信息披露制度，其主要目的是通过信息对等减少大股东对小股东利益的损害，让更多的人愿意投资，保证资本市场活跃，推动发展经济。股东之间是合伙关系，在一个公司中最基本的诚信是股东之间的诚信，对于一个公司来说，不披露信息或者信息披露不充分，标志着公司是一个"病变"的组织。股东之间的信息不畅，公司的"血液"流通就不会顺畅，公司生命力存在问题，进而影响活力和竞争力，公司的市场价值不会很高。

对于股东法定知情权范围，中国证监会在《上市公司信息披露管理办法》中要求上市公司在招股说明书、募集说明书、上市公告书、定期报告和临时报告等文件中凡是对投资者作出投资决策有重大影响的信息，均应当披露。对于有限责任公司，《公司法》第 33 条规定，股东的知情权范围为查阅、复制公司章程、股东会会议记录、董事会会议决议、监事会会议决议和财务会计报告；查阅公司会计账簿。对于(非上市)股份有限公司，《公司法》第 97 条规定："股东有权查阅公司章程、股东名册、公司债券存根、股东大会会议记录、董事会会议决议、监事会会议决议、财务会计报告。"这里存在"查阅、复制"和"查阅"的区别。

实践中有的公司章程规定的股东知情权范围超出了《公司法》第 33 条和第 97 条的规定，比如公司章程规定股东有权要求公司提供审计报告、管理账目资料等。最高人民法院杜万华法官认为，《公司法》作为规范市场主体的民事法律之一，其立法的精神在于赋予民事主体最低程度的权利和自由，而非对市场主体的权利和自由框架限制。公司章程作为公司的自治规范，其具体内容体现了股东的共同意志，当公司章程赋予股东的权利小于《公司法》第 33 条、第 97 条规定的股东知情权范围时，《公司法》第 33 条、第 97 条规定属于强制性规定，公司章程违反属于无效。当公司章程赋予股东的权利大于《公司法》第 33 条、第 97 条规定的股东知情权范围时，只要经过股东自愿同意，则该规定并未违反《公司法》第 33 条、第 97 条的强制性规定，公司章程的约定为有效，且优先于《公司法》第 33 条、第 97 条的适用，股东基于公司章程主张超过《公司法》法定范围知情权的，法院原则上应予支持。

从《公司法》的规定来看，有限责任公司和股份有限公司、上市公司对股东知情权是有区别的。这种区别主要表现为公司信息披露的主被动性和信息范围的不同。上市公司须主动进行信息披露，非上市股份有限公司应当将公司章程、股东名册、公司债券存根、股东大会会议记录、董事会会议记录、监事会会议记录、财务会计报告置备于本公司，供股东查阅。有限责任公司的信息披露都是被动的，非经股东要求公司不予以披露。在披露信息的范围上，有限责任公司与非上市股份有限公司披露的信息主要包括公司章程、股东会会议记录、董事会会议决议、监事会会议决议、财务会计报告和公司会计账簿，在范围上与上市公司的差距非常明显。中国证监会要求上市公司凡是对投资者作出投资决策有重大影响的信息，均应当披露，其范围远不止公司章程、股东会会议记录、董事会会议决议、监事会会议决议、财务会计报告和公司会计账簿。

另外，还存在“查阅、复制”和“查阅”上的区别。有限责任公司股东可以查阅、复制公司章程、股东会会议记录、董事会会议决议、监事会会议决议、财务会计报告，而上市公司和非上市股份有限公司股东只规定了查阅权，没有复制权。

公司信息披露由被动变主动，只是一个“革命”的过程。对于有限责任公司和非上市股份有限公司可以实行递进式、分情形、有限界的信息披露，将公司的被动责任逐步变为主动义务。但这涉及政府管理成本和能力问题，给予有限责任公司和非上市股份有限公司更多的自治权，既能尊重股东的自主性，又能节省政府管理成本。如果股东在公司章程设定了与上市公司同样的信息披露范围，应当是有效的。

法律对股东行使知情权的目的是否正当，《公司法司法解释（四）》第8条股东行使知情权“不正当目的”作了规定：(1)股东自营或者为他人经营与公司主营业务有实质性竞争关系业务的，但公司章程另有规定或者全体股东另有约定的除外；(2)股东为了向他人通报有关信息查阅公司会计账簿，可能损害公司合法利益的；(3)股东在向公司提出查阅请求之日前的三年内，曾通过查阅公司会计账簿，向他人通报有关信息损害公司合法利益的；(4)股东有不正当目的的其他情形。

股东自愿放弃知情权，记载于公司章程、股东签订的协议中，那么股东还能不能行使知情权？杜万华主编的《最高人民法院公司法司法解释（四）理解与适用》中认为，股东对其法定知情权的事前放弃行为，并不影响股东再行向公司主张知情权，因为股东知情权是股东固有的法定权利，并不是章定权，股东行使知情权是基于法律规定，而不是公司章程规定和其他协议安排。

公司章程或者股东之间的协议中对股东知情权实质性剥夺，这是无效的。实质性剥夺股东知情权，是指公司章程、股东间协议、股东会或者股东大会决议、董事会决议或者其他安排，对《公司法》第 33 条、第 97 条规定的知情权主体、对象、行使方式等作出实质性限制，导致股东知情权被架空。《公司法司法解释（四）》第 9 条规定："公司章程、股东之间的协议等实质性剥夺股东依据公司法第三十三条、第九十七条规定查阅或者复制公司文件材料的权利，公司以此为由拒绝股东查阅或者复制的，人民法院不予支持。"

瑕疵出资股东还能不能享有法定知情权，这也是现实中需要面对的问题。股东知情权是以具有股东资格为前提的。对于瑕疵出资股东是否享有知情权，考察的核心是股东出资义务的实际履行与股东身份的取得之间是否存在必然的联系。杜万华主编的《最高人民法院公司法司法解释（四）理解与适用》认为，不论采取何种公司资本制度，各国立法都未在股东出资和股东身份之间建立直接因果关系；实际出资仅是股东对公司的义务，而非其取得股东身份的条件。从逻辑上是先取得股东身份后有出资义务，而非相反。就股权权能性质而言，股东出资瑕疵影响的只是股东收益权，而股东知情权属于股东参与经营的权利，二者不存在必然的联系。对于瑕疵出资的法律后果，第一，向已按期足额缴纳出资的股东承担违约责任。《公司法》第 28 条规定，股东未按期足额缴纳出资未依法办理财产权的转移手续，除应当向公司足额缴纳外，还应当向已按期足额缴纳出资的股东承担违约责任。第二，限制其股东权利。《公司法司法解释（三）》第 16 条规定，股东未履行或者未全面履行出资义务或者抽逃出资，公司可以根据公司章程或股东会决议对其利润分配请求权、新股优先认购权、剩余财产分配请求权等股东权利作出相应的合理限制。第三，将股东除名。《公司法司法解释（三）》第 17 条规定，有限责任公司的股东未履行出资义务或者抽逃全部出资，经公司催告缴纳或者返还，其在合理期间内仍未缴纳或者返还出资，公司以股东会决议解除该股东的股东资格。

八、股东质询权

《公司法》第 97 条、第 150 条规定了股东对公司的经营的建议权和质询权，董事、监事、高级管理人员应当列席股东会或者股东大会会议，接受股东的质询。质询，在政治上指议员在议会会议期间，就政府的施政方针、行政措施以及其他事项,向政府首脑或高级官员提出质疑、询问并要求答复的活动。质询是议会监督政府的一种方式,同样股东的质询权是股东监督董事、监事、高级管理人员的一种方式。

享有质询权的主体是公司股东,质询对象是公司董事、监事、高级管理人员。股东可以在日常中行使质询权,也可以在股东会或者股东大会上行使质询权。股东质询权是一项监督权,可以针对公司决策、经营事项对公司董事、监事、高级管理人员提出质询。董事、监事接受股东质询是一项义务。股东在股东会或者股东大会是提出质询,对于影响本次股东会或者股东大会议案范围内的事项,或者虽然不属于本次审议事项,但对股东决议在重大影响的,董事、监事、高级管理人员应当即时作出答复,董事会秘书应当如实记载。除此之外,董事、监事、高级管理人员在会议结束之后的股东要求期限内或者在合理期间,以书面形式对股东质询作出答复。股东可以在平时向公司董事、监事、高级管理人员提出质询,可以以书面的方式提出,也可以以口头的方式提出。股东以口头形式提出的,董事会秘书应当如实记载。董事、监事、高级管理人员的答复包括解释和承认,解释和承认错误应在当场作出意思表示,改正的方法、方案可以在会后具体提出,并反馈给股东。股东对董事、监事、高级管理人员的解释或者答复不满意的,可以连续提出质询,对连续解释或者回答仍不满意的,股东可以深入行使更换董事的权利。

九、股东建议权

建议权,对于公司来说,股东和员工对公司经营都享有建议权,都有权就公司经营管理提出合理化建议。股东对公司经营能够提出建议,表明股东一直关注公司治理、运营管理。换在经营者的角度,因为被关注,就会始终存在被监督的心理压力。所以,股东不能只从自己的角度来认识建议权的价值。《公司法》第 97 条和《上市公司章程指引》(1997 年)第 35 条第 4 项规定了股东对公司经营行为的建议权。将建议权列为监督权的一种。建议权是一项公司内部性且不可诉的权利,对于建议的接受与否,全看公司经营者的态度,如果公司经营者不接受股东的建议,不构成对股东权利的侵犯,不为提起诉讼的理由。除非股东建议权被剥夺,构成侵权才可以提起诉讼。

2005 年,上海曾有一起股东建议权诉讼案件,法院未受理。朱某某、陈某为上海茉织华股份有限公司(以下简称茉织华公司)流通股股东。朱某某和陈某均为投资研究领域专业人员,二人研究发现茉织华公司的经营、管理上存在瑕疵，治理结构亦有一定的缺陷，管理层极有可能在实施经营、重大决策、关联交易等行为过程中，影响或损害到股东净资产权益和二级市场市值权益，且其中部分决策行为（如委托理财行为、资产出售行为等）已经损害了股东利益。2005 年 7 月 11 日，朱某某、陈某向莱织华公司发送了一份《股东专函》，对公司经营提出建议。同年 7 月 20 日，二人与莱织华公司董秘进行了交流，并提出了公司治理的科学性建议及对潜在威胁公众股东利益的行为进行纠正的有效方法，希望能够得到公司重视并尽快得到答复。两日后莱织华公司董事会秘书回复称，其正在接受中国证监会调查、不便答复。朱陈二人觉得自己的建议和质询被漠视，2005 年 8 月 5 日一纸诉状将莱织华公司及其董事会告上了法庭。2005 年 8 月 15 日，上海市静安区人民法院给朱陈二人送达了一份“通知单”：“有关民事诉状已收悉。有关朱、陈二位请求莱织华公司履行对于股东建议和质询意见的答复义务；停止对于建议、质询权利的侵害；并要求董事会履行提案听取建议和质询及公开赔礼道歉等。根据有关法律规定，该请求不属于法院的管辖范围，特此告知，并退还诉讼状。”

对于股东对公司经营的建议权，有的学者认为建议权、质询权、提案权属于表决权的一部分，股东应当在股东会或者股东大会上行使，并不得超出股东会或者股东大会议题范围。有的学者认为建议权、质询权、提案权与表决权是独立的，股东可以在平时行使，也可以在股东会或者股东大会上行使，并不受股东会或者股东大会议题的限制。上述两种意见，没有形成一致的结论。作为公司的所有者，股东有权对管理层的经营提出建议，并不受时间、形式和内容限制，既可以是口头交流，也可以是书面形式或者其他形式；既可以向董事会提出，也可以向监事会、管理层提出；内容可以涉及公司战略规划、经营模式、盈利方式、财务模式、竞争策略、法律策略、用人策略、激励机制、产品质量、服务质量等全方位问题。董事会、监事会、管理层应当欢迎股东对公司经营提出建议，并给予答复。在股东会或者股东大会上提出的建议，在股东会或者股东大会会议之后公司应当进行专题研究和论证，对股东合理建议应当采纳，并就如何落实提出具体方法。股东意见不合理或者虽然合理，但无法适应公司目前具体情况的，公司应当就不能落到实处作出具体说明。不论对股东的建议是否采纳，公司均应当将情况反馈给提出建议的股东。在股东会或者股东大会闭会期间，股东可以书面方式对管理层的经营提出建议，公司管理层应当对股东的建议作出回应，予以采纳的回应落实的结果，不予采纳的作出合理解释。

十、股东会或者股东大会、董事会决议的无效

《公司法》第22条规定，公司股东会或者股东大会、董事会的决议内容违反法律、行政法规的无效。但具体哪些情形是无效的呢，法律和司法解释没有明确，也没有举例示意。总结司法判例，股东会或者股东大会决议无效的情形包括：(1)股东会对股东拥有处罚权，但股东会在没有明确标准、幅度的情况下处罚股东的决议无效。(2)在未经公司全体股东同意的情况下，部分股东将公司资产分配给部分股东的股东会决议无效。(3)在股东未参加股东会议的情况下，股东会议作出转让该股东股权给他人的股东会决议无效。(4)未经半数以上股东同意，将股东股权转让给公司股东以外其他股东的，股东会议决议无效。(5)公司未依法通知全部股东参加股东会，表面上看似属于召集程序问题，实质结果是剥夺其就公司重大事项表达意见、参与决策的权利，剥夺了股东的知情权，使其无法行使实体权利，股东会或者股东大会决议对未获得会议通知的股东无效。(6)公司错误通知导致非公司股东的人参加公司股东会或者股东大会会议的，股东会或者股东大会决议无效。(7)公司股东会决议未实际召开，股东会决议虽经绝大多数股东签字，但决议程序上违反《公司法》关于股东会召集和表决程序的相关规定，不具有《公司法》上的法律效力，对于未签字股东，股东会决议整体或者部分无效。(8)股东会决议上非股东本人签字，且本人也不予认可股东会议决议的内容的，股东会议决议对该股东无效。

合肥市中级人民法院法官在解析谢安、刘家祥诉安徽兴达化工有限公司股东会决议无效案时列举了股东会决议无效的常见事由，包括：(1)无权处分股权的股东会决议无效；(2)侵犯股东优先购买权的决议无效；(3)违法修改公司章程的股东会决议无效；(4)违法向股东分配利润的股东会决议无效；(5)超越股东会职权的股东会决议无效；(6)滥用资本多数决原则的股东会决议无效。

对上述原因导致股东会或者股东大会决议、董事会决议无效的，须区分整体无效和部分无效，或者整体有效但仅对相应的股东无效这样的角度理理解。

公司股东、董事、监事都是请求确认股东会或者股东大会、董事会决议无效适格的诉讼主体，不仅仅限于股东。股东应当通过诉讼的方式确认公司股

东会或者股东大会决议、董事会决议无效，且没有诉讼时效的规定。如果小股东诉讼获得法院支持，公司根据股东会或者股东大会、董事会决议已办理变更登记的，法院宣告该决议无效后，公司应当向公司登记机关申请撤销变更登记。法院判决要求重新作出股东会或者股东大会决议、董事会决议的，公司应当重新召开股东会或者股东大会会议、董事会会议对相关事项作出符合法律、行政法规规定的决议。涉及变更事项的，公司根据股东会或者股东大会会议、董事会会议重新申请变更登记。股东会或者股东大会、董事会决议被法院判决确认无效的，公司依据该决议与善意相对人形成的民事法律关系不受影响，仍然有效。

十一、股东会或者股东大会、董事会决议的撤销

公司法律关系复杂，公司决议的撤销对公司利益影响重大，各国公司法均明确规定，决议撤销应以诉讼的方式为之，我国《公司法》亦要求股东以诉讼的方式行使撤销权。对于诉讼撤销公司股东会或者股东大会、董事会决议的原告主体资格问题，一直存在争议，比较统一的观点是：起诉时为公司股东。《公司法司法解释（四）》第2条规定："依据公司法第二十二条第二款请求撤销股东会或者股东大会、董事会决议的原告，应当在起诉时具有公司股东资格。"在决议时是公司股东，但在起诉时已经转让股权不再是公司股东的，因对决议本身已经无诉的利益，不应赋予其诉权。与请求确认股东会或者股东大会、董事会决议无效或者不成立，原告为公司股东、董事、监事不同，请求撤销股东会或者股东大会、董事会决议的原告只是公司股东，不包括董事、监事及其他人员。在起诉时原告是公司的股东，在诉讼过程中转让股权后不再是公司股东的，依民事诉讼"当事人恒定和诉讼承继原则"，原告仍具有主体资格，法院不得以此原告主体不适格为由驳回原告的起诉。

原告提起公司决议撤销之诉，应当提交行政机关登记、股东名册等能够证明股东身份的证明文件。瑕疵出资者虽出资不足，或未按照公司章程实际出资的，不影响原告主体资格。受让股东未办理过户手续，但有在先判决已经确认其股东资格的，具有公司决议撤销之诉的诉权。在公司法意义上，公司股东是显名股东，不是隐名股东，显然股东具有提起公司决议撤销之诉的原告主体资格。对于股东资格有争议的，须先行提起股东资格确认之诉，待

股东资格确认之后再行起诉。[2]

《公司法》第22条第2款规定，股东可以自决议作出之日起60日内，请求人民法院撤销，该60日是期间，且从公司决议作出之日起计算，不适用诉讼时效关系中止、中断、延长的规定。

《公司法》第22条第2款规定了股东会或者股东大会、董事会决议撤销的事由包括三个方面：(1)股东会或者股东大会、董事会的会议召集程序违反法律、行政法规或者公司章程规定。(2)股东会或者股东大会、董事会的会议表决方式违反法律、行政法规或者公司章程规定。《公司法司法解释(四)》(征求意见稿)第7条规定："公司法第二十二条第二款所称的'召集程序'和'表决方式'，包括股东会或者股东大会、董事会会议的通知、股权登记、提案和议程的确定、主持、投票、计票、表决结果的宣布、决议的形成、会议记录及签署等事项。"征求意见稿对召集程序和表决方式范围的界定，在正式出台的解释中没有此规定，但可以作为参考。(3)股东会或者股东大会、董事会决议内容违反公司章程规定。上述三个方面是法院审查撤销公司决议的核心内容。

在李某军诉上海佳动力环保科技有限公司公司决议撤销纠纷案中，上海市第二中级人民法院(2010)沪二中民四(商)终字第436号判决认为：根据《公司法》第22条第2款的规定，董事会决议可撤销的事由包括：(1)召集程序违反法律、行政法规或公司章程；(2)表决方式违反法律、行政法规或公司章程；(3)决议内容违反公司章程。2009年7月18日召开的董事会在召集程序、表决方式上未违反法律、行政法规或公司章程的规定。从决议内容看，佳动力公司章程规定董事会有权解聘公司经理，董事会决议内容中"总经理李某军不经董事会同意私自动用公司资金在二级市场炒股，造成巨大损失"的陈述，仅是董事会解聘李某军总经理职务的原因，而解聘李某军总经理职务的决议内容本身(理由是否成立在所不问)并不违反公司章程。董事会决议解聘李某军总经理职务的原因如果不存在，并不导致董事会决议撤销。首先，《公司法》尊重公司自治，公司内部法律关系原则上由公司自治机制调整，司法机关原则上不介入公司内部事务；其次，佳动力公司的章程中未对董事会解聘公司经理的职权作出限制，并未规定董事会解聘公司经理必须要有

---

〔2〕 杜万华主编：《公司案例审判指导》，法律出版社2018年版，第717－724页。

一定原因,该章程内容未违反公司法的强制性规定,应认定有效,因此佳动力公司董事会可以行使公司章程赋予的权利作出解聘公司经理的决定。故法院应当尊重公司自治,无须审查佳动力公司董事会解聘公司经理的原因是否存在,即无须审查决议所依据的事实是否属实,理由是否成立。综上,原告李某军请求撤销董事会决议的诉讼请求不成立,依法予以驳回。从案例中我们可以看出,法院对股东会或者股东大会、董事会决议撤销诉讼的审查是围绕《公司法》第22条第2款规定的撤销事由展开的。公司在股东会或者股东大会、董事会上对股东、董事、监事、高级管理人员的履行行为评价,属于公司自治事项,不构成撤销股东会或者股东大会、董事会决议的事由,即使该评价不真实、不客观、不公正,亦不在法院审查范围之内。

《公司法》第22条第3款规定,股东诉讼撤销公司股东会或者股东大会、董事会决议的,有下列情形之一的,经公司董事会决定,公司可以要求股东提供担保:(1)股东申请暂停执行股东会或者股东大会决议、董事会决议,因此可能给公司带来重大经济损失的。(2)股东涉嫌滥用诉权的。(3)股东有其他恶意诉讼行为。提供担保有两个关键环节:一是由公司董事会决定是不是向法院提出担保要求。股东对公司提起诉讼,公司可以要求股东提供担保。在公司内部有权作出决定的不是董事长、经理,而是公司董事会。二是法院决定。法院接到公司要求股东提供担保申请后,依法进行审查,对符合规定的,要求股东提供担保,否则对公司申请不予准许。例如,在"宝万之争"事件过程中,万科公司两位小股东起诉万科,请求判令撤销2016年6月17日万科公司第十七届董事会第十一次会议"通过的"十二项董事会决议(主要涉及深圳地铁注资万科)。对此万科向法院申请要求两位小股东合计提供12亿元的诉讼担保金。2016年12月12日,案件开庭审理。法院认为,原告并未向法院提出禁止实施与保全申请,仅申请合法诉权,故原告诉权未给被告造成损害,不予准许万科提出的12亿元诉讼担保金要求。

十二、股东会或者股东大会、董事会决议不成立

《公司法司法解释(四)》第5条规定:"股东会或者股东大会、董事会决议存在下列情形之一,当事人主张决议不成立的人民法院应当予以支持:(一)公司未召开会议的,但依据公司法第三十七条第二款或者公司章程规定可以不召开股东会或者股东大会而直接作出决定,并由全体股东在决定文件上签名、盖章的除外;(二)会议未对决议事项进行表决的;(三)出席会议

的人数或者股东所持表决权不符合公司法或者公司章程规定的;(四)会议的表决结果未达到公司法或者公司章程规定的通过比例的;(五)导致决议不成立的其他情形。”第一种情形公司未召开股东会会议,第二、三、四种情形公司召开了股东会或者股东大会,因为出席人数不足和表决方式错误。《公司法》通过第22条规定了公司股东会或者股东大会、董事会决议无效和撤销,《公司法司法解释(四)》通过第1条和第5条创设了股东会或者股东大会、董事会决议不成立,这样就构造了无效、可撤销、不成立完整的救济体系,在结构和现实上更为合理。

原告张某娟因与被告江苏万华工贸发展有限公司(以下简称万华公司)、万某、吴某亮、毛某伟发生股东权纠纷,向南京市玄武区人民法院提起诉讼。原告张某娟诉称:被告万华公司成立于1995年,注册资本为106万元,发起人为被告万某(原告的丈夫)、原告张某娟及另外两名股东朱某前、沈某。其中万某出资100万元,张某娟等三名股东各出资2万元。2006年6月,原告查询工商登记时发现万华公司的股东、法定代表人均已于2004年4月发生了变更,原告及朱某前、沈某都已不再是公司股东,原告的股权已经转让给了被告毛某伟,万某也将其100万元出资中的80万元所对应的公司股权转让给了被告吴某亮,公司法定代表人由万某变更为吴某亮。万华公司作出上述变更的依据是2004年4月6日召开的万华公司股东会会议决议,但原告作为该公司股东,从未被通知参加该次股东会议,从未转让自己的股权,也未见到过该次会议的决议,请求法院确认所谓的2004年4月6日万华公司股东会决议无效。

南京市玄武区法院认为:根据本案事实,不能认定2004年4月6日万华公司实际召开了股东会,更不能认定就该次会议形成了真实有效的股东会决议。万华公司据以决定办理公司变更登记、股权转让等事项的所谓“股东会决议”,是当时公司控制人万某所虚构,实际上并不存在,因而当然不能产生法律效力。2007年4月2日,法院判决2004年4月6日的被告万华公司股东会决议不成立。一审宣判后,各方当事人均未提出上诉。另外,《公司法司法解释(四)》第1条规定:“公司股东、董事、监事等请求确认股东会或者股东大会、董事会决议无效或者不成立的,人民法院应当依法予以受理。”第5条规定:“当事人主张决议不成立的,人民法院应当予以支持。”一个“等”字和一个“当事人”词语,表明主张股东会或者股东大会、董事会决议不成立的主体相对宽泛，包括公司、公司股东、董事、监事和利益相关者，并不仅限于公司股东。

十三、股东代表诉讼

在前面“股东诉讼制度”中，我们主要在理论上讲了股东直接诉讼与间接诉讼的区别。现在我们从公司法规定的角度讲一下股东代表诉讼。股东代表诉讼，也称派生诉讼、二级诉讼、衍生诉讼、代位诉讼、股东间接诉讼，是指当公司怠于通过诉讼追究公司机关成员及其他人损害公司利益之责任或者实现其他权利时，具备法定资格的股东为了公司利益，依法定程序以自己的名义提起诉讼，诉讼利益归属于公司的法律制度。所以，股东代表诉讼，股东并不是公司的代表人，而是代替公司原告主体资格提起诉讼，维护公司利益。

股东代表诉讼源于英国的衡平法，最早是由英国 1843 年“福斯诉哈博特尔”（Foss V. Har – bottle）案中确定下来的，被称为“福斯规则”。在该规则之下，只有公司才是适格的原告，能够对损害公司利益的行为人提起诉讼。后来人们发现，公司对一些损害公司利益的行为并不会提起诉讼，甚至一些损害公司利益的行为是公司董事、监事、高管人员实施的，他们能够决定公司意志，不可能提起诉讼。为了维护股东利益，特别是小股东利益，针对公司董事的违法或者侵权行为、未取得特别多数股东同意的行为、侵害股东个人权利的行为、欺诈少数股东的行为，对“福斯规则”作了扩展，形成“福斯规则的例外规则”，即允许股东提起诉讼。

（一）控股股东、实际控制人、董事、监事、高级管理人员损害公司利益需要承担责任的情形

1. 利用关联交易损害公司利益的赔偿责任。《公司法》第 21 条规定，公司的控股股东、实际控制人、董事、监事、高级管理人员利用其关联关系损害公司利益，给公司造成损失的，应当承担赔偿责任。《公司法》第 152 条规定了股东的诉权。

2. 违反忠实和勤勉义务的赔偿责任。《公司法》第 147 条规定董事、监事、高级管理人员对公司负有忠实义务和勤勉义务，包括依法经营和廉洁责任。

3. 没收董事和高级管理人员违反忠实义务的收入。《公司法》第 148 条第 1 款规定了董事、高级管理人员挪用公司资金、将公司资金以其个人名义

或者以其他个人名义开立账户存储、违反公司章程擅自将公司资金借贷给他人或者以公司财产为他人提供担保、违规与本公司订立合同或者进行交易、谋取属于公司的商业机会、接受他人与公司交易的佣金归为己有、擅自披露公司秘密等违反公司忠实义务行为。《公司法》第148条第2款规定了对董事、高管违反忠实义务所得收入公司享有的“收入归入权”，即董事、高级管理人员违反前款规定所得的收入应当归公司所有。

4. 违反法律、行政法规或者公司章程的赔偿责任。《公司法》第149条规定了董事、监事、高级管理人员执行公司职务时违反法律、行政法规或者公司章程的规定，给公司造成损失的赔偿责任。对于股东来说，董事、监事、高级管理人员是股东的委托代理人，受股东的委托代理股东运营管理公司。委托关系是一种信任关系，股东信任董事、监事和高级管理人员，董事、监事和高级管理人员负有信托义务，在执行公司职务时不能违反法律、行政法规和公司章程，损害公司利益，否则应当承担赔偿责任。

5. 董事、高管人员未依法制作或者保存公司文件材料的赔偿责任。《公司法司法解释（四）》第12条规定，公司董事、高级管理人员等未依法履行职责，导致公司未依法制作或者保存公司法第33条、第97条规定的公司文件材料，给股东造成损失，公司董事、高级管理人员应当承担民事赔偿责任。

6. 董事、监事、高级管理人员违规转让股份的法律责任。《上市公司章程指引》（2016年修订）第29条规定，公司董事、监事、高级管理人员、持有本公司股份5%以上的股东，将其持有的本公司股票在买入后6个月内卖出，或者在卖出后6个月内又买入，由此所得收益归本公司所有，本公司董事会将收回其所得收益。公司董事会不按照前款规定执行的，股东有权要求董事会在30日内执行。公司董事会未在上述期限内执行的，股东有权为了公司的利益以自己的名义直接向人民法院提起诉讼。公司董事会不按照前述规定执行的，负有责任的董事依法承担连带责任。

（二）原告提起诉讼时须为公司股东

一名股东或者多名股东联合可以提起股东代表诉讼，但是并非只要是公司股东就有权提起诉讼，也不是在任何条件下都可以提起诉讼，股东代表诉讼是条件的。我国《公司法》规定，有限责任公司的股东、股份有限公司连续180日以上单独或者合计持有公司1%以上股份的股东具备原告主体资格。原告为公司股东，被告是损害公司利益的董事、监事、高级管理人员或者“他人”,公司为第三人。《九民纪要》第 24 条规定:“股东提起股东代表诉讼,被告以行为发生时原告尚未成为公司股东为由抗辩该股东不是适格的原告的,人民法院不予支持。”

(三)股东代表诉讼的前提

损害公司利益行为,公司怠于行使诉讼权利,对维护公司利益持消极态度,这是股东提起股东代表诉讼的前提。

(四)股东代表诉讼的前置程序

公司是独立的法人,其自主决定权须得到尊重,股东和司法机关均不得擅自干预公司权利。对于损害公司利益行为,公司是不是提起诉讼由公司决定,这种决定权并不是股东的权利,股东代公司行使这种权利须满足一定的条件。所谓股东诉讼前置程序,即为穷尽公司内部救济原则,股东须先行书面请求公司机关提起诉讼,公司机关不提起诉讼或者诉讼不及时时,股东才能以自己的名义提起诉讼。对于董事、监事、高级管理人员损害公司利益行为,《公司法》赋予了股东请求诉讼权和起诉权两项权利。股东提起诉讼的前置程序,实际上是要求股东先行使请求诉讼权,后行使起诉权。第一,股东书面请求监事会或者不设监事会的有限责任公司的监事,对董事、高级管理人员提起诉讼;书面请求董事会或者不设董事会的有限责任公司的执行董事对监事提起诉讼。第二,监事会、不设监事会的有限责任公司的监事,或者董事会、执行董事收到前款规定的股东书面请求后拒绝提起诉讼,或者自收到请求之日起 30 日内未提起诉讼。第三,情况紧急,不立即提起诉讼将会使公司利益受到难以弥补的损害的。

(五)股东代表诉讼前置程序豁免

股东代表诉讼前置程序豁免,是指股东无须先行使股东请求诉讼权,直接行使起诉权,所以股东行使请求诉讼权,本质上是为股东代表诉讼设定的前置程序。根据《公司法》第 151 条和《九民纪要》第 25 条的规定,股东代表诉讼前置程序豁免两种情形:一是情况紧急,二是公司诉讼不可能。对于“情况紧急”的处理方式,理论界有两种意见:第一种意见认为,在紧急情况下,股东不要需要向监事会或者董事会提出诉讼请求,可以直接向法院提出诉讼,需要履行前置程序,直接进入诉讼程序。第二种意见认为,在紧急情况下,股东仍需向监事会或者董事会提出诉讼请求,但因情况紧急不需要等待期限届满,股东就可以即刻提起诉讼,甚至需要等监事会或者监事会提起诉讼。严格来说,两种意见并无本质上的区别,第二种意见实质上仅仅是报告程序,或者是股东在提起诉讼之前对公司的通知程序。如果将两种意见合并,应为完整程序,即股东因情况紧急提起诉讼,在提起诉讼之前或者之后的较短时间内通知公司。对于何为情况紧急只是一个概念,法律并没有给出"类型化"标准,只能根据股东和法院具体案件具体判断。"'情况紧急'可以包括以下几种情况:一是董事、监事、高级管理人员全部或者过半数有分割公司利益的过错行为,没有停止分割行为的意思表示,或者批准他们的过错行为,并且这种行为已经开始实施;二是董事、监事、高级管理人员在所诉过错行为人的控制之下;三是公司财产有可能被转移或者隐藏,如果不立即起诉公司财产损失严重;四是等待 30 日的前置期限将会给公司造成无法挽回的损失;五是诉讼时效或者其他相关期间即将届满;六是被告逃匿司法追究或股东(原告)即将丧失其股东资格主体地位,需要立即提起诉讼的;七是其他符合紧急情况的情形。"〔3〕对于公司诉讼不可能,在美国法上表现为两种情形,一是股东的请求确定性地被拒绝。这需要股东承担举证责任,须提交足够的证据。二是请求徒劳。在公司全体股东、全体监事损害公司利益时,股东就此向监事会或者董事会请求提起诉讼将成为不可能。《九民纪要》第 25 条规定,股东提起代表诉讼的前置程序之一是,股东必须先书面请求公司有关机关向人民法院提起诉讼。一般情况下,股东没有履行该前置程序的,应当驳回起诉。但是,该项前置程序针对的是公司治理的一般情况,即在股东向公司有关机关提出书面申请之时,存在公司有关机关提起诉讼的可能性。如果查明的相关事实表明,根本不存在该种可能性的,法院不应当以原告未履行前置程序为由驳回起诉。

---

〔3〕　安凤德主编:《公司案件疑难问题裁判精要》,法律出版社 2021 年版,第 158－169 页。